Do Clamor ao Renascer

Editora Appris Ltda.
1.ª Edição - Copyright© 2023 do autors
Direitos de Edição Reservados à Editora Appris Ltda.

Nenhuma parte desta obra poderá ser utilizada indevidamente, sem estar de acordo com a Lei nº 9.610/98. Se incorreções forem encontradas, serão de exclusiva responsabilidade de seus organizadores. Foi realizado o Depósito Legal na Fundação Biblioteca Nacional, de acordo com as Leis nos 10.994, de 14/12/2004, e 12.192, de 14/01/2010.

Catalogação na Fonte
Elaborado por: Josefina A. S. Guedes
Bibliotecária CRB 9/870

M827d 2023	Morais, Ricardo Amorim Do clamor ao renascer / Ricardo Amorim Morais. – 1. ed. – Curitiba : Appris, 2023. 388 p. ; 23 cm. ISBN 978-65-250-4622-8 1. Ficção brasileira. 2. Verdade. 3. Vida. I. Título. CDD – B869.3

Appris editora

Editora e Livraria Appris Ltda.
Av. Manoel Ribas, 2265 – Mercês
Curitiba/PR – CEP: 80810-002
Tel. (41) 3156 - 4731
www.editoraappris.com.br

Printed in Brazil
Impresso no Brasil

Do Clamor
ao Renascer

Ricardo Amorim Morais

Appris
editora

FICHA TÉCNICA

EDITORIAL	Augusto V. de A. Coelho
	Sara C. de Andrade Coelho
COMITÊ EDITORIAL	Marli Caetano
	Andréa Barbosa Gouveia - UFPR
	Edmeire C. Pereira - UFPR
	Iraneide da Silva - UFC
	Jacques de Lima Ferreira - UP
SUPERVISOR DA PRODUÇÃO	Renata Cristina Lopes Miccelli
PRODUÇÃO EDITORIAL	Jibril Keddeh
REVISÃO	Mateus Soares de Almeida
	Stephanie Ferreira Lima
DIAGRAMAÇÃO	Yaidiris Torres
CAPA	Lívia Weyl
ARTE DA CAPA	Cristiane Andrade
	Ricardo José Amorim Gomes de Morais
FOTO	Vinicíus Caricate
MODELOS FOTGRÁFICOS	Lúcio Flávio Batista Quirino e
	Mariana Letícia Souza

DEDICATÓRIA

Aos leitores fiéis incentivadores e aos novos leitores de minha terra natal, Passa Tempo, das Minas Gerais e de todos os cantos e encantos desse Brasil magnífico e aos leitores de todas as nações onde impera a majestosa Língua Portuguesa, entre todas a de vocábulos mais primorosos e intensos.

Homens e mulheres de todas as idades, raças e credos, que acreditam na Literatura como mola propulsora para uma geração fascinante do século XXI se reinventar em projetos culturais no berço esplêndido de uma nação de oportunidades, de portas abertas à toda a humanidade; sim, falo de nosso Brasil — A Terra do Cruzeiro do Sul e Pátria do Evangelho.

Ricardo José Amorim Gomes de Morais
Passa Tempo, 22 de novembro de 2022

AGRADECIMENTOS

Agradeço a toda minha família, em especial, minha mãe Onilda Amorim. Aos amigos de tantas gerações que tanto amo e admiro, sendo minhas constantes fontes de inspiração.

Aos meus leitores, fiéis protagonistas que sempre me retornam com seu apoio incondicional.

Aos confrades da Academia de Letras de São João del Rei, em especial aos queridos José Cláudio Henriques e Zélia Maria Leão Terrel.

Aos patrocinadores, que acreditam no sucesso de mais um romance de época, que veio para fundamentar a Literatura Mineira no meio Acadêmico Brasileiro.

À Universidade de São João del Rei (UFSJ), instituição renomada e reconhecida por tantos projetos culturais de âmbito estadual e nacional.

À Academia Mineira de Leonismo e meus nobres Confrades, empenhados em divulgar a Literatura Mineira, sempre destemidos e criativos em seus projetos humanitários.

Aos meus professores, onde quer que estejam, minha eterna gratidão por contribuírem com o intelecto desse servo das letras e da literatura histórica. Em especial Dora de Melo Machado.

Aos modelos fotográficos Lúcio Flávio Batista Quirino e Mariana Letícia Souza.

Aos Fotógrafos Vinicius Caricatte de Belo Horizonte e Cristiane Andrade de Passa Tempo/MG.

Ao Departamento de Cultura e Turismo da Prefeitura de Campos do Jordão/SP, aqui representado pelo Sr. Benilson Antônio Toniolo de Oliveira.

À Secretaria de Cultura e Turismo do Estado de Minas Gerais, representada pelo Senhor Secretário Leônidas Oliveira.

Uma Nova Era

O céu ganhou mais estrelas.
Nossos corações, mais saudades.
Assim são desígnios Divinos.
Assim caminha a humanidade.
Se hoje o ar é mais respirável,
Se temos as águas mais límpidas,
Se vemos os peixes nos rios,
Se contemplamos mais revoadas de pássaros;
E as noites mais consteladas!
Tudo isso são dádivas,
Para uma estirpe alucinada.
Se o pão vale mais que ouro,
Se o abraço é alento ilusório,
Se o beijo é raridade transitória;
Imaginem um amor sem retribuição!
Conquistem a paz interior vacilante,
E se a fé transporta montanhas,
Transporta suas falhas para o mar,
Deixe as ondas as levar.
Faz renascer o novo Homem,
Na conquista de uma Nova Era.

(Ricardo Amorim Morais)

PREFÁCIO

Ricardo José Amorim Gomes de Morais, meu confrade na Academia de Letras de São João del Rei, nasceu na cidade de Passa Tempo (MG), em 21/05/1961. Formado em Zootecnia pela Universidade Federal de Viçosa, em 1983, foi estudante bolsista no Departamento de Letras, em 1982 a 1983. É também funcionário da Emater-MG e produtor rural. Ricardo é, sem dúvida, um dos maiores destaques entre os novos escritores brasileiros. Escreveu seu primeiro romance, *Nas Mãos do Destino*, em 1978, *Sementes de Luta*, em 1979, *Luz nas Almas*, em 1980, *A estirpe*, em 1982, *Na Solidão da Vida*, em 1986, *Amores e Obsessão*, em 2007; e os livros infanto juvenis, *Filhos da Terra*, em 1982, *O Semeador das Estrelas*, em 1984, e escreveu também a coletânea *A Folha na Correnteza, quarenta anos de poesia*, com mais de cem poemas, em 2015. Ricardo gosta de ler Alan Kardec e com isso acredita, e muito, na reencarnação.

Neste belo romance que ora prefaciamos, descreve a vida de toda uma família, entre outros lugares, passada na bela mansão de campo denominada "Colina do Alborecer", na cidade de Campos do Jordão, interior do estado de São Paulo. O leitor amigo fica extasiado com as belezas naturais do local, onde as famílias vivem momentos de alegrias, tristezas, lágrimas e romances.

Os principais personagens, Aline e Yuri, vivem momentos de paixão, porém sem antes passarem por apertos que a vida lhes persegue. O casal renasce, incorporado pelos bisavós ancestrais, Lise Cristina e Wagner, pela reencarnação. Ao lê-lo ainda no prelo, lembrei-me dos livros *De Mário a Tiradentes*, em que o bravo soldado italiano reencarna em Joaquim José da Silva Xavier, o Tiradentes, e do livro psicografado intitulado *Confidências de um inconfidente*, em que onde o espírito de Tomás Antônio Gonzaga relata fatos curiosos e interpretativos da Inconfidência Mineira.

Coincidentemente, lendo postagens da Academia de Letras de São João del Rei, deparo-me com a citação do confrade José Carlos Prieto, em que o próprio escreve um ditado do filósofo e escritor russo Isaac Asimov, que diz: "A lagarta acha que morre, mas não morre, vira borboleta".

José Cláudio Henriques
Foi presidente da Academia de Letras e do Instituto Histórico e Geográfico de São João del Rei

PARTE I
01 CLAMOR 17
02 ALINE 29

PARTE II
03 LISE CRISTINA 47
04 COLINA DO ALBORECER 57
05 MORTO-VIVO 65
06 RENÚNCIA 81
07 CILADAS DA VIDA 103
08 AS FILHAS, OS CIGANOS... 115
09 AMOR E PAIXÃO 133
10 PROVAÇÕES 147
11 LUZES ALÉM 175

PARTE III
12 TELA DO PASSADO 199
13 TRABALHO E HARMONIA 211

PARTE IV

14 TESTAMENTO 227
15 PINTURAS E ANTIGUIDADES 243
16 DESPERTAR DO AMOR 263
17 MIOSÓTIS NÃO TE ESQUEÇAS DE MIM 281
18 INTERLÚDIO 305
19 POEMAS DE LOUCURA 329
20 MÃOS CONSOLADORAS 355
21 RENASCER 365

01
CLAMOR

Fez-se entardecer de verão. As últimas aves no céu plainavam vivazes, asas ao leque morno do vento, que se abatia sobre os homens.

Despedia-se o sol de gema dourada, envolto em nuanças escarlates de nuvens stratus, derramando sobre a Terra as luzes benditas e infinitas de calor e vida.

Erguendo aos ombros a singela menina, Yuri aproximava-se da bela casa de campo, onde entregaria a pequena Aline aos cuidados de sua mãe. Tinham saído há algumas horas para desfrutarem o clima ameno daquelas paragens de Campos do Jordão.

A bela criança dispunha-se encantadora, em um vestido rosa, bordado e cheio de rendas. Os finos e castanhos cabelos volviam com a brisa e seus lábios vermelhos se abriram em um sorriso encantador. Eram muito azuis aqueles olhos, azul turquesa vivo, sem a inerte falsidade das pedras.

Aparentemente bem vestido, com trajes daqueles anos quarenta, o rapaz assoviava feliz por muito estimar e adorar a infante. Possuía no andar um jeito elegante e garboso. Seus dezoito anos explodiam em vitalidade. Seu rosto, de finos traços, encobriam ainda um homem e naquele instante, novamente, era criança.

Extremamente observador, marcou seus olhos castanhos e penetrantes nos miosótis lilases num canteiro a reinar; entre lírios, azaleias e rosas.

Aline fez sinal batendo no chapéu de seu primo.

— Sei que gostas dos miosótis, querida!

E rápido arrancou a mancheias o buquê que a menina segurou firme.

— Obrigada, Yuri, são para a mamãe!

— Então, sigamos, pois ela nos espera no alpendre.

Ao vislumbrar a chegada da filha, a jovem mulher encostou no banco do alpendre o livro que lia e levantou-se sorridente. Yuri também lhe sorriu e logo Aline foi ao chão, correndo ao encontro da genitora, entregando as singelas flores.

— São para ti, mamãe!

— Estou satisfeita, Aline, muito obrigada.

— Aline te adora, Yuri! Entremos. Pedirei à ama que providencie o banho de Aline e servir-te-ei um chá.

— Não é preciso Magdala, preciso ir, minha mãe está esperando-me.

— Fazemos questão, não é, Aline?

— Venha querido — pediu a menina.

E o rapaz não resistiu a tamanha cortesia.

Encontravam-se minutos depois sentados a sós no almofadado da sala. Em frente à bem guarnecida bandeja de chá e petiscos, em mesa de mármore branco esverdeado.

— Um pouco mais, Yuri? São rosquinhas de nata.

— Estou satisfeito, agradecido. Preciso ir.

Disse o rapaz colocando a xícara na mesa, ao que Magdala, impulsiva, segurou-lhe a mão trêmula.

— De que tens medo?

— Não sei do que falas.

— Conheço-te, Yuri, e posso ler-te os pensamentos. Mas não tema, estas paredes não ouvem. Aline e a ama estão no andar de cima, logo também ela sairá como todos os criados e só restará nós dois. Não sabe que André demora a voltar de viagem?

— Receio pelas consequências.

— Ora, seu bobinho, a vida é passageira, aproveitemos cada momento.

Magdala osculou suavemente os quentes lábios do rapaz e o conduziu à janela. Puderam ver que também a ama deixava a casa levando consigo pequena maleta.

Fecharam a cortina.

— Estamos juntos, Yuri.

— O que dirá, minha mãe?

— Não és um homem? Deixe de manias! Ajude-me a fechar a casa.

O crepúsculo se fazia em anoitecer e o casal leviano fechava portas e janelas. Fresca brisa aromatizante tocava a enorme casa e seu jardim. Não mais o sol ardente, mas a lua com sua alva luz de prata. O domínio das sombras e do desconhecido além do contorno das serras e montes. O manto do negro teto da Terra salpicado de incontáveis estrelas piscantes. Não mais o vivo verde dos pinheiros marcantes na paisagem esquecida pelos homens.

Em seu quartinho, Aline sonhava e seu sono conduzia a mundos melhores de fantasias infantis. A claridade da lua mourejava pela janela aberta, ultrapassando a finíssima cortina para beijar a linda criança, junto às essências trazidas das matas distantes.

Ela brincava junto a tantas outras crianças em um lugar ditoso de harmonia e beleza, entre jardins nunca vistos, ao som de melodias celestiais de inebriante aconchego.

Quantos rumos pode um homem traçar por sua vida, na sedenta fome das paixões que assolam o leito puro da sementeira de virtudes?

A mesa posta e Suzette com um olhar indagava ao marido pelo filho que tardava, enquanto a juvenil e descontraída Bianca sentava-se faminta, esperando a refeição

— Esperemos um pouco mais, Contardo, nosso filho não deve demorar.

— Deixe estar, mulher, Yuri não precisa de tamanhos cuidados, tem idade e responsabilidade bastante para se cuidar.

Sentaram-se e a criada começou a servir delicadamente, vestida em trajes devidos.

— Mamãe, não te preocupe, logo Yuri telefona e tudo se esclarece.

— Assim espero, Bianca. Sou cautelosa apenas. Após o jantar telefonarei para as casas de amigos de meu Yuri.

— Nosso filho quer aproveitar agora que partirá para São Paulo, onde, estudando, tomará novo rumo em sua vida, escolhendo a devida profissão.

— Quero pedir-lhe, Contardo, nada de imposições; deixa-o ser aquilo que almeja.

— Bem gostaria que fosse ele tão bem-sucedido quanto o primo André.

— São poucos aqueles homens de sucesso, meu bem, que conseguem tanto com tal esforço.

— É a astúcia e a lábia, Suzette. André se propôs a bem servir a tal empresa e conquistou a todos com sua inteligência. Aquela capacidade de tomar decisões rápidas e sábias fez dele o homem de finanças e posição.

— O dinheiro nem sempre é tudo. Achas ser ele feliz com Magdala?

— De outro modo não poderia, bem conheces a origem da moça.

— Não falo da origem, falo do gênio abrasador e sedutor daquela mulher. Ela não me engana. Temo pela pequena Aline e peço ao Pai paz àquele lar.

Cortando o diálogo do casal, uma das criadas apresentou-se aflita.

— Senhora, desculpe-me a intromissão.

— O que te afliges, filha?

— O senhor Euclides piorou, parece delirar um pouco e chama pela senhora.

— Devo atender meu pai. Contardo, já me esquecia de sua enfermidade.

— Acalma-te, Suzette!

Levantou-se apressada a filha preocupada e Bianca olhou Suzette com desdém, pouco se importando com o avô enfermo.

Em pleno delírio de uma bronquite asmática, Euclides produzia sons horríveis, à semelhança de gatos pesteados.

Debruçando-se em seu leito, a devotada filha o beijou acariciando-lhe a cabeleira branca.

— Papai, desculpa tua filha ingrata, pensava em meu saudável filho enquanto tu estás a sofrer esta aflição agonizante. Não temas que daqui não sairei, enquanto a dor envolver teu pranto.

— Onde está, Anita? Minha pobre esposa, onde estás?

— Num lugar iluminado, meu pai. Não te aflija por ela.

— Quero unir-me a ela. Dez anos são um tormento por quem espera a libertação.

— Tudo está decidido, papai, que ainda permaneças por mais alguns anos ao nosso lado ou partas amanhã. Sei que mamãe pacientemente te espera. Logo, virá o sol do novo dia e o senhor estará cultivando novas flores em nosso jardim ou mexendo na construção de novos prédios na pequena fábrica desta cidade.

— Esta falta de ar me sufoca, Suzette. Graças rendo a Deus por ter-te ao meu lado.

— Abrirei a janela para que a brisa da noite alivie teu sofrimento.

— Posso ir, senhora?

— Sim, pode. Diga ao meu marido que aqui permanecerei. Peça à Bianca que telefone aos amigos de Yuri.

Não podiam pai e filha notar a presença iluminada da bondosa Anita, que velava pelo amado esposo agonizante e pela primogênita dedicada.

Abrindo a gaveta do criado, Suzette dela retirou um livro de páginas amareladas pelo tempo.

— Como mamãe dizia: "nos momentos de aflição ou de dor, sempre é bom reconfortarmo-nos com os ensinamentos sublimes do Evangelho".

— Só agora compreendo a bondade e o amor de Anita em cada gesto e palavra durante a vida conjugal. Esposa devotada e mãe sem igual.

— Ainda há tempo de redimir-te, papai, só assim poderá o senhor unir-te a ela. Basta que faça da tua vida um livro aberto à caridade, para sobrepujar tuas dores e matar outras tantas que permanecem arraigadas entre os homens.

— Se não posso nem mesmo vencer-me, como vencer as dificuldades do mundo?

— Haverá tempo, papai, os passos são curtos, mas conduzem a um extenso caminho. Abra o Evangelho, por favor.

Trêmulo e emocionado, Euclides pegou o livro, alimento do espírito e bálsamo das aflições, fechou com fé os olhos e estava escolhida a página.

— "Fora da caridade não há salvação". Veja só papai!

— Caiu direitinho, que bom!

— "O de que precisa o Espírito para ser salvo. Parábola do bom Samaritano".

Ao iniciar a leitura, Suzette e Euclides foram envolvidos por diáfana e luminosa luz violácea que partia das mãos de Anita. Eram os elos do amor e dedicação que uniam aquelas pessoas, a curtos passos para alcançar o aprimoramento.

Pela estrada escura, apenas o farol do carro marcando dois extensos fachos luminosos. André estava atento na direção e a expectativa de chegar evolvia-lhe a alma. Do rádio vinha bela música nostálgica de Glenn

Miller, "Moonligth Serenade", que lhe buscava o tédio interior. Pensava ele em seu lar, sua esposa, mas principalmente em Aline. Sentia uma crise em seu casamento que o unira há seis anos à encantadora Magdala. Então começou a recordar...

São Paulo, com seu movimento de carros, luzes e sons. André vagava solitário pelas ruas à procura de diversão noturna. Era o ano de sua formatura, tempos de Segunda Guerra e sua cabeça cansada procurava distração. Atraído pelo colorido das luzes flamejantes de um cassino, resolveu entrar. Risos, cochichos, jogos, cerveja e mulheres. André ajeitou o chapéu, colocando um charuto havana na boca, e começou a desfilar pelo salão, ao que foi notado pelo farejo abusivo daquelas mulheres afamadas. A máscula beleza de André e seu jeito imponente despertavam o ciúme de alguns homens.

Eis que de repente tromba casualmente com uma das moças da casa, que derrama sobre o terno de linho cinza do jovem homem uma taça de vinho tinto.

— Mil desculpas, senhor! — Pediu a jovem temerosa, ao que começou a limpar as vestes de André.

— Não tema, senhorita, não posso culpar-te. A culpa é toda minha. Gostaria apenas de pedir-te algo.

— Pois fala, senhor, estou aqui para servir-te.

— Leva este vinho e volta. Estarei esperando naquela mesa do canto.

A moça sorriu agradecida e André dirigiu-se à mesa escolhida, sendo imediatamente atendido por uma das moças.

— Que desejas, senhor?

— Duas taças e uma garrafa de champanhe.

Minutos passaram e ali estava a bela garçonete, aqueles olhos esverdeados e os cabelos quase ruivos, cacheados, ostentando um buquê de flores artificiais.

— Senta-te, por favor, senhorita!

— Não posso demorar-me. Estou de serviço e o chefe não gosta que façamos hora. Devemos vender mais e mais, só assim tiraremos vantagem.

— Senta-te e diz-me teu nome.

Sentou-se a moça constrangida.

— Meu nome é Magdala, senhor.

— Magdala, que lindo nome! Por favor, não me chame de senhor. Quantos anos tens, tu?

— Dezenove anos.

— Que faz uma moça tão bela num lugar destes?

— Não gosto daqui, mas agora sou sozinha nesta imensa cidade e uma amiga convenceu-me a empregar-me aqui, dizendo ser dinheiro fácil. Acabei ficando.

— Meu nome é André e gostaria de ajudar-te.

— Aqui estão taças e a champanhe, senhor! — Disse a garçonete olhando despeitada para a companheira.

— Pode ir, obrigado.

— Vê? Ela não gostou.

— Deixa estar, pega a tua taça, Magdala.

— Como pretende ajudar-me?

— Estou me formando e tenho emprego garantido. Posso levá-la comigo.

— Não brinque, André! — Respondeu Magdala erguendo sua taça aos lábios, ao que André segurou a mão esquerda da moça, apertando-a.

— Nunca brinco com coisas deste tipo, Magdala. Vem comigo.

— Não posso, André, tens um gênio intempestivo!

— Quem está te segurando? Existe outro?

— Por favor, compreenda. É difícil confiar em um homem à primeira vista.

— Mas não é difícil confiar no amor de um homem. Largue tudo, Magdala, só eu poderei fazer-te feliz.

Pensativa e indecisa, Magdala relutou, até que uma voz sonora e grossa machucou-lhe o ouvido. Era o responsável pelas mulheres.

— Levanta-te Magdala, os homens querem beber e teu trabalho é servir.

Assustada, a moça se levantou, olhando aquele brutamontes grosseiro, toda a sujeira daquele lugar viciado e comparou isso com a proposta de André, que a olhava com olhar por demais amoroso sem nada falar. Num relance ela se decidiu.

— Não mais servirei a ti seu abutre nojento. Vou-me embora deste ninho de cascavéis para nunca mais voltar.

— Cala-te, vagabunda.

— Respeita esta senhorita ou serei obrigado a fazer-te ajoelhar para pedir desculpas.

— Vejam só, um almofadinha querendo mandar em mim!

Quando todos correram para ver a briga — e André estava disposto a esmagar aquele homem rude —, uma severa voz de mulher tudo fez parar. Era a dona do cassino.

— Guarda tuas forças, Geraldo, aqui quem manda sou eu. Afinal, o que se passa?

— Este homem, madame Gerusa, está ocupando uma de nossas garçonetes.

— É mentira, apenas sentei-me um pouquinho e já ia saindo.

— Foi a meu pedido que Magdala ficou — confirmou André.

— Estás despedida, Magdala, não quero ver-te mais por aqui. Agora, música e animação.

— Vou satisfeita, madame de meia-tigela. Fica com teus homens nojentos e tua casa de ladroagens. Vem, querido André — assim falou Magdala estendendo as mãos para André.

Saíram pelas ruas abraçados e não mais se separaram, casando-se em poucos meses.

O carro de André entrava em terras de Campos do Jordão e ele apagou da memória o seu passado não muito distante. Sabia ter errado ao confundir paixão com amor, pois ele amava loucamente Magdala e ela o tinha como boia de salvação em mar bravio. O mar se acalmou com os anos e Magdala revelava-se outra. A astúcia e a cobiça dominaram Magdala, o dinheiro fez dela uma dama invejada pelas mulheres e uma mulher desejada pelos homens. Todos da família sabiam de seu passado, que ela nunca fizera questão de esconder. Mas o pior era a vulgaridade inconcebível de seu gênio e sua dupla personalidade, que podia ferir e amar.

Aline, sim, era a ternura e o venturoso fruto daquele amor-paixão. Só ela animava ambos e enchia de terna inocência as consciências abusivas.

No deleite do quarto, Magdala apresentava-se ao seu jovem amante, deixando cair, em seu corpo escultural, finos trajes transparentes. Yuri fora laçado à trama daquela mulher inconsciente e infeliz por não ser autêntica.

Abraçavam-se e beijavam-se com a animalidade das paixões, entregavam-se a ignorar o tempo. Sim, o desejo é maior que tudo em suas vidas e em suas escolhas. A sedução, a maior arma de Magdala.

Suzette orava com o pai na frouxa luz de um abajur de bronze.

Aline sonhava a fantasia da vida num belo jardim repleto de outras crianças.

André atravessava a cidade de Campos de Jordão, rumo à sua linda casa de campo.

Alguém ou alguma coisa mexeu no andar de baixo. Yuri resolveu descer para investigar. Magdala estava apreensiva.

— Tem cuidado, Yuri! Já sei, pega este revólver e desce.

— Onde estava a arma?

— No criado, meu amor!

— Fica tranquila, terei cuidado.

O rapaz principiou a descer as escadas, escondido pelos vultos da noite. Magdala foi ao quarto de Aline, onde se certificou de que a criança ainda dormia e beijou a testa da filha.

Na cozinha, Yuri acendeu a luz e viu uma tremenda bagunça. Num repente, foi alvejado por uma pancada e deixado inerte no chão frio. O saqueador apagou novamente a luz e começou a procurar coisas de valor com a arma na mão.

Em seu quarto, Magdala andava nervosa, apertando as mãos na expectativa.

O carro de André parou em frente à casa e Magdala pela janela reconheceu o marido. Apavorada desceu as escadas e baixinho chamou por Yuri, nada de respostas. À sua frente, a casa escura, apenas passos e espectros. Magdala suava de medo e pavor. Ouviam-se passos sorrateiros. Temerosa a caminhar, Magdala tentou alcançar o interruptor e estendeu a mão que foi segura por um braço forte.

Ecoou longe um grito pavoroso, que despertou Aline para o choro.

Alguém acendera a luz e em frente à situação estava André, que Magdala abraçou nervosa a soluçar.

— Por que choras, meu bem?

— O ladrão, pega-o, André: nossa filha, devo acalmá-la. Yuri, onde está Yuri?

— Yuri está aqui?

— Ele saiu à procura do ladrão.

— Vou subir e acalmar Aline. Depois quero explicações. Não estou entendendo o que se passa.

Saiu Magdala a procurar seu jovem amante, o coração parecia explodir de assombro. André apertou em seus braços a filha amada, que ainda chorava.

— Pobrezinha, acalma-te, estou aqui, não tema, Aline!

— Papai, preciso de mamãe e de Yuri.

— Ela está na cozinha, fica sentada na cama, papai vai buscá-la. Yuri está aqui na casa?

— Ele passou o dia brincando comigo!

Teve o pai dedicado tempo para entregar a graciosa boneca de Aline.

— Cuida de tua filhinha, papai já volta.

Chegando à cozinha, Magdala viu, ao acender a luz, o corpo desmaiado de Yuri e uma mancha de sangue em sua nuca. Afastou-se horrorizada e foi de encontro ao marido, quando André aguardou a esposa alcançar o topo da escada.

— Yuri está ferido na cozinha.

— Que fazia ele aqui? Onde está a ama? Onde estão os criados?

— Dei folga a todos.

— Vejo a vergonha estampada em teu rosto, Magdala. Como pode trair-me assim?

— Por favor, André, não me julgue mal.

— Confessa. Diz ser mentira, Magdala!

Calmamente, a mulher tentou ir em direção ao quarto da filha. André a segurou pelo braço.

— Cansei de suas viagens e de suas finanças. Casamos e desde então estou presa a esta casa e a esta cidade. Certinha a suportar suas crises coléricas de ciúme. Dei-te uma linda filha e tu quase me esqueceu por ela. Yuri trouxe-me nova sede de viver e alegria a esta casa, deu-me prazer e carinho.

Explodia no interior de André o vulcão do ódio e do ciúme. Cada palavra era uma demonstração da traição daquela mulher vulgar, mas ele a amava de verdade.

— Jamais te perdoarei, Magdala, não permitirei sequer que volte a ver tua filha. Mulher ingrata e perversa, tirei-te de um prostíbulo e dei-te nome, posição social e dinheiro, além de meu amor sempre sincero. E ainda seduziu meu primo Yuri, que frequenta esta casa desde criança e adora cuidar de Aline.

— Deixa-me ver minha filha, pois dela não és homem de separar-me.

André segurou-a firme pelos dois braços de encontro ao seu peito.

— E o meu amor, Magdala? Por que destruíste nosso lar?

— Amor como o seu, acharia eu na rua!

Era por demais a afronta daquela mulher e foi incontrolável a erupção do vulcão adormecido no peito daquele homem. A mão direita de André efetuou um forte tapa que forte soou no pálido rosto de Magdala, desequilibrando-a e fazendo seu corpo rolar escada abaixo até parar no início da escadaria, imóvel e contorcido. Desesperado, André correu a estender sua esposa, mas em vão ele beijou-a e pediu desculpas, pois não mais havia vida naquele corpo. Como criança, o homem soluçava sentado no chão, abraçado aos despojos de sua amada.

Naquele instante, Yuri voltou a si e esfregando a cabeça ferida aproximou-se do casal recebendo enfurecido olhar de seu primo.

— Saia daqui, seu canalha, ou irei matar-te.

— Magdala, o que aconteceu a ela?

— Foi o ladrão, tu suportaste o golpe, mas ela não. Agora saia daqui.

— Meu Deus! André, perdoa-me, apenas tentei proteger teu lar e cuidar de Aline.

— Sei que são amantes, Yuri, e hoje Magdala nos deixa para sempre.

Desorientado, Yuri saiu a correr entre o susto e o pavor, de remorsos e culpa de sentir o efeito de suas escolhas. Aline chegou ao topo da escada carregando sua boneca e singela dirigiu-se ao pai. Também viu o vulto de Yuri correndo pela casa e desaparecendo.

— Papai, acorda mamãe, eu quero dormir e só ela pode fazer isto.

Noite alva e o carro de Yuri fez ensurdecedor barulho, desaparecendo nas sombras do caminho.

Cada homem e seu arbítrio, cada causa e seu efeito, cada ato e sua consequência a espalhar a dor ou o alívio, a flor ou o espinho, a guerra ou a paz, a indiferença ou a caridade, o ódio ou o perdão.

Quantas obras tem o homem a espalhar pela terra! Obras do bem e do mal, boas e más, tendências, podres e sadios frutos de uma mesma árvore

Inocência nos olhos de Aline, pobre criaturinha nascida de provação e dor. Sua vida estaria a cargo de que sina? Noite opaca e negra, afinal, relâmpagos ao longe, no imenso teto do infinito. Novos ventos, fortes ventos, as primeiras chuvas de verão, os primeiros clamores dos Campos de Jordão em flor.

Adormecidas vidas, noite apenas, apenas clamor...

02
ALINE

Dez anos volveram-se no tempo. A mesma casa e o mesmo jardim, mas, entre o colorido das flores, uma jovem encantadora e tristonha a colher miosótis lilases, cantarolando baixinho. Como brilhavam ao sol aqueles castanhos cabelos, seus olhos se assemelham ao brilho do manto celestial anilado. Moldurado corpo de uma virgem.

— "Colho minhas flores, colho todas elas; sem as flores o que faço? Sem as flores o que sou? Vivo só por elas, amo todas elas.

Fico a imaginar!

Se devo procurar!

Alguém ou coisa melhor, pois suas vidas sei de cor".

No alpendre uma simpática senhora de mais idade bordava. A seu lado também bordava outra mulher; mãe e filha a bordar.

Andresa, como mãe atenciosa, mexeu os óculos redondos e olhou demoradamente a filha, que incidiu olhar indagador.

— O que te preocupa, mamãe?

— Sei que mal dormiste esta noite, Vilma! Gostaria de poder ajudar-te mais. Quero ver-te sorrindo como antes e não sentada a bordar como tua velha mãe.

— Nada pode a senhora fazer, só o tempo remediará minha situação.

— Se teu pai não tivesse me deixado há vinte anos atrás, talvez, fosse tudo muito diferente. A autoridade de um homem numa casa é muito importante.

— Decidi deixar de lado os homens, mamãe, prefiro terminar meus dias sozinha, já fui ludibriada demais, agora quero sossego e paz.

— Falas isto hoje, amanhã é novo dia e teu príncipe encantado aparecerá.

— Com trinta e quatro anos, mamãe?

— Vovó, vovó Andresa — gritou Aline a correr até que atingiu os braços de sua avó adorada.

— Que lindos, Aline, muito obrigada!

— Para a tia Vilma, esta rosa.

Vilma sorriu sem graça e segurou o botão de rosa amarela.

— Senta-te no colo da vovó, Aline — pediu Andresa após encostar seu bordado.

— Que dia maravilhoso vovó, nem acredito estar de férias e poder descansar por dois meses. Não vejo a hora de chegar o Natal e o Ano Novo. Onde passaremos o Natal, vovó?

— Aqui mesmo. Em que lugar poderia ser, querida? Só que este ano é especial, após dez anos de separação, nossa família voltará a comemorar o Natal, todos nesta casa. Sua prima Suzette com o marido, Bianca e Yuri.

— Puxa, vai ser maravilhoso! Pena que papai não terá condições de estar aqui, pobrezinho, internado naquele manicômio a sofrer suas loucuras. Preciso tanto visitá-lo, vovó!

— Nós iremos, Aline. Amanhã visitaremos nosso André.

— Estamos apertadas, mamãe, faltam dez dias para o Natal!

— Há tempo, Vilma, há tempo.

Soou o telefone e Aline saiu a correr.

— Deixa-me atender, deve ser de minhas amigas.

E apressada, Aline correu pela sala, onde se deixou cair no sofá e atendeu ao telefonema com toda sua graça jovial.

— Alô, aqui é da casa de André, quem fala é Aline!

No outro lado da cidade, na casa de Suzette, uma voz eloquente e alegre responde:

— Sou eu, Aline, teu primo Yuri. Cheguei à noite passada, estava com saudades de todos.

— Primo, como é bom ouvir tua voz! Já se passaram três anos, não é verdade?

— Três longos anos pelo Oriente Médio e Egito. Fizemos belas descobertas de Arqueologia. Diga-me, como estão tia Andresa e Vilma?

— Estão ótimas, bordando sem parar...

As mulheres, curiosas, aproximaram-se de Aline e esta lhes falou baixinho:

— É o Yuri, vovó, pergunta por vocês.

— Deixa-me falar com ele, filha.

— A vovó vai falar, Yuri!

— Yuri querido, como foi de viagem?... Sei, você ficou maravilhado com as pirâmides, os templos e as antigas cidades. Conhecer Jerusalém? Que maravilha!

Aline sorria curiosa por estar sabendo notícias do primo, que sempre compreendeu ser odiado pelo pai enfermo e sempre colérico.

Ao lado de Yuri, Suzette chegou acompanhada de Contardo, enquanto Bianca e seu noivo Levy conversaram na sala.

— Irei visitá-las em breve, talvez, amanhã. Fico contente de saber sobre a nossa ceia de Natal. Para a senhora também, um beijo.

— Como é bom ver-te sorrindo ao nosso lado, Yuri. Teus pais e eu estamos muito felizes.

Mais maduro e belo, Yuri abraçou os pais emocionado.

— Quero ficar por aqui uns bons tempos, preciso agora ter sossego para terminar meus trabalhos de pesquisa e precisarei de ajuda.

Seguiram para a sala, onde Bianca sorridente tomou a palavra.

— Levy e eu resolvemos que o casamento realizar-se-á dentro de seis meses. O que acham vocês?

— Por mim, está ótimo. E quanto a ti, Suzette?

— O enxoval está pronto; a casinha deles também, nada mais justo. Que se casem dentro de seis meses.

— Resolvi também passar o Natal com vocês, meus pais estão em São Paulo e não se importarão.

— Mais um para a ceia de tia Andresa, mamãe, bem que vovô Euclides podia estar conosco. Quanto penso que ao viajar ele estava remoçado e forte, vindo a falecer um mês depois, fico amargurado.

— Não te lamentes por isto, Yuri, teu avô está em bom lugar.

À noite, havia reboliço na casa de Aline, em seu quarto muita música e gritinhos. Estavam ensaiando o *twist*, de Elvis Presley, Aline e três amigas. Dançavam todas muito bem e se mexiam como exímias dançarinas. Estavam suadas e cansadas. Ao acabar a música, caíram todas semidesmaiadas na grande cama do quarto. Neste momento, a porta se abriu e lá estava Yuri, esbelto com seu chapéu, barba baixa e negra, acompanhado de Andresa e Vilma. Todas olharam espantadas, pois, ao reconhecer o primo, Aline pulou da cama indo cair nos braços de Yuri, beijando-o nas duas faces. A moça foi levantada pelo primo.

— Que saudades, Yuri!

— Estás linda, Aline! Deixei-te criança e agora vejo uma moça.

Terminaram o abraço, Aline puxou o primo pelas mãos.

— Quero apresentar-te minhas amigas: Vera, Ângela e Kátia

As moças apertaram a mão de Yuri, encantadas com sua beleza, pareciam suspirar.

— Parece que vocês dançaram muito. Também adoro Elvis Presley!

— Durante duas horas quase. Bem, meninas, vocês me desculpem, mas já é tarde. Preciso conversar com meu primo, que eu não via há três longos anos.

Sorria Yuri com a simplicidade e vivacidade de Aline. Todos desceram e Aline não largava a mão do primo. As moças despediram-se rápidas e Andresa foi com Vilma preparar um lanche.

— Venha, Yuri, quero mostrar-te minhas duas primeiras telas.

Saiu Aline a puxar Yuri até a biblioteca, onde apontou as duas telas na parede.

— O primeiro é o nosso jardim, só flores, veja só! O segundo é a mansão da Colina do Alborecer.

— Magnífico, maravilhoso, querida! Quem te ensinou tão bela arte?

— Até agora não sei, achei uma velha caixa de tinta que pertenceu à nossa bisavó e pedi para comprar as telas. Não é que consegui pintar direitinho!

— Muito estranho! Isto é um fenômeno!

— Fenômeno ou não, eu estou pintando e espero continuar assim. Não gosto muito de bordar.

Deixando a mão de Aline, Yuri aproximou-se da tela, onde uma bela mansão estava perfeitamente retratada.

— Foste à mansão, conheceste a Colina?

— Porta-retrato apenas. Vovó não quis levar-me lá. Você a conhece?

— Sim, eu a conheço e você parece conhecê-la melhor ainda. Meus parabéns, Aline!

— Gostaria de conhecer o local, Yuri, levar-me-ias lá?

— Qualquer dia eu levar-te-ei, Aline, fica tranquila. Agora vamos à sala, onde tia Andresa nos espera com o chá.

Sentaram-se à mesa. Só Vilma não sorria, sempre carrancuda a ouvir diálogos.

Mostrava-se de esplendor aquela noite. Os encontros casuais de cada dia formavam o reencontro das lembranças e o desabrochar das tendências. Yuri, perplexo, vislumbrava a jovem Aline entre xícaras e a frouxa luz do recinto. Que transformações e novas revelações a jovial, bela e entusiasta Aline reservar-lhe-ia por aqueles meses futuros?

Manhã serena de aromas e refrescantes ares de verão. Saíram as três mulheres de casa. Vilma dirigiu-se à garagem; Andresa recomendava algo à criada; e Aline ajeitava a cesta de frutas, doces e bolo.

Funcionou o carro e Vilma buzinou chamando as companheiras. Dispostas, saíram com as primeiras horas do dia ensolarado.

A caminho, só beleza. O verde intenso dos montes e campos, silvestres flores à beira da estrada, muitos pássaros em festa, borboletas multicores a rodopiar e o constante cheiro dos pinheiros lastrados na vastidão das colinas.

Chegaram, afinal, ao lugar desejado, um lugar esquecido pelas pessoas sadias, pelo mundo social e pela rotina do bem. Mas, contrastando com a vida do local, seus moradores atormentados eram homens diferentes. Homens traumatizados, sofridos e perseguidos, vítimas dos vícios e de crimes vários.

As três mulheres foram atendidas por educada enfermeira que as conduziu para uma sala de espera, onde outras pessoas aguardavam pacientes, trazendo consigo o alimento material dos petiscos e o alimento espiritual do reconforto. Um a um os visitantes entravam e tinham seus pertences revistados.

Aline ergueu o corpo e foi à frente com seu cestinho tão bem preparado, passou pela revista e foi seguida pela avó e a tia. Apressada, ganhou o pátio e atravessou um grande portão. Estavam em imenso arvoredo de copadas árvores, flamboyants e sibipirunas floridas, derramando pétalas vermelhas e amarelas no verde aveludado da grama. Sob as copas, vários bancos de madeira, onde os doentes sentadinhos abraçavam seus parentes amados.

Os olhos da mocinha principiaram a procurar o pai, andando cautelosa entre tantas outras famílias visitantes. Sorriu então quando viu a figura grotesca e magra de seu querido pai; quase correu para alcançá-lo, ainda seguida pela avó e tia. André fitava algo entre a copa cacheada daquele flamboyant, parecia não perceber a presença da filha que o abraçava e o beijava, chorando comovida.

— Papai, papai, que bom tornar a ver-te! Trago frutas, doces e bolo, que tanto gostas.

— Quero a cigarra.

— A cigarra que canta e quebra o silêncio, para animar-te o dia! Não, papai, deixa a cigarra cantar, pobrezinha.

— Quero pegá-la — disse André suspendendo as mãos.

Com esforço. Aline abaixou aquelas mãos tensas, que se acalmaram e acariciando o rosto do pai disse-lhe:

— Não estamos sozinhos. Veja só quem chega para animar-te mais que a cigarra, tua mãe e tua irmã.

— Mamãe e mana?

— Isto, são elas sim!

Para alegria de todos, André se pôs de pé e estendeu os braços.

Relutou André, mas caminhou até abraçar de uma só vez a mãe e a irmã, que não puderam conter o pranto. Aline sorria, linda, e correu ao encontro deles, envolvendo-os nos seus halos de carinho e amor.

Aquela manhã ficaria marcada e todos ali guardariam a terna lembrança de cada gesto e palavra de consolo. Não havia loucos, mas doentes, não havia famintos de comida, mas sedentos e carentes de amor; este alimento que força dá a qualquer homem seja onde for ou nas mais variadas situações.

Costumeiramente, antes de se deitarem, estavam as três mulheres a bordar na sala. Aline parou, passou os olhos à sua volta, querendo dizer algo que pudesse aliviar a dor sofrida por não ter André a seu lado. Levantou-se, a moça, indo à cozinha, onde preparou xícaras e o bule de chá; em seguida, ofereceu às estimadas companheiras.

— Alice preparou o chá e deitou-se, vovó, resolvi trazer.

— Não coloque muito, Aline.

Obedecendo-lhe, a mocinha também serviu a tia e tomou na mão sua xícara, indo sentar-se em seu cantinho do estofado em frente às outras duas.

— Cansei de bordar, vovó. Dedicar-me-ei à pintura. O que acha a senhora?

— Sua bisavó pintava quadros lindíssimos, talvez, você tenha herdado este dom.

— Onde estão as obras dela, vovó? É verdade que estão trancafiadas na mansão da Colina?

— Sim, estão, são de um valor inestimável para nossa família. Continuaremos com o inventário até provar que tudo nos pertence e o crime desprezível daqueles que levaram ao caos nossa fortuna de família. Quando penso na possibilidade de culpa de meu falecido Tarso, fico triste, mas logo tudo se esclarecerá.

— Uma casa fechada por vinte anos!

— Ela é aberta uma vez por mês, Aline!

— Sei disso, tia, todo dia vinte de cada mês, para verificarem sua conservação. Agora eu posso ir, não é vovó? Afinal, já completei meus quinze anos.

— Vai e mata tua curiosidade. Pressinto que a mansão novamente será da família. Quanta história guardada, quanta fortuna reservada.

— É melhor deitar-me agora. Combinei de ajudar Yuri em seu gabinete de pesquisa na casa da tia Suzette, amanhã cedinho. Preciso descansar.

Assim, osculou as faces das amigas inseparáveis. Aline principiou a subir a escadaria, lembrando-se de algo.

— Tia Vilma, por favor, a partir de amanhã não estarei para minhas colegas de dança, dedicar-me-ei a coisas mais importantes.

— Darei o recado, querida!

Ouviu-se depois o bater da porta no quarto de Aline. Vilma então pôde indagar algo à sua mãe.

— Que coisas mais importantes serão estas, mamãe? Aline me espanta com suas súbitas decisões e sua imatura forma de pensar.

— São seus quinze anos, Vilma, toda uma juventude explodindo e querendo indagar as origens de tudo; o passado, o presente e o futuro.

Procurando e descobrindo tendências. Tu mesma deve estar lembrada desta idade difícil e encantadora, quando pretendemos modificar o mundo. Só que agora o mundo modificou-se por demais.

— É verdade, mamãe, após tantos milênios de guerras e descobertas, o homem está se encontrando neste século.

— Mil novecentos e cinquenta e cinco, muitas águas passarão pela ponte de nossas vidas!

— Já não temo mais nada, mamãe, estou encontrando o caminho da maturidade íntima. Sentia-me oca e dava muita importância às pessoas arraigadas na sociedade, agora não. Acho que a angústia é o mal do nosso tempo e justamente as grandes transformações e acontecimentos poderão aliviar-nos as dores.

— Falaste bem, Vilma. Tem dias que amanhecemos decididos a praticar grandes realizações, mas adormecemos e sonhamos. Com o amanhecer de um novo dia, não mais lembramos dos belos sonhos, das grandes realizações e nos fechamos como o tempo tempestuoso das chuvas, num egoísmo esmagador. O pesadelo sobrepuja o sonho das construções afetivas e reais, como o mal sobrepuja o bem.

Permaneceram mãe e filha entregues ao diálogo construtivo, enquanto Aline em seu quarto preparava-se para dormir. Vestiu a adolescente mimosa camisola e delicado chinelo, que moldurava seu corpo esbelto.

As cortinas esvoaçavam com o vento frio da noite e Aline chegou à janela, donde pode ver o tempo. As árvores sombrias eram fortemente agitadas, o céu muito negro e sem estrelas, apenas trovoadas ao longe, denotando cores contrastantes. Fitou Aline por alguns minutos os montes perdidos ao longe, cravejados de pinheiros mil, respirou as essências revigorantes da brisa amena. Fechando cuidadosamente a vidraça e a janela, Aline correu a deitar-se, lembrando-se, porém, da oração, pulou da cama e ajoelhou-se no tapete, de mãos postas, orou.

— Senhor, obrigada pelo dia de hoje. Pude ver meu pai que anda perdido no triste mundo da loucura e nada pude fazer, mas espero num futuro próximo poder ajudá-lo. Amparai minha mãe onde quer que ela esteja, talvez, se ela estivesse aqui nada disso teria acontecido ao papai. Dê forças à vovó Andresa para conseguir levantar o patrimônio da família. Proteja a todos com sua força divina, iluminando nossos caminhos. Obrigada por ser eu perfeita e forte, obrigada senhor. Assim seja.

No telhado, a chuva salpicou gostosamente e Aline logo adormeceu. Abriu-se a porta do quarto e Andresa surgiu cautelosa, beijou a testa da mocinha, saindo e apagando a luz amarela e pálida.

Aline sonhava. Via-se pequenina nas costas de Yuri a colher miosótis, logo entregando o buquê à sua mãe que sorriu agradecida. Em seguida, gemidos no quarto ao lado, levantou-se e resolveu verificar, lá estava sua mãe abraçada a alguém, cerrou a porta a correu para sua caminhada, não conseguindo dormir. Embalava, logo após, sua boneca estimada, ouviu por minutos um diálogo feio e resolveu verificar; abraçou sua filhinha e chegou à escada. Seu pai tinha sua mãe nos braços e mandou aquele homem embora. Caladinha esperou e pediu ao pai que acordasse sua mãe. Ele a olhou triste e nada respondeu. Então, a pequenina fechou os olhos e ouviu aquele horripilante grito de Magdala, que ecoou sem nunca parar.

Aos gritos, Aline despertou, logo tinha Andresa e Vilma em sua cabeceira.

— Foi aquele homem, ele matou mamãe, vovó!

— De que falas, querida? Tenha calma, foi um pesadelo e os pesadelos pregam peças horríveis. Acalma-te Aline.

— Não pude ver o rosto dele, mas era jovem e papai expulsou-o com raiva.

— Novamente, estes pesadelos! Há anos que tu não os tens, Aline.

— Desculpe-me, tia Vilma, mas acho que só eles poderão resolver o mistério daquela noite.

— Não há mistério, o ladrão espancou sua mãe e ela não suportou.

— Deixa-a, Vilma, não falemos neste assunto desagradável. Vem, Aline, vem dormir com a vovó.

Atrasada, Alice chegou no quarto bocejando.

— Que aconteceu, senhora?

— Nada demais. Alice, foi um pesadelo. Vai à cozinha e prepara uma xícara de chá, estaremos em meu quarto.

— Sim, senhora.

— Como se não bastasse, ainda esta chuva ininterrupta e barulhenta.

— Às coberturas, Vilma!

Luzes na casa, madrugada e chuva. Novos clarões a bordar o telhado escuro. O despertar e os segredos ocultos no âmago interior do distante passado.

Desencaixotava, Yuri, suas preciosas amostras e relíquias antigas; pedras, objetos estranhos com rudimentares esculturas e pedaços até de ossos, quando Suzette entrou acompanhada de Aline.

— Trouxe-te a alegria da família, Yuri!

— Bom dia, primo!

— Como é bom tornar a ver-te, Aline, és colírio para os meus olhos!

— Posso ajudar-te em alguma coisa?

— Sim, é claro que pode! Tenho essas peças e devo colocá-las naquela estante, para depois estudá-las.

— São tuas ou tem parceria com alguma universidade?

— Não, só estão emprestadas. Pertencem ao Museu do Cairo e, após sua exposição no Brasil, terão que retornar ao Egito. Mas, aqui, apenas peças pequenas.

— Quer dizer que nunca foram expostas?

— Isto mesmo, são inéditas. Nossas missões de arqueologia são comandadas por estudiosos americanos e eles autorizaram-me a estudar estas peças.

— É muita responsabilidade!

— Falou certo, Aline. Tenho oito meses para entregar a pesquisa e meus comentários em São Paulo.

— Bem, vou deixá-los, Bianca me espera, vamos fazer compras.

Saiu Suzette deixando o filho na companhia sempre agradável da sobrinha.

— Um medalhão, Yuri! Terá pertencido a algum faraó?

— Possivelmente, talvez, uns dois mil anos antes de Cristo. Vê e repara, é ouro maciço cravado com desenhos, cada um destes desenhos tem um significado. Representam o poder, a glória e esplendor daquela época.

— Meu Deus, deve valer uma fortuna!

— Esta peça eu guardarei no cofre, deixa-a separada.

— Que profissão tu foste escolher! Não consigo ver nada de rendoso, francamente.

— Talvez, não seja rendoso e apesar de adorar já me certifiquei ser mais um passatempo a arqueologia. Pretendo seguir uma outra carreira, talvez, trabalhe num laboratório de indústria química ou coisa parecida

— Admiro tua capacidade, Yuri! O passado nos revela muitas surpresas.

— E, tu, o que pretendes ser no futuro?

— Ainda não parei para pensar, mas quem sabe poderei obter sucesso com os meus quadros?

— Acho perfeitamente possível, Aline. Bem, tudo ajeitadinho, vou guardar o medalhão.

Tirando um quadro da parede, Yuri abriu pequeno cofre embutido e lá depositou a preciosa peça. Aline fitava-o amorosa e desconsertou-se ao olhar direto de Yuri.

— Em que pensas, prima?

— Num sonho que tive esta noite.

— Saiamos deste ambiente fechado — pronunciou o jovem homem, conduzindo a moça pelo ombro.

Encontram-se sentados na varanda repleta de samambaias choronas de verde intenso. Elegante, Yuri tirou um cigarro, soltando a primeira baforada.

— Conta-me teu pesadelo.

— Não sei se deveria preocupá-lo com algo tão pessoal e meu.

— Confia em mim ou não?

— Claro que confio, Yuri, mas acho melhor esquecer por ora e pensar em coisas mais alegres. Posso pedir-lhe algo?

— Pede e verei se poderei atender-te.

— Dia vinte pretendo conhecer a mansão da Colina e gostaria de ter tua companhia. Pode acompanhar-me?

— Irei com gosto, é um belo lugar! Preocupam-te os problemas da família, não é?

— Muitíssimo. Pretendo descobrir o porquê da loucura de meu pai e a decadência do nosso patrimônio.

— E teu pai está melhor?

— Ainda não como gostaríamos, mas hoje ele demonstrou mais lucidez e ato de carinho extremo. Tu não gostas dele, é verdade?

— Nada tenho contra teu pai, Aline.

— Mas ele tem contra ti, nunca disse, no entanto, eu sei da aversão dele por tua pessoa.

— Não sei como explicar-te.

— De qualquer forma, tenho grande estima por ti e nada irá se modificar.

— Assim espero, Aline, assim espero. Eu a adoro, sinto algo inusitado toda vez que nos encontramos. Tua maturidade me atrai.

Entre eles a verdadeira amizade nascia e a recíproca simpatia entre um homem e uma mulher. Dúvidas e pesares, experiências e indagações, segredos vários.

Na manhã seguinte, Aline atendia ao telefone, comendo uma torrada.

— Não posso, Ângela, diga às meninas que este fim de ano estarei à mercê de minha família. Não quero saber daqueles rapazes bobocas do colégio e nem sei se farei parte das festas do *réveillon*. Deixa de bobagens, Ângela, nossa amizade continua firme. Viajar! Nem posso sonhar. Bem que eu gostaria de conhecer as praias do Rio. Ficamos assim, quando precisar, venha passar o dia aqui em casa, telefona-me antes. Até breve!

— Pode ajudar-me agora, filha?

— Que vamos fazer, vovó?

— Vilma vai à cidade fazer compras com Alice. Ajuda-me a preparar o almoço e um belo bolo para servir ao Yuri?

— Será um prazer, vovó! Antes disso preciso recomendar algo ao jardineiro.

Correndo, Aline alcançou o jardim e o sol fez brilhar seus cabelos. Funcionou o motor e a buzina do carro, Alice entrou no veículo com a cesta, acenando em seguida para a jovem sorridente.

— O senhor me entendeu? Tira todo o mato que suja a grama, podando-a bem baixinha, em seguida, coloca esterco nos pés das flores.

— A senhorita gosta de flores?

— Eu as amo, senhor Gaspar, principalmente os miosótis.

— Assim como a falecida senhora Magdala...

— Sim, assim como minha mãe. Tenho que ir agora, vovó me espera na cozinha, precisamos fazer bom almoço hoje.

O velho homem continuou satisfeito o seu trabalho, sorrindo ao ver a bela mocinha correndo pelos jardins ao encontro da avó, que a conduziu ao aconchego do lar.

Deliciavam-se todos os presentes com o almoço preparado por Andresa e Aline. O ambiente por demais agradável e promissor. Sempre atenciosa, Aline servia o primo com frequência, deixando sua tia e avó em segundo plano.

— Como ia dizendo, mamãe não pôde vir, parece que Bianca toma-lhe todo o tempo disponível. Prometeu estar aqui dia vinte.

— Hoje, são dezoito, será depois de amanhã — considerou Andresa.

— Dia vinte, como eu espero este dia importante! Algo inexplicável sinto dentro de mim, uma força curiosa de desvendar e descobrir — falou Aline.

Vilma olhou assustada para sua mãe, que compreendia os atos da mocinha.

— Aline adorou mexer com antiguidades e auxiliar-me-á no trabalho de pesquisa, que por sinal será o último.

— Mesmo após o início das aulas, continuarei dispensando parte do meu tempo à pesquisa de Yuri.

— Faça tua vontade, filha, sabe que tua avó apoia tudo que é construtivo.

— Já acabaste, primo?

— Sim, Vilma, estou satisfeito.

— Adivinha qual é a sobremesa? É algo de teu maior agrado!

— Doce de figo em calda!

— Eu mesma preparei.

— É a especialidade da tia Vilma, Yuri!

Retirava Alice os pratos, enquanto Vilma retirou-se voltando rápida com aquela tigela repleta de grandes figos banhados em calda. Minutos correram, levantavam-se todos da mesa, satisfeitos e animados.

— Tenho uma surpresa para ti, Yuri.

— Diz-me, Aline, estou curioso!

— Vem, está próximo à lareira.

Levou a jovem o seu convidado, puxando-o pela mão. Lateralmente à lareira, havia um vaso que sustentava majestoso pinheirinho, muito verde e tenro.

— Aqui, está a surpresa.

— Um pinheiro de Natal!

— Araucária — nossa árvore de Natal. Após dez anos voltaremos a fazer nossa árvore e tu ajudar-me-ás.

— Será um prazer!

— Gaspar plantou neste vaso, que esquecido estava num canto do alpendre. Já que o espírito de Natal invadiu nosso lar, faremos desta árvore o nosso símbolo da natalidade do Cristo.

Andresa puxou Vilma pelo braço, pois ambas estavam como bobas a olhar o diálogo dos primos.

— Quero apenas estas bolas vermelhas e alguns flocos de algodão pelas folhas e no pé da árvore.

Retirando duas caixinhas de papelão sobre a lareira, Aline entregou-as ao companheiro, que sorria divertindo-se

— Mãos à obra, Yuri. Afinal, que fiz eu para tu rires assim?

— Estou contente apenas, deve ser o espírito de Natal que invadiu a casa.

Yuri arredou o vaso, para tornar a árvore mais vista, e agachou-se abrindo as caixinhas de bolas; mas quando iam iniciar o feito, aquela voz fê-los parar.

— Surpresa, meus queridos! Exclamou Andresa a sorrir.

Traziam, as duas mulheres, dois caixotes de pinho, que depositaram próximos ao jovem casal.

— Que tens aí, vovó?

— Abre, Aline, e verás.

Curiosa, a mocinha abriu um dos caixotes retirando fiapos enrolados de madeira que protegiam alguma coisa; então, sorriu levantando um bebezinho de barro trabalhado e esculpido.

— O menino Jesus! É o nosso presépio!

— Presépio, há muito não vejo um!

— Vilma e eu faremos o presépio, enquanto tu e Yuri fazem a árvore de Natal.

Assim fizeram durante toda a tarde, trabalhando com carinho e alegria eloquente. Cada componente, bichinho e forma, dando vida ao presépio. Já as bolas de intenso vermelho a balançar nos galhos do pinheirinho. Ouviam-se comentários e risos, suave calor amoroso emanado de todos aqueles, contagiados pelo espírito do Natal.

O que poderia explicar aquela situação e enormes transformações que sucederiam naquele lar em torno da jovial e encantadora Aline?

Lagos de afeto incondicional com certeza.

E o sol do entardecer dourou o telhado da casa em estilo europeu, incrustada naquele trecho da Serra da Mantiqueira.

03
LISE CRISTINA

Retrocedamos no tempo, aproximadamente sessenta e cinco anos. Primavera de 1890.

Nobre e rica fazenda no interior de São Paulo, onde imensos cafezais, floridos de mimosas flores brancas, espalhavam seu domínio por dezenas de alqueires de terra.

Brasil, jovem república, o desenvolvimento desbravando a toda força a simplória economia de uma terra abençoada com a tropicalidade de seu clima.

O imponente casarão, movimento de antigos filhos da escravidão recentemente libertados pela redentora Isabel.

Pelo jardim, apenas rosas de variadas cores. Palmeiras arrebatadas pelo ameno vento e o verde, reluzindo à quente luz solar do meio-dia.

Logo, a negra Jurema avistou ao longo da estrada a carruagem, que vinha a toda força, descerrou as cortinas da janela e correu a avisar sua protegida.

Defronte ao grande espelho, com a tentativa de afrouxar os espartilhos, a bela Lise aprontava-se. Os castanhos cachos de seus cabelos caíam nos ombros róseos. Seus lábios rubros tentavam sorrir e os olhos violáceos queriam brilhar como duas turquesas radiantes.

— Lise, ele está chegando! A carruagem disparou na estrada.

Trêmula, a moça deixou Jurema ajeitar os espartilhos.

— Tenho raiva de meu pai, não o perdoarei jamais.

— Dizem que o rapaz é de nobre família!

— Estou cansada destas nobres famílias, queria apenas ter o direito de escolher meu marido e casar-me por amor. Onde já se viu conhecer seu noivo na hora do noivado?

— Com dona Laurita foi assim!

— Mamãe é uma boba, acostumada a obedecer a ordens. Os tempos mudaram e estou revoltada, eles hão de pagar-me por este ultraje. Traga-me logo este vestido, Jurema.

Ensurdecedora voz de homem comandava as ações ali. Era Marconi, o senhor daquele lar e de seus domínios. Bem vestido de terno negro, colete listrado, botas, chapéu e suíças grisalhas. Chamava por sua esposa, para recepcionar o noivo. De seu quarto, Laurita saiu, tendo sua irmã Loreta logo atrás, que arrumava seu vestido apressada. Desciam as escadas, muito bem trajadas com seus longos vestidos de madonas.

— Anda, mulher, que a carruagem se aproxima.

— Desculpa-me a demora, Marconi. Por favor, Loreta, vai à cozinha e verifica se o almoço está em ordem.

— Fica tranquila, Laurita! Acalma-te, minha irmã!

— Agora, quero silêncio nesta casa — bradou aquela voz arrogante de Marconi.

Os criados acolheram-se na cozinha, onde Loreta verificava iguarias diversas. Na sala de jantar, a grande mesa posta, ricamente preparada com pratos de porcelana inglesa, copos de cristal e talheres de prata.

Quatro musculosos cavalos castanhos pararam ao sinal do cocheiro, trazendo a pesada carruagem lustrosa, mas com manchas de poeira amarelada. A portinhola se abriu e dela um cavalheiro desceu, trajando um terno bege, colete branco, botas café, chapéu de fina palhinha, que o jovem tirou em sinal de cumprimento. Aqueles claros cabelos castanhos brilharam na claridade intensa e um sorriso sóbrio estampou-se naquele rosto de barba bem-feita. O cocheiro trazia a bagagem.

Entusiasmado, Marconi foi ao encontro do noivo, apertando fortemente suas mãos.

— Muito nos honra com tua presença, meu caro Wagner!

— Estou lisonjeado com tamanha cortesia, senhor Marconi!

Laurita sorriu apresentando a mão direita, a qual o rapaz osculou. Entraram pela sala e logo Jurema interveio pedindo o chapéu para guardar.

— Jurema, avisa minha filha que seu noivo chegou!

— Sim, senhor, irei imediatamente.

— Wagner, por favor, quero mostrar-te parte de nossa humilde casa.

— Com prazer, senhora Laurita!

Ao ver que os três desapareceram pela biblioteca, Jurema subiu correndo as escadas, apavorada e feliz. Ouviu-se então as considerações da criada.

— É o homem mais lindo que já vi nesta vida, Lise!

— Não importa, eu o odeio e tudo farei para desagradá-lo. Onde já se viu noivado assim?

— Mas dona Laurita...

— Chega de maus exemplos, Jurema.

Convidados chegavam em duas outras carruagens e na entrada Wagner também os recepcionava sorridente. Instantes passados, todos esperavam aos pés da grande escada, aproximadamente vinte pessoas amigas da família e influentes na cidade de Santos.

Wagner sorria impaciente, não tirando os olhos do topo da escada.

Finalmente, Lise obtivera coragem e sofreu um pequeno empurrão de Jurema. Vestia vestido azul turquesa com grande laço de veludo azul marinho na cintura, tudo a combinar com seus magníficos olhos sedutores e desconfiados.

Elegantemente começou a descer os degraus e tal foi seu espanto ao ver aquele homem, que certamente seria seu noivo, que por momentos parou. Lise não sorria e Wagner o fazia a todo instante, maravilhoso sorriso de agradável conquista. Continuou a glamorosa donzela fazendo incrível força para conter seu riso e fascínio; agradava-lhe sobremaneira a figura daquele homem de incontestável beleza; mas sua condição de sujeitada e orgulhosa queria odiá-lo.

Frente a frente estavam, Lise parecia trêmula. Wagner aproximou-se, beijando aquelas sedosas mãos de princesa. Não podendo conter-se, a jovem sorriu encantadora.

— Pensei que não soubesses sorrir.

— Desculpa-me, Wagner.

— És linda, Lise Cristina! Juro nunca ter visto alguém tão bela!

— Fico-te grata pelo elogio, confesso que estou apreensiva por demais!

— Vamos ao almoço, hoje é um dia muito especial. Minha filha Lise comemora seu noivado com o jovem Wagner.

Marconi estava radiante e conduziu a esposa, enquanto Wagner ia à frente segurando a mão direita de Lise, que abrandou um pouco sua raiva.

Sentaram-se todos, os criados começaram a servir o vinho, o noivo piscou para sua companheira, ao que ela virou-se fingindo não ver aquele atrevimento.

— Brindemos todos à felicidade deste jovem casal, brindemos.

Levantaram-se erguendo as taças, que tilintaram várias vezes. Lise achava tudo ridículo e fazia de má vontade, mas Wagner continuava a sorrir por gostar de gênios impulsivos, fortes e atrevidos. Todos comiam, falavam e comentavam, todos bebiam a sorrir. Só Lise fechou de uma vez seu semblante e não mais mostrou seus dentes perfeitos, fitava apenas aquele homem audacioso a seu lado. Pensava.

— "Será que ele pensa enganar-me com este sorriso de conquistador barato? Grandes cachorros ele e meu pai, querendo fazer de mim um objeto de troca. Eles não perdem por esperar, hão de pagar-me por esta ridícula festa".

Quem poderia imaginar os pensamentos de Lise e ver toda uma revolta de orgulho nascer dentro dela?

Jurema apreciava a grande comemoração, suspirando de emoção, pois apreciava o jeito esmagador com que Lise resolvia seus problemas.

Com a tarde morna, antes de encobrir o sol, Wagner convenceu Lise a caminhar com ele pelos jardins. Os convidados tinham ido e os donos de casa pareciam cansados. Sob a sombra de guapuruvus eretos, em cuja copa amarela alguns joões-de-barro cantavam, o casal caminhava a lentos passos. Avistando, no entanto, mais à frente, enorme ipê com seus galhos pendentes de flores roxas e abelhas, Wagner pediu para ali ficarem.

— Fizeste-me andar demais, estou exausta.

— Tudo aqui é encantador, mas não se compara ao lugar donde venho e moro.

— Afinal, que tipo de homem és tu, que aceita noivar com uma moça sem ao menos conhecê-la?

— Sou um homem comum, com gostos comuns e de grande sorte.

— Acha sorte casar-te sem amor?

— Tenho sorte em conhecer-te, mas não podes afirmar o mesmo.

— Subjetivo e petulante. Pensas enganar-me com teu rostinho bonito e teu cavalheirismo? Detesto imposições e por isso não me dou com meu pai, saiba que aqui ainda reina a escravidão. Sou uma prisioneira em gaiola de ouro; sem direito a fazer meus gostos, sem direito a agir livre, pensar ou mesmo amar.

— Amas alguém? Um amor proibido?

— Não ainda, pois, se assim fosse, eu fugiria e nada impedir-me-ia de estar com ele.

— Posso dar-lhe toda liberdade que procuras, Lise Cristina.

— A liberdade material longe vai do meu pensamento, Wagner. Vê estas abelhas, preferiria ser uma delas e sair de flor em flor do que suportar o jugo desta imposição.

— Confesso-lhe compreender a situação. Ficamos noivos, mas tudo pode mudar. Vem, sentemo-nos neste banco.

Carinhosamente, Wagner puxou-a pelos braços e sentaram-se no banco de tosca madeira. Nuvens tênues figuravam no poente as suas costas, onde o sol sempre radiante controlava com seus raios vastíssimos, de maneira a mudar para escarlate o róseo fogo do céu ardente.

— Levar-te-ei para os meus domínios, onde será a autoridade e tudo poderá realizar. Ficarás comigo até tomar sua decisão, se ficas para sempre a meu lado ou se sais pelo mundo à procura de teu príncipe encantado.

— Dá-me tua sincera palavra?

— A palavra de um cavalheiro.

— Não me tocará sem ter certeza de meu amor por ti?

— Assim prometo. Não a tocarei como um marido faz com sua esposa. Apenas quando me quiseres.

— Vim disposta a desgostar-te, fazendo grosserias, insultos e blasfêmias; decepcionada e contente vejo que tu és diferente dos outros homens. Queria odiar-te e não posso, queria fugir e não tenho forças.

Aproximando-se mais e mais, Wagner sentia a acelerada respiração de sua noiva.

— Sentes bem ao meu lado?

— Um pouco sem ar.

— Gostaria de beijar-te estes lábios por demais sedutores.

— Não te atrevas!

— Fujas então a gritar que me odeia e não pode suportar minha presença.

— Bem que gostaria.

Fechando os olhos, Lise deixou-se beijar, mas de repente fez olhar espantado e atiçou forte tapa no rosto de Wagner que, desequilibrado, ficou surpreso. Quando noivo pretendia reconsiderar, Lise bem à frente custando a suportar o peso do vestido. Saiu a caminhar.

— Espera-me, querida, não corra.

— Canalha, hipócrita, seu, seu...

Caiu Lise no chão e Wagner correu a socorrê-la, erguendo-a nos seus braços fortes.

— Deixa-me, Wagner, tu não tens nada de especial, é igual a todos os homens. Larga-me seu bruto.

— Ficas linda assim tão brava. Bem sei que gostaste de meu beijo e não quer dar o braço a torcer.

— Atrevido, isto é ridículo!

— Teu rostinho está sujo, querida!

— Não me chame de querida.

— És uma megera, sabia?

— Com muito prazer!

— Carregar-te-ei até a sua casa.

— Não aproveites de tua força, Wagner.

— Ages como criança manhosa.

Assim, Wagner ergueu-a nos braços carregando-a como criança que esperneia e grita. Todos do casarão chegaram à varanda, sorriam ao ver a cena, por saberem do gênio abusivo de Lise.

— Saiam vocês, só quero aqui gente da família.

Só Laurita e Loreta permaneceram ao lado de Marconi. Apressava-se Wagner e na varanda depositou sua noiva.

— Lise caiu, resolvi, por bem, trazê-la mais protegida.

— Fizeste bem, meu caro Wagner — considerou Marconi.

— Venha com a mamãe, Lise.

— Deixai-me todos em paz, não quero ver ninguém à minha frente.

Enfurecida. Lise subiu as escadas, encontrando Jurema na porta de seu quarto.

— Entre, Jurema, e fecha a porta.

Tirando o vestido rapidamente, Lise arquejava de tanta raiva.

— Se eu pudesse mataria aquele homem abusado e grosseiro.

— Não diga isto, Lise, ele é tão bonito!

— Pode ser bonito, mas é rude. Apronte-me o banho, hoje não mais sairei deste quarto. Muita emoção para um único dia.

Chegou a noite e a família esperava Lise na sala. Marconi e Wagner jogavam xadrez. Laurita e Loreta jogavam gamão. Desceu Jurema e dirigiu-se ao patrão.

— Senhor, trago recado da senhorita Lise.

— Estou ouvindo.

— Ela não sairá do quarto hoje.

— Como não?! Vou te buscar.

— Senta-te, senhor, por favor, peço-lhe que a deixe em paz, logo passará a raiva dela. Amanhã, é novo dia e tudo se esclarecerá — pediu Wagner.

— Ganhei novamente, Laurita! O que aconteceu?

— Preciso subir e conversar com minha filha. Com licença, senhores.

— Procura tranquilizá-la, senhora Laurita.

— Tentarei, Wagner, tentarei.

Lise fingia dormir e notou quando a porta se abriu, simulava qual atriz de escola dramática. Laurita acendeu o lampião e sentou-se aos pés da cama, tossiu simulando e nada.

— Pensas que podes enganar tua mãe? Lise, minha filha, comporta-te como nos tempos de criança. Tens agora dezessete anos e és mulher formada, ajas como tal.

Arrependida, virou-se e contemplou a mãe, seus olhos estavam úmidos e ela subitamente abraçou Laurita, deixando que as quentes lágrimas caíssem pela face expressiva.

— Não queria deixar-te, mamãe, sei que apenas a senhora sentirá minha falta e gostaria de levar-te.

— Chora, filha querida, és o único triunfo de minha vida, mas já é tempo de partir. Assim como eu deixei meu lar há quase vinte anos, agora chegou tua vez. Só que tens mais sorte do que eu.

Afastando-se, Lise olhou sua mãe que também deixava cair suas mágoas em pranto ameno. Houve silêncio e a mãe continuou.

— Wagner é bom rapaz, tem tudo para fazer-te feliz. Ele gostou de ti no primeiro instante e tu gostaste dele no primeiro olhar. Só eu que sou mãe e já senti tal sentimento posso afirmar-te.

— Realmente parece ser ele muito bom, prometeu-me a liberdade em seu mundo e deu-me o tempo para confirmar o amor, caso surja este amor.

— Ele é amável, carinhoso, atencioso e belo. Que pode uma mulher querer mais de um homem, minha filha?

— Foi tudo muito depressa, mamãe! Não consigo admitir a hipótese de gostar de um homem escolhido por meu pai e estar gostando de verdade deste homem.

— Está prometida para Wagner há cinco anos. Teu pai e o Barão Valério eram grandes amigos e resolveram casá-los no futuro. O Barão faleceu, mas Wagner resolveu aceitar os desígnios do pai. É claro que ele sabia de sua beleza, seu gênio e suas qualidades.

— Foi assim com a senhora, eu sei.

— Bem pior, teu pai e eu nunca nos amamos de verdade. Ele é muito materialista para dar valor a este amor que tu procuras e sonha.

— Disseste saber o significado dos olhares. Então, já amaste alguém!

— Que importa, tudo é passado e é impossível viver do passado. Vai com ele, Lise?

— Apesar de ter que deixar-te, eu irei, mamãe.

Abraçaram-se.

— Desçamos então, filha. Seja educada e amorosa.

— Preciso mesmo lhes dizer algo. Ajude-me com a roupa, mamãe.

Da janela, Loreta apreciava a noite, respirando o frescor aromatizante do jardim. Os homens ainda atentos no xadrez. Ouviram passos e surpresos contemplaram mãe e filha abraçadas. Laurita sorriu.

— Lise Cristina, diga-lhes a decisão que tomaste há poucos instantes.

— Teu pai espera ansioso — pronunciou o próprio Marconi virando-se.

Wagner parecia um pouco nervoso e fitava aquela formosa jovem, sua noiva eleita; seu coração mantinha batidas mais compassadas e rápidas.

Calma e elegante, Loreta sentou-se no almofadado, ajeitou seu vestido e esperou.

— Conversei longo tempo com mamãe e tomei uma decisão, que exijo seja atendida. Casar-me-ei com o senhor Wagner...

— Bravos, meus parabéns, filha! — Disse Marconi levantando-se.

Sorriu Wagner como nunca.

— Mas com duas condições.

— Pode dizer, Lise — pediu o pai curioso.

— Quero cerimônia simples, sem convidados e sem festa, depois de amanhã; esta é primeira, e segunda: quero viajar em seguida.

Wagner levantou-se radiante e foi beijar a mão de sua noiva adorável.

— Nunca presenciei duas condições tão sábias, minha querida!

— Não te cansarei com a viagem, Wagner?

— A teu lado viajaria um ano inteiro, minha querida!

Lise não pôde conter o sorriso, que lhe escapou divinamente.

Acabrunhado, Marconi considerou:

— Tuas manias rebeldes e teu jeito autoritário irritam-me, Lise, mas seja feita a tua vontade. Será uma cerimônia simples, seguida de um lanche, talvez.

Novamente, Laurita abraçou a filha e esta quase não conteve novas lágrimas, abraçou em seguida a tia que a cumprimentava. Estavam tomadas as decisões e aquele dia fora para Lise o marco histórico de sua vida, a expressão da felicidade ou da amargura, do amor ou do ódio, que jamais existiria.

Casaram-se, Lise e Wagner, na simplicidade desejada. A cerimônia mais parecia a feita pelo padre com os criados. Haviam almoçado pouco antes e tudo estava preparado para a viagem. A capela da fazenda estava toda enfeitada com mimosas flores do campo e foram abençoados pela imagem de Nossa Senhora da Conceição. O vestido havia sido o mesmo de Laurita com alguns retoques de Loreta.

— Eu vos declaro marido e mulher. Pode beijar a noiva, senhor Wagner!

Lise deixou-se beijar nos lábios muito rapidamente. Em seguida, Marconi, Laurita, Loreta e os criados cumprimentaram o casal. Abraços, beijos, felicitações. Puxando a esposa pelas mãos, Wagner conduziu-a ao sol do entardecer dourado.

Esperava a carruagem toda enfeitada, o cocheiro e os quatro cavalos castanhos. Lise apertou a mãe entre os braços, lágrimas caíam-lhe dos olhos muito azuis. Rapidamente entraram na carruagem, o cocheiro gritou e os cavalos andaram trotando. Acenou-lhes Lise com seu lenço branco.

Laurita caminhou sozinha apertando as mãos a chorar e Lise continuou acenando até que nenhuma podia mais ver um vulto sequer da outra.

E o chicote estalou em meio à poeira que se formou.

Quantas lágrimas de mãe e filha.

Wagner abraçou Lise de encontro ao seu peito.

— Pode chorar, minha querida, é assim que lavamos nossas almas!

04
COLINA DO ALBORECER

Longos dias de viagem. Durante o dia, Lise contemplava a paisagem e Wagner indicava o nome de cada lugar conhecido. Cansada por muitas horas, Lise encostava-se no ombro de seu marido e adormecia profundamente.

Paravam muitas vezes em nascentes à beira do caminho, quando os cavalos podiam refazer as forças e Lise podia colher flores do campo. Wagner admirado apreciava a mudança de sua esposa e nunca sonhava iniciativas tão rápidas e sinceras, sentia realmente crescer e nascer o amor paciente em seu âmago.

— Venha, Wagner, preciso mostrar-lhe algo.

— Estou indo, querida Lise!

Saiu o homem a correr aos pulos. Até aproximar-se do arbusto.

— Cuidado, não faça barulho.

— Um ninho, são filhotes?

— Filhotes recém-nascidos de bem-te-vis. Veja como abrem os bicos esperando bichinhos apetitosos!

— Não sabia que gostava de animais.

— Amo tudo que a natureza criou.

— Sabias que eu faço parte da natureza?

— Ora, deixa de bobagens, vamos embora, ainda há coisas sobre mim que tu nem imaginas. Vamos embora!

— Eu te gosto, sabia?

— Nada de beijos por aqui, vamos embora.

— Dá-me tua mão, Lise Cristina.

57

Caminharam rumo à carruagem, continuando a longa viagem.

Paravam também em estalagens, onde se alimentavam, banhavam-se e dormiam separados. Wagner ficava inquieto no leito, namorando Lise em outra cama.

— Tem certeza de que não me quer a teu lado?

— Ainda não, é muito cedo. Não te atrevas a encostar-me, senhor Wagner.

— Eu jurei e está jurado, querida, não serás contrariada.

Mas muitas noites passaram sob o teto infinito das estrelas, contemplando a grandiosa obra do criador. Respirando a noite primaveril, o balsamizaste aroma das Campinas e montes, já repletos de pinheiros da Serra de Mantiqueira.

— Assim abraçados, queria ficar contigo longas horas. Contando estrelas, contemplando a lua tão cheia, respirando as essências dos primeiros pinheiros, os primeiros indícios de Campos do Jordão.

— Estes dias têm sido maravilhosos, Wagner, quero agradecer-te por tua paciência e carinho. Mostrou-me a beleza de cada lugar, de cada coisa da natureza; pois foi junto de ti que eu comecei a dar valor às pequenas coisas. Será que estas mudanças e tudo mais representam alguma coisa?

— Um amor germina em nossos corações, Lise. Dizia meu pai ser o verdadeiro amor calmo e sereno como a brisa matutina.

— Que lindo! Ele foi feliz com tua mãe?

— Sim, foi muito feliz, mas durou pouco a felicidade dos dois. Ela se foi logo depois que eu nasci e meu pai dispensou-me muito carinho, ensinamentos viários. Um homem exemplar, muito culto e generoso o Barão Valério.

Amanhecia. Lise despertou dos ombros de Wagner e ele já olhava as laterais do caminho sinuoso da serra verdejante com cheiro das matas.

— Estamos subindo, querida, subindo pela Colina do Alborecer, em cujo topo está a nossa casa, nosso Lar.

Estupefata, Lise olhou à sua volta.

Pinheiros a perder de vista, flores rastejantes e mimosas tomando conta do caminho. No céu anilado e claro, pombas a bailar com o vento. Terreno plano e calçado, palmas e rosas desabrochando na fertilidade da terra. A enorme casa branca de pilares cilíndricos e lisos, um gramado à sua frente, onde uma fonte jorrava límpida água e folhagens em arranjos mostravam-se tenras. Aqui e acolá, um coro de canarinhos.

Parando a carruagem, uma mulher de branco, acompanhada de duas criadas, aproximaram-se agradáveis. Wagner desceu a esposa e ocorreram as apresentações.

— Luiza, bom dia, bom dia a todas! Esta é a senhora Lise Cristina, minha esposa!

— Fico feliz em conhecer-vos, encantada!

— O prazer é todo nosso, senhora, eu sou a governanta e estou aqui para servir-te durante todo o tempo.

— Traz as bagagens Afonso. Luiza, por favor, vai à nossa frente e prepara um banho para a senhora Lise Cristina.

— Ajuda-me, Wagner.

Abraçados, caminharam pelo jardim de mãos dadas.

— Parece conto de fadas, tudo é muito belo para ser realidade, não sei se mereço tanto!

— Que bobagens, querida, mereces muito mais. Esta casa meu pai planejou e ajudou a construir especialmente para minha mãe, logo que chegaram da Argentina.

— Ela era argentina?

— Sim, ela era e perdeu toda a família na guerra do Paraguai.

— Pobrezinha, eu...

Desmaiou Lise de cansaço e Wagner carregou-a com prazer aos seus aposentos permanecendo ao lado dela até o despertar duas horas depois.

— Oh, sinto-me tonta! Que fraca sou eu!

— Foi longa a viagem. Necessitas de repouso e boa alimentação, minha bela esposa!

— Aperta minhas mãos, meu querido!

— Estão frias, querida!

— Por isto, esquenta-me, Wagner.

Abaixando-se cuidadoso, o jovem homem deixou seus lábios quentes aquecer os lábios e todo corpo de sua amada esposa. Um longo e apaixonado beijo, sem tempo de parar, fortaleceram uma aliança de séculos.

Naquela noite, Lise entregou-se ao seu marido, provando assim aquela realidade que só a eles pertencia. Estar ali era a máxima felicidade para ambos. A longa viagem, seus francos diálogos e toda a misteriosa beleza da Colina enchiam de amorosa magia o contato do homem e da mulher.

Envolvidos pelo amor ardente que nascera da repulsa e do medo, sussurraram carícias plenas de lúcida emoção.

Noite esplendorosa. Glória aos astros de ofuscante brilho, o sibilar de aves noturnas, grilos e vagalumes; falso e oculto silêncio. Tão redonda a lua mostrou-se em imenso clarão, despejando, sobre a colina dos pinheiros, prismas hialinos de alva luz.

No alto da casa, talvez, no sótão, mãos descerraram a cortina, abrindo enorme vidraça, para deixar a lua invadir o recinto com seus fachos de encantamento. Do nada, pareceu nascer notável melodia, executada a primor em magnífica harpa.

Dos braços de Wagner, Lise ergueu a cabeça para melhor ouvir a romântica canção entremeio a admiração e o espanto.

— Quem interpreta esta maviosa canção, meu amor?

— Alguém da casa, não te preocupes. Sempre que há lua cheia e o céu bordado de estrelas se mostra, esta pessoa interpreta a Sonata ao Luar. Não me pergunte quem é, apenas confia em mim.

— Confio em ti, Wagner. Dou-te mais de uma prova de minha confiança.

— Teu amor é a prova maior de que não mais nos separaremos.

Deixaram as declarações de amor, pois, ao romper da sonata, todas as juras de amor se calavam e qualquer coração se entregava.

Raiando o dia, bem cedo Wagner se dispôs a mostrar a Colina do Alborecer. Montou ele seu cavalo negro e Lise montou gracioso garanhão branco.

— A partir de hoje, Apolo será teu, Lise querida, e só tu poderás cavalgar nele, trata-se de um Lusitano.

— É o mais lindo cavalo que já vi, Wagner.

— Obrigado, cocheiro. Sigamos, Lise, à nossa cavalgada.

— Mamãe gostaria de ver-me tão feliz. Quem diria que meu príncipe encantado fosse escolhido por meu próprio pai!

— Os imprevistos e surpresas da vida são aquém de nosso jugo e ideia.

— Tua sabedoria traz-me segurança e bem-estar, confesso-lhe, no entanto, temer por tamanha felicidade.

— As dores fazem parte da escola da vida, quem vive não pode escapar e quem morre nelas pode permanecer.

Cavalgaram entre pinheiros, respirando o vaporoso perfume das essências revigorantes, livres do tempo e das preocupações do mundo.

Com casa tão grande, Lise perdia-se e por vezes sentia um vazio inexplicável penetrar-lhe a alma confusa. Wagner deixava-a para resolver negócios em suas serrarias e, além da companhia de Luiza, tinha ela a enorme biblioteca onde escolhia romances para seu deleite na literatura.

Luiza era realmente a dona da casa e dava todas as ordens, fazendo pequenos serviços como limpar louças e móveis.

Descendo a escadaria de mármore certa manhã, Lise dirigiu-se à governanta que tirava flores murchas de algumas jarras.

— Bom dia, Luiza! Passaste bem a noite?

— Sim, passei bem a noite, senhora Lise!

— Acordei disposta. Wagner, nem vi quando deixou nossos aposentos.

— Ele saiu animado para o trabalho. Deixa-me ver se está pronto o desjejum da senhora.

Foram à cozinha, onde duas crianças manipulavam vasilhas, frutas, bolos e queijos.

— Senta-te e faz-me companhia, Luiza.

Obedeceu-lhe a governanta da mansão.

— Quero pedir-lhe algo.

— Estou à disposição, senhora Lise.

— Ensina-me a cozinhar e fazer de tudo, pretendo fazer uma surpresa ao meu marido e espero guardar este segredo. Também, Rita e Madalena, preciso aprender tudo que vós sabeis. Em minha casa, pouco fiquei, estudava no internato em Santos.

— Por que queres aprender, senhora?

— Acho importante dispor de conhecimentos para orientar meu lar, afinal, sou mulher e não me acho melhor que vós. Preciso ajudar, não aguento ser tratada a modos de princesa. Dá-me uma faca de corte, Rita.

Tomando a faca na mão, Lise levantou-se e chegou à porta.

— Onde vais, senhora?

— Colher rosas e palmas para encher as jarras e enfeitar a casa.

Deixando o sol aquecer seu corpo e fazer luzir o castanho de seus cabelos, a jovem dama saiu a colher flores, cantarolando e reparando a festa das pombas no limpo azul do céu. A brisa matutina acariciava-lhe a alma venturosa.

— Ela é diferente de todas as damas que já conheci, tem algo especial em seu olhar e suavidade de agir, parece conseguir tudo com muita facilidade.

— Nossa patroa é simples, Luiza, deve ser por isso que o senhor Wagner a desposou.

— Talvez, Madalena. Já ouviram falar num amor tão espontâneo e rápido? Não acredito em tal coisa, isto são contos que os livros contam. Ela deve pretender algo mais. No entanto, espero que esteja certa.

Trocando as flores das Jarras, limpando a poeira dos móveis, lavando louças ou aprendendo a cozinhar entre as criadas, Lise preenchia melhor suas horas de aflição, quando não tinha Wagner a seu lado.

Passavam dias inesquecíveis, Wagner parecia o companheiro, o amigo, o marido e o homem ideal. Nas refeições, nas confidências, nos passeios ou no leito conjugal, não se cansavam de se declararem.

Chegou o dia esperado e Lise preparou uma refeição digna de seu amado esposo, sorria infantil vendo-o deliciar-se com seu paladar apurado e franco.

— Luiza, por favor, venha cá.

— Chamou-me senhor?

— Estou a elogiar este almoço, vocês estão de parabéns, nunca fui tão bem servido.

— Senhor, não deves agradecer a nós e sim à tua esposa, que preparou toda refeição sozinha.

Espantado, Wagner fitou o semblante apreensivo de Lise, que parecia temer a reação do marido. Levantou-se sério e aproximou-se da esposa.

— Erga-te, mulher.

E ela obedeceu-lhe solícita.

— Fizeste sozinha toda esta refeição?

— Aprendi com Luiza, Rita e Madalena. Fiz tudo para agradar-te, ainda tem o doce de figo que tanto gostas.

Fortemente, Wagner abraçou sua mulher.

— És a mais bela, a maior e melhor de todas as esposas deste mundo, Lise Cristina.

— Obrigada, querido. Que bom! Só queria ver-te satisfeito e poder mostrar que não sou uma princesa e preciso trabalhar, preciso comandar o meu próprio lar.

Saíram pelo jardim na claridade do meio-dia, a Colina parecia vibrar de vida e saber naquele dia primaveril.

Nos pequenos atos de esforço e carinho, revelavam-se os gostos, as sensações e os desejos do casal. Quanto à lua de mel, parecia eterna e o mundo não podia privar-lhes do amor. O isolamento social e contínua vontade de amor, os pensamentos voltados à simplicidade de servir um ao outro. Amavam-se na Colina do Alborecer, numa das montanhas das serras de Campos do Jordão.

05
MORTO-VIVO

Seis meses se passaram desde a chegada de Lise à Colina do Alborecer.

Meses de completo isolamento do mundo social, o que muito agradava ao jovem casal. Dias de romantismo, lirismo e poesia, num lugar onde a natureza se fez vaidosa.

Acordava Lise sempre disposta, beijava o marido, abria as vidraças para que o quarto fosse iluminado. Espreguiçava Wagner, animado em ver o bem-estar envolvente em seu lar.

— Preciso falar-lhe algo, Lise.

— Faça-o, querido.

Sentada em banquinho de veludo, a formosa mulher penteava seus cabelos sedosos.

— Meus amigos e todo o pessoal da redondeza estão ansiosos por conhecer-te. Como não demonstraste nenhum apego ao meio ambiente social, quero indagar-lhe o porquê!

— Nem mesma eu posso afirmar-te, sei que me basta a tua companhia para deixar-me satisfeita. Sabes muito bem que não suporto festas que atraem curiosos e comentários absurdos. Se queres oferecer algo aos teus amigos, faça-o, não pretendo privar-te os menores desejos. Todos estes meses têm me ensinado novas revelações de um lar construído com amor, já que meu lar antes era por demais superficial.

— Tens saudades de dona Laurita!

— É a única saudade. Tenho sonhado com ela.

Voltando-se ao leito, onde sentou-se ao lado do marido, Lise segurou aqueles braços queimados pelo sol.

— Sei que para ti é difícil deixar os negócios. Dentro de alguns meses, pretendo passar um mês com mamãe e não exijo tua companhia.

— Não te deixarei, Lise, será bom o passeio e teus pais ficarão contentes.

— Se tivesse jeito, enviaria um bilhete por intermédio de alguma dessas pombas.

Alisando a suavidade daquelas mãos sedosas, Wagner levantou-se e conduziu-a à janela donde puderam ver o outono despontar. Folhas secas levadas pelo vento, que açoitavam as árvores em tons acobreados.

— Dentro de alguns dias, necessito viajar. Irei ao Paraná comprar máquinas novas de certo explorador falido. Deixar-te-ei por duas semanas.

— Estarei a esperar-te ansiosa — disse Lise apertando a cintura do marido.

— Gostas daqui, não é?

— Muitíssimo. Às vezes, quando saio a colher flores no jardim, nas carícias da brisa, contemplo toda a Colina e rejubilo-me feliz. Sou uma mulher feliz e com prazer vivo por ti. A Colina do Alborecer mais parece o recanto imaginário ao existente em sonhos.

— Que bom, Lise! Quando imagino ter-te descendo atarracada e fria daquela escadaria de madeira, agredindo e relutando, fico pasmado perante tua transformação. Qual a rastejante e agressiva lagarta, que encontrando o casulo do amor, transforma-se em maviosa borboleta e alça voo pelos campos.

— És gentil e bondoso, Wagner.

— Amo-te, Lise Cristina.

Aquelas mãos grosseiras roçavam a tez rosada. Encontraram-se os olhos refletindo os espelhos mais íntimos da alma.

— Amo-te, Wagner.

Tal era a importância daquele beijo para a definitiva conciliação do casal que todo o quadro do dia reinante parecia festejar em harmonia e simplória juventude, como se a Colina do Alborecer se fizesse de correntes intransponíveis de uma luz chamada amor. A viva chama que líquido algum pode apagar o que mora dentro do coração do homem e da mulher.

Despedia-se Wagner de sua esposa, a carruagem esperava, Lise acenou-lhe até perder a vista daquela morena manhã outonal.

Tinha Lise toda aquela imensa casa e as criadas, uma dorzinha atingiu-lhe o coração já saudoso. Entrou pelo grande salão e girou elegante, reparando que seu lar permanecia imutável. Concentrou então o olhar em cada detalhe das paredes, móveis, tapetes, quadros, jarras e enfeites. Paralisou o corpo sob o enorme lustre de cristal, olhando-o demoradamente.

— Tens algum desejo especial para o almoço, senhora?

Assustou-se Lise.

— Desculpa-me, Luiza, distraí-me ao notar os detalhes do lustre.

— Em que pensas, senhora?

— Se poderia dar uma grande festa aos amigos de Wagner.

— Ele gostaria muito.

— Conversarei com ele logo que chegar de viagem, será uma bela surpresa.

— Podemos desde já planejar o que fazer e quem convidar.

— Conhece todos os amigos dele?

— Os mais importantes sim, todos eles reunidos com as famílias não passarão de cinquenta pessoas.

— Faça então a lista, nós duas prepararemos tudo direitinho.

Subindo a escadaria, Lise lembrou-se de algo e chamou por Luiza.

— E a música, onde conseguiremos?

Arrumando com esmero as louças, a governanta voltou-se rapidamente.

— Não faltarão os músicos, pois nesta casa muitas festas passaram.

— Há quantos anos estás aqui, Luiza?

— Exatamente quinze anos, desde a idade da senhora.

— Chama-me para almoçar, estarei lendo um romance no meu quarto. Mas como sou tonta!

— Que aconteceu, senhora?

— Já terminei o romance, preciso buscar outro na biblioteca.

— Deixa-me buscá-lo, diga-me o que preferes e trarei.

— Não há necessidade, eu mesma escolherei.

Luiza parecia excitada e Lise claramente percebeu a mudança da mulher, aproximando-se rapidamente.

— Passas bem?

— Tonteira apenas, tenho pressão baixa.

Escolher o livro que condissesse com seu estado de espírito era por demais demorado, mas Lise tinha todo o tempo. Procurava tocando cada inscrição. Resolvendo retirar certo livro, Lise folheou-o e já o devolveria, quando reparou um outro livro atrás, retirou-o solícita e surpreendeu-se.

— Meu Deus, será possível? Não é um livro, é um diário! O diário do Barão Valério, talvez, nem mesmo Wagner saiba dele.

Precavida, Lise pegou dois outros livros e colocou o diário entre eles, andando rápida para matar sua curiosidade. Permanecia Luiza no salão, espanava os móveis.

— Que pressa é esta, senhora?

— Tenho ânsia de aumentar meus conhecimentos, devo apressar-me.

— Quanta boa vontade, aproveita-os bem.

— Eu os aproveitarei.

Trancando seu quarto, pulou a curiosa em sua cama, onde começou a ler o diário com tamanha vontade que parecia alimentar-se e aqueles olhos começaram a brilhar com novas revelações, quebrando assim a monotonia e rotina do lar. Lia o *Conde de Monte Cristo*, de Alexandre Dumas.

Após ter almoçado rapidamente, Lise continuou sua leitura. Tentava conciliar os fatos ocorridos antes e depois de sua chegada naquela casa. Algo de misterioso e fascinante envolvia toda orla da Colina do Alborecer. Lise precisava saber de tudo.

Quando se fez entardecer, a formosa mulher penteava os cabelos após um banho que novas forças trazia.

Debruçou-se Lise no costado da janela e admirou a suspirar o vislumbre de cores que pintava o poente nos pinheirais e toda aquela brisa tonificante e agradável. Abriu-se a porta do aposento e Luiza apresentou-se servil.

— Senhora, está pronta a mesa do jantar.

— Desçamos juntas, então.

Antes de sentar-se à mesa, insistiu a senhora da casa que a governanta a acompanhasse.

— Não te faças de rogada. Senta-te, Luiza, preciso de companhia.

— Se assim for, sentar-me-ei.

— Como esquecer?

— O que foi, senhora?

— Rita, Madalena!

Imediatamente as duas criadas colocaram-se à disposição.

— Que desejas, senhora?

— Que Madalena e Rita sentai ao nosso lado.

— Mas não podemos, senhora!

— Deixa disso, Rita, e atendas ao meu simples pedido.

Jantavam silenciosas as quatro mulheres, Rita e Madalena, felizes e surpresas.

— Quanto tempo tem, Luiza, que o Barão Valério faleceu?

— Três anos, dentre nós, só eu o conheci.

— Fala-me dele.

— O Barão sempre foi simples e gentil, amou loucamente a baronesa Rosalva. Nunca tive notícias de um inimigo dele, sabia tratar a todos com distinção e cordialidade. Que Deus o tenha!

— Gostaria de tê-lo conhecido, Luiza. Quero que arrume o quarto de hóspedes mais próximo ao meu e nele fique até a chegada de Wagner.

— Tens medo, senhora?

— Um pouquinho, Rita.

— Fica tranquila, senhora, não há o que temer.

Novamente, concentrada em sua leitura, Lise não via o tempo passar. Bateram na porta, era a governanta.

— Sou eu, Luiza.

— Que queres?

— Já passam das nove, deitar-me-ei

— Se precisar de ti, eu te gritarei.

Passaram-se alguns segundos.

— Como escrevia bem o barão!

Esticando as pernas na cama, Lise dobrou o pescoço a espreguiçar.

— Passagem secreta! Existem várias delas nesta casa. E o Wagner nada contou-me. Que safado! Na biblioteca entre as estantes, basta apenas...

Do nada se fez Sonata ao Luar, melodia de emocionante beleza, aquela harpa da noite de núpcias. Lise sentia delírio e medo. Chegando à janela, sentiu o frescor da noite, a lua de prata, lua cheia. Ininterrupta, a melodia lírica.

— Alguém ou alguma coisa está tocando esta harpa. Vou descobrir.

Abrindo a porta e seu quarto, Lise tomou o corredor e foi verificar se Luiza estava em seu quarto. Nada encontrando, Lise resolveu continuar, certa do envolvimento da governanta naquele acontecimento. Desceu a escadaria carregando um lampião que tirara no corredor. Badaladas, eram dez horas. Atravessou o salão e, afinal, a biblioteca.

— Sei que uma delas se abre, mas qual delas?

Assim, Lise foi empurrando e mexendo nas repartições das estantes, até que sentiu aquele ruído e uma parte se abriu como porta. Fez a jovem o sinal da cruz, colocou o lampião em punho e entrou na passagem secreta. Cada vez mais aumentava o som da inesquecível sonata. Lise atravessava estreito e escuro corredor e depois começou a subir estreita escada.

— Seja lá o que for, proteja-me, meu Deus!

Notando Lise que frouxa claridade havia num aposento secreto mais acima, resolveu caminhar sem o lampião, imaginando Luiza naquela harpa misteriosa.

Finalmente, o lugar e lá estava a pessoa que manipulava o difícil instrumento. De pequena janela aberta ao céu, a lua jorrava sua luz, vindo a penetrar no recinto pequeno e sombrio, onde o lampião quase nada podia. Emocionada e temerosa, Lise iniciou a difícil caminhada. Dois metros faltavam quando a música cessou e nervosa Lise perguntou:

— És tu, Luiza?

Silêncio profundo.

— Não és, Luiza. Noto a forma de um homem! Quem és tu, por favor? Não me queiras mal, sou amiga.

Ainda de costas, o homem pegou o lampião e lentamente virou-se, deixando o rosto entre sombras.

— Não temas, Lise Cristina.

— Diga-me quem és, divino músico. Tua música é como bálsamo a aliviar as dores do mundo.

— Estimo-te, Lise, e muito me agrada teu casamento com meu filho.

— Barão, o senhor está vivo?

— Ainda estou, minha jovem encantadora!

— Por que então te escondes do mundo e de mim, senhor Barão?

— Esperei ansioso por conhecer-te melhor. Até te confiei o meu diário, na esperança de trazer-te até aqui.

— Por favor, senhor. Que fizeste para isolar-te aqui e passar-te por morto?

— Por não passar de um morto-vivo é que aqui estou, Lise.

— Wagner devia ter-me contado a verdade.

— Ele espera momento oportuno, não o culpe.

— Luiza também sabe, não é?

— Sim, ela sabe e trata-me muito bem.

— Três anos neste quarto! Que mal abateu-te, senhor Barão?

— Prepara-te, Lise Cristina, não sou algo bom de se ver e não gostaria.

— Sou forte, senhor, nada pode abater-me facilmente.

Ergueu o Barão aquele lampião, deixando a imperfeita luz iluminar seu rosto deformado em feridas diversas. Assustou-se um pouco Lise, mas a primeira impressão passou e ela estava refeita.

— Não é a primeira vez que vejo um leproso, senhor Barão!

— És corajosa, Lise. Nem sequer arredaste um passo. Meu filho é um homem feliz. Bendita hora que combinei com Marconi o teu casamento.

— Algo estranho! Nunca imaginei o amor a nascer da revolta que habitava em mim.

— Já sei de tudo detalhadamente. Wagner é filho exemplar. Sempre tentando aliviar minha existência!

Chorava Lise; baixinho soluçava.

— Não chores, filha.

Aproximou-se Lise e abraçou o Barão.

— Venha estar conosco, não fique mais nesta prisão, quando a natureza sorri lá fora. Tua harpa animar-nos-á os dias futuros. Logo será inverno e ele é triste.

— Sou como minha harpa, um instrumento ultrapassado e esquecido. Apesar de meu filho amparar-me, sinto imensa solidão ao ver meu corpo deformar-se e quase decompor-se. Não há lá fora lugar para este morto-vivo que sou eu. Apenas espero calmamente a morte e, talvez, minha amada Rosalva.

— Deixa-me triste, senhor Barão, não tenho coragem de deixar-te.

— Vá, Lise Cristina, volta amanhã cedinho, com a luz da aurora, estarei a esperar-te bem mais feliz, pois sei que tu amenizas minha solidão.

— Desculpa-me a extrema emoção.

Apressada e confusa, Lise saiu pela passagem secreta, apanhando seu lampião no caminho. Na biblioteca, fechou cuidadosamente a passagem e respirou aliviada.

— Senhora, estou aqui para servir-te.

— Oh, Luiza, até que enfim! — Disse a jovem mulher aproximando-se da governanta.

— Por que falas assim?

— Descobri, afinal, o segredo desta casa.

— O senhor Barão estava ansioso por conhecer-te. Conhecia cada passo teu e gostou de teu devotamento pelo filho.

— Eu o adorei, pois o sofrimento fez dele um homem excepcional e gentil. Estou lendo o diário dele e notei a grande diferença, a ausência do orgulho.

— Pobre homem sofredor!

— Deitar-me-ei logo. A partir de amanhã, esta casa viverá imenso clima de harmonia e maior felicidade, pois o Barão está vivo e a memória o imortaliza. Boa noite, Luiza.

— Boa noite, senhora. Sigamos juntas.

Subiram a escadaria, cada qual dirigindo-se ao seu aposento com novas e sugestivas reflexões que só os sonhos latentes no sono poderiam modificar ou esclarecer.

A partir daquele dia, tomada de profunda meditação, Lise resolveu dedicar-se exclusivamente ao Barão Valério. Foi uma bela semana. Enquanto a senhora da casa atravessava a passagem secreta e passava o dia com seu sogro, Luiza dizia aos criados que Lise resolvera ler muitos livros.

— Não deve ela passar bem, pois não suportava deixar o jardim e os passeios a cavalo, agora se trancafiou no quarto onde tudo faz.

— Nossa patroa está bem, Madalena, apenas resolveu entregar-se à leitura.

— Chamei-a no aposento ontem à tarde e ela não me respondeu, Luiza!

— Devia estar cansada e adormeceu.

Fitando a amplitude genial e bela da Colina do Alborecer, o Barão Valério vivia momentos felizes em companhia da nora gentil e amável. Aquelas mãos enluvadas tinham a quietude da brisa mansa a transpor a janela e aquela voz, por vezes emudecida, transparecia o silêncio da enorme emoção. Soava cândida e suave a voz de Lise, lendo romances diversos ou poemas. As refeições que Luiza trazia para os dois recentes amigos, Lise recebia sempre a sorrir.

— Entre, Luiza, já estávamos famintos!

— Melhorou a dor de cabeça, senhor Barão?

— Sim, estou bem melhor, Luiza.

— Senhora Lise, as criadas desconfiam; parecem preocupadas. Acho melhor começar a fazer suas refeições no lugar de sempre.

— Diga-lhes que só voltarei à mesa quando meu marido estiver.

— Como desejar. Descerei agora, boa tarde.

— Lise, estás sentindo a falta de meu filho?

— Uma falta inexplicável, uma grande saudade. Aqui está tua refeição.

— Obrigado, minha filha.

Ao término da refeição, Lise indagou:

— Desejas mais alguma coisa, senhor?

— Estou satisfeito e agradeço.

— Posso fazer-te algumas perguntas?

— Como quiseres.

— Sentar-me-ei em tua frente.

— O que tanto te preocupa, Lise Cristina?

— Minha mãe, senhor. Tenho sonhado com ela. Sei que ela não é feliz junto ao meu pai e gostaria de ajudá-la.

— Em que poderei ajudar-te?

— Sei que foste amigo de meu pai e há muitos anos concordou em casar-me com Wagner. Diga-me como tudo aconteceu.

— Tens a curiosidade de uma criança, mas se isto a fará contente, acho melhor esclarecer tudo.

— Estou muito ansiosa.

— Meu pai e teu avô vieram juntos de Portugal ainda pequenos, as famílias de ambos pertencem à nobreza que acompanhava a família real. Meu pai chamava-se Wagner também, e teu avô chama-se...

— Eurico.

— Cresceram juntos e estudaram juntos, passaram alguns anos na Europa, donde voltaram casados. Interessante é que meu pai estava em Roma, logicamente acompanhado por Eurico, que já namorava uma romana de nome Nastásia. Wagner sentia-se solitário e resolveu deixar a companhia de Eurico. Foi nestes dias que ele passeava num belo jardim de Roma e contemplou uma linda morena de grandes cabelos negros e olhos magnificamente verdes. Iniciaram longo diálogo.

— Que jovem tão bela, assim solitária em tão esplendoroso jardim?

Tinha a jovem os olhos umedecidos.

— Nada posso dizer-lhe, pois não te conheço.

— Diga-me teu problema que eu moverei o mundo para ajudar-te.

Sentou Wagner ao lado da encantadora jovem.

— Confia em mim e diga-me teu nome.

Relutou a jovem senhorita.

— Betsaida Júlia.

— Meu nome é Wagner. Conta-me teus pesares.

— Sou criada numa bela mansão, quase um castelo onde vive o Conde Malone e sua família. O Conde adquiriu-me numa viagem que fez à Judeia, meus pais trocaram-me por joias e moedas. Tinha eu meus dez anos e hoje tenho quinze. A partir daí, tenho sido uma verdadeira escrava nas mãos do Conde e seus filhos, dois jovens rapazes. Como faleceu minha protetora, a senhora da casa, temo por minha segurança, já que os rapazes parecem atrair-se por mim. Resolvi fugir e agora choro por meu destino e peço a Deus e por Moises, que não me abandone. Devem estar à minha procura e não tenho para onde ir.

Wagner deixou-se levar, emocionado pela triste história da judia, e tomou uma decisão.

— Betsaida, não temas, dou-te toda a proteção e segurança se casares comigo. Partiremos imediatamente rumo ao Brasil, que é a pátria do consolo, onde a natureza moureja de esplendor e glória. Lá poderei dar-te um lar e não mais será uma criada escrava.

— Não nos deixarão escapar.

— Tenho amigos influentes. Quando o Conde e seus filhos tomarem grande iniciativa, estaremos longe de Roma.

— Como poderei recompensar-te por tão grande bondade?

— Amando-me um dia, no futuro.

Lise estava fascinada com a história do Barão Valério, que pararam, a fim de tomar fôlego e beber um pouco de água fria.

— Conseguiram fugir de Roma?

— Estavam casados e um grande amor nascera daquele momento imprevisto e inesquecível. Teu avô ainda ficou em Roma, onde também se casou meses depois.

Iniciou-se para Wagner uma vida difícil. Betsaida não fora aceita por sua família e teriam que passar vários anos de provações e sofrimentos. Betsaida teve um filho de nome Valério, que muito era amado e educado. Juntos e unidos por grande amor, decidiram trabalhar, mas, impacientes com a demora do progresso, resolveram aplicar artimanhas e, passando sobre todas as pessoas, sem se importarem de feri-las, conseguiram comprar estas extensas colinas. Conseguiram estudar-me e construíram uma casa de madeira no alto desta colina.

Enquanto eu estudava, eles viviam isolados do mundo, afundados em doce paixão de egoísmo, possuindo vários escravos que mantinham sob o controle de um perverso capataz. Cheguei certa vez e os encontrei mortos em seu leito, a tuberculose tinha-os aniquilado.

Resolvi voltar ao Rio, mas antes vendi todos os escravos e parti. Vendendo parte de minhas terras, consegui algum dinheiro e fui subindo na corte de D. Pedro II. Veio a trágica guerra do Paraguai e sempre teu pai estava a meu lado nas horas difíceis, como faziam Wagner e Eurico. Teu pai, um fazendeiro, e eu, um diplomata bem-sucedido. No início dos conflitos, antes mesmo da guerra, viajava eu pela Argentina e foi numa aldeia atacada por um bando de paraguaios que eu conheci Rosalva. A moça desamparada chorava por ter perdido toda a família. Pensando na história de meus pais e prevendo conflitos novos, resolvi por ali ficar num grande e inesperado romance. Com menos de um ano, nasceu nosso filho e resolvemos voltar às minhas origens. Ergui para Rosalva esta casa onde estamos a divagar pelas orlas do passado. Fiquei viúvo e meu filho Wagner sentia demasiadamente a morte da mãe. Foi uma viagem a São Paulo em que por acaso encontrei meu velho amigo Marconi e começamos a falar de nossos filhos, enquanto Wagner dormia no hotel. Firmamos então um contrato de casar nossos filhos. Ele por ser materialista extremado e eu por estar ébrio e até demente, de pensar na certeza daquele ato mesquinho. Passaram-se cinco anos e eu senti meu corpo modificar-se. Comecei a inchar. Wagner procurou um médico e este me constatou a lepra. Horrorizado, meu filho muito chorou, mas, afinal, o convenci a continuar o meu trabalho no pequeno império das madeiras. De corpo e alma, Wagner entregou-se ao trabalho, ainda arranjando tempo para estudar na biblioteca e auxiliar-me na enfermidade.

Senti então que meu filho precisava de um lar e uma esposa, que trouxesse mais vida à nossa Colina do Alborecer. Minha doença aniquilava meus pensamentos, mas há dois anos recebi uma carta de Marconi. Na carta, Marconi falava sobre os gostos, o gênio e a beleza de sua filha Lise Cristina. Respondi que estava contente e gostaria de efetuar o casamento.

Meu corpo deformou-se de tal jeito que resolvi morrer para o mundo. Trancafiei-me aqui e todos pensam que morri. Depois de muito falar de ti, Lise, para meu filho, ele resolveu conhecer-te dizendo:

— Meu pai, sei que já estamos noivos, mas se esta moça não me agradar, tudo farei para desmanchar o contrato.

— Mas como explicou-me ao voltar casado contigo:

— Lise Cristina é a mais bela de todas as mulheres, impulsiva, gentil e amável. Eu a amei no primeiro olhar, na agressividade primeira daqueles olhos de azul turquesa.

Lise tinha duas pérolas liquidas a rolar no rosto arfante e róseo.

— Como Betsaida e Wagner, Rosalva e Valério, nós nos amamos no primeiro olhar.

— Sim, Lise, no primeiro e fatídico olhar de apaixonante amor.

— E o diário?

— O diário foi um trabalho meu, contando o final de minha vida e revelando as passagens secretas da casa para atrair-te. Será para Wagner uma surpresa, pois o deixei pensar que não poderia enfrentar-te como não pude enfrentar a realidade e acabei morrendo para a sociedade.

— Que tens a dizer-me sobre a harpa?

— Esta exímia perfeição dos céus pertenceu à minha mãe, foi a única coisa que guardei e deixei sempre bem escondida. Rosalva, no entanto, aconselhou-me a aprender e trouxemos um senhor idoso, muito entendido, que me ensinou o básico durante seis meses. Com a prática, o tempo e a vontade, afinal, consegui executar algo maravilhoso. Foi no esplendor de uma bela noite de lua cheia e astros ofuscantes que abri a janela e executei a Sonata ao Luar para minha mulher, no leito enferma. A noite era nossa e a melancolia envolvia toda a Colina num sonho embriagador. Ao terminar a sonata, verifiquei então que Rosalva tinha partido para o além, deixando-me inconformado. Nunca mais toquei na harpa, mas sempre a tinha ao meu lado. Foi então que, naquela noite de tuas núpcias, resolvi homenagear-te com a Sonata ao Luar.

— Fico-te imensamente agradecida, senhor Barão, amo-te por tudo que fizeste e tenho a ti como pai verdadeiro.

— Por acaso não gostas de teu pai?

— Nunca gostei de meu pai. Disseste há pouco ser ele materialista e eu digo ser ele egoísta, autoritário, mesquinho e mau. Minha mãe sempre foi pobre vítima em suas mãos e sei estar sofrendo ainda.

— É com o coração partido que ouço estas palavras da própria filha de meu amigo Marconi. Tenha coragem, Lise Cristina.

— Eu terei, senhor Barão, eu terei.

Nascia a amizade, a compreensão e o amor. Valério não era mais um morto-vivo e sim um homem normal, sofrendo uma doença fatal.

Esperavam a chegada de Wagner. Cantarolando no jardim em escassez de flores pelo inverno que se aproximava, Lise, naquela manhã de fraco sol e brisa fria, sentia saudade imensa e namorava a estátua da fonte, um homem e uma mulher em trajes antigos, beijando-se apaixonadamente. A água escorria abaixo dos pés deles.

Chicote ao ar, trotes, uma carruagem. Correu Lise ao centro da colina, sobre uma pedra, entre os pinheiros, pode ver seu marido chegando após longo mês de viagem. Voltou a formosa mulher à entrada da casa, onde logo os quatro cavalos castanhos paravam. Em extrema agonia de saudade, Wagner alcançou os braços da amada, beijos, contínuos beijos.

— Eu te amo, Lise Cristina. Perdoa-me a demora.

— Oh, meu amor! Não posso expressar-te a falta que senti, nunca mais deixa-me sem tua companhia, leva-me para onde fores.

— Sigamos para o seio de nosso lar, estou cansado e faminto.

— Preparar-te-ei um banho quente.

Na intimidade de seus aposentos, Lise trazia mais água quente para o banho de seu marido, que relaxava os músculos doloridos na banheira de ferro fundido. Colocando uma banqueta na cabeceira da banheira, colocou Lise as mãos naqueles ombros largos e começou a massagear.

— Tens as mãos divinas, meu amor!

— Minha mãe ensinou-me a aliviar um pouco este tipo de dor.

— Consegui resolver todos os meus negócios.

— Gostaria que me colocasse a par de tudo, pois gostaria de ajudar-te.

— Posso conseguir algum trabalho, meus documentos precisam de organização.

— Teremos hoje um almoço especial, já conversei com Luiza.

— Não te preocupes, querida, tua presença é tudo que quero.

Mesa posta e quatro lugares arrumados. Wagner e Lise desceram abraçados a escadaria, aproximando-se da mesa, onde pratos de linda pintura mostravam a finíssima produção inglesa.

— Por que quatro lugares, Lise?

— Senta-te, Wagner. Temos visitas.

Indagando a seu modo de olhar, Wagner resolveu atender ao pedido da esposa. Ouviram passos. Levando a taça de vinho aos lábios, Wagner teve quase a engasgar, pois tinha seu pai chegando ali, trazido por Luiza. Dirigiu confuso olhar para Lise que lhe sorriu comovida.

— Teu pai está mais vivo do que nós!

— Descobriste nosso segredo!

— Não te preocupes; nós somos bons amigos.

Levantou-se Wagner indo abraçar o pai doente e feliz.

— A bênção, meu pai!

— Deus te abençoe, meu filho!

— Estou feliz por ti e por nós.

— És o mais feliz dos homens, Wagner, tens em Lise um grande tesouro. Enche-se de felicidade a nossa Colina do Alborecer.

— Senta-te, Luiza — pediu Lise.

Todos sentaram e Lise fez a prece do mais recôndito de seu ser.

— Senhor, em Teu nome nos reunimos e agradecemos por este momento sublime. Somos gratos e rogamos bênçãos ao nosso lar, onde ainda existem incertezas e sofrimentos. Abençoa a nossa mesa farta. Assim seja.

— Lise, que fez tu com as criadas?

— Dispensamos Rita e Madalena por dois dias, Luiza e eu daremos conta de tudo.

— Farei o mesmo com o cocheiro, assim poderemos passar bons momentos em tua companhia, pai.

— Temos muito que conversar, Wagner.

— Gostas de refeição, senhor Barão?

— Muitíssimo, Luiza, sempre soube de tuas boas mãos na cozinha.

— Amanhã prepararei algo especial para o senhor. Que tal uma torta de frango?

— Nunca comi, Lise, mas acho que gostarei.

Bons e jubilosos momentos, que para sempre guardariam todos na memória daquela existência. Numa das cadeiras vazias, sentava-se iluminada figura de mulher, era Rosalva, que fora atraída pela formidável reunião, aquele enlace fraternal e humilde.

Voltou Lise e cavalgar em Apolo. Ao lado de Wagner, passeavam pelos arredores da colina. O Barão Valério da janela animava-se ao vê-los fortes e saudáveis, belos e cordiais, em plena vitalidade do amor. Aquelas mãos, que as luvas encobriam e seguravam as cortinas, protegendo-se ao sol.

Resolvida, Lise conheceu a serraria mais próxima, onde homens fortes manipulavam hábeis as grandes toras, e máquinas cortavam tábuas, cuspindo serragem amarela e vermelha. Ressalvava-se, por ali, aquele cheiro de mata agreste, a mistura das madeiras e seus aromas.

Os meses volviam. No rigor do inverno, Lise e Wagner traziam o Barão para aquecer o corpo ao lado deles. Por vezes, adormeceu o jovem casal no tapete, nos pés do Barão em sua grande cadeira, que ouvia silencioso o crepitar das chamas da lenha um pouco verde, perante a imensa lareira de pedra.

Certa noite, no final da primavera, relâmpagos iam longe, ventava como prenúncio de chuva. Lise fortemente abraçou o marido.

— Acordaste com os relâmpagos?

— Não, acordei porque sonhava. Minha mãe pediu minha presença e ajuda, parecia doente e chorava.

— Queres partir?

— Sei que ela precisa de mim, preciso vê-la o mais rápido possível.

— Amanhã, ou melhor, hoje, providenciaremos tudo para iniciar viagem na madrugada seguinte. Não tema, pois te ampararei sempre, minha querida.

— Obrigada, Wagner. Amo-te.

Lise beijou-o agradecida, acalmando-o, mas profundamente preocupada e aflita com os prejuízos advindos do pesadelo.

Passaram pela passagem secreta e encontraram o Barão na janela, apreciando o dia nascer na Serra da Mantiqueira, nimbada de luzes e atapetada de araucárias.

— Bom dia, papai!

— Bom dia, filho! Como passaste a noite, Lise?

— Sonhei novamente com mamãe e resolvemos partir. Já completaram onze meses após minha partida, ela precisa de mim, Sr. Barão.

— Partiremos na aurora de amanhã, meu pai.

— Ficarei saudoso a pedir proteção para vós, uma viagem de boas realizações e reencontros.

— Assim espero, senhor Barão. Vou tranquila por saber do carinho de Luiza para contigo.

— Luiza é outra filha que tenho, cara Lise!

Madrugada. O cantar de um galo e o piscar das estrelas no despedir. A fonte nascente do sol no horizonte das colinas de pinheiros. Esperavam a carruagem, carregavam as bagagens. Wagner e Lise despediram-se de Luiza, Rita e Madalena, disfarçadamente olharam a pequena janela. Branca mão acenava triste. Entraram e o cocheiro gritou, atirando o chicote no ar.

— Novamente, a Colina do Alborecer repousa em profundo silêncio, mistério e solidão. Voltem meus filhos amados, estarei esperando e rogando por vós.

E só os canarinhos no telhado podiam ouvir os pálios do Barão em sua resignada solidão.

06
RENÚNCIA

Retrocedemos seis meses naquele ano de 1891. A fazenda onde Lise nascera e deixara sua família. O lugar onde Marconi era senhor e fazia de sua autoridade a lei.

Finalizava-se a colheita do café, dezenas de homens, mulheres e crianças, em sua maioria livres há pouco do jugo da escravidão, puxavam dos verdes e lustrosos galhos os frutinhos doces e vermelhos. Movimento de carros de boi cantando suas rodas. O gado mugindo longe nas pastagens, escandalosas galinhas no terreiro a botar em moitas de capins. Cachorros perdigueiros latindo famintos e presos esperando uma grande caçada. A fumaça em baforadas, correndo pelos ares campestres.

Montando seu garboso cavalo baio, Marconi, atento e observador a tudo percebia com aquele olhar intrépido e frio. Botas de cano longo e esporas de prata, chicote de couro, que de quando em vez lambia a garupa do grande animal. Parou em meio ao cafezal, onde começou a cortar o fumo de rolo e fazer cigarro de palha. Laurita verificava o almoço na cozinha, provando os apetitosos pratos que a negra, idosa cozinheira preparava. Lá fora, pouco depois da escada que conduzia à cozinha, outra negra preparava arroz no pilão, enquanto três pequeninas crianças brincavam na terra, quase nuas.

Limpando a poeira e estendendo as camas, a mestiça Jurema assoviava alegre. Ao guardar uma colcha no guarda-roupas, teve aquela ideia genial e fechou a porta do quarto. Tirou do grande armário aquele lindo vestido de sua senhora e, colocando-o rente ao corpo, desfilou defronte ao espelho. Loreta, que vinha andando pelo corredor, resolveu entrar no quarto e, encontrando-o fechado, bateu nervosamente ao passo de ter a porta aberta e Jurema assustada.

— Já lhe disse, não quero estas liberdades de fechar as portas dos quartos.

— Foi pura distração, Sinhá Loreta!

— Não te faças de rogada, não tens mais Lise para defender-te a todo instante. Anda logo com esta arrumação.

Principiou Loreta a andar, continuando sua revista pela casa, já que não tinha muita coisa a fazer. Quando não estava a mandar fazer vestidos, encontrava-se irritando a paciência dos criados com sua voz arrogante. Por isso, nem virara as costas e recebia a língua de Jurema, a saltar vermelha daquela boca carnuda.

Calmamente Marconi pitava o cigarro de palha fixamente olhando as linhas sinuosas do cafezal produtivo. Aproximou-se, então, velho senhor de cor negra e cabelos brancos, mãos calejadas pela lida dos longos anos de escravidão, vestes brancas encardidas e os olhos oprimidos pelo jugo dos trabalhos pesados.

— Senhor, preciso de tua ajuda.

— Fala logo, tenho pressa.

— Moro sozinho num casebre distante e ando fraco das pernas. Será que o senhor poderia arranjar um caneco de leite para animar o corpo deste velho?

— Ora, mas não seja insolente! Estás aqui para trabalhar, se quiseres tomar leite, vai e compra. Não posso perder tempo com coisas tão bestas. Ponha-te na lida e não me amole.

Extremamente humilhado, caminhou cabisbaixo o pobre homem. Em sua idade, aquela sede pelo leite era natural e naquele momento tudo daria para sorver um caneco cheio do revigorante líquido.

De ouvidos aguçados, uma jovem negra ouviu o diálogo do senhor e do ex-escravo, atenta entre as ramagens vermelhas do café.

Quando a tarde abraçou o relento das horas, o dia de mormaço do outono fez-se de cores vivas nas sombras do horizonte. Na alpendrada, Marconi e Loreta conversavam, sendo espionados por Jurema, que das cortinas tentava ouvi-los.

Atenta, encostada na porta da cozinha, Laurita atendia o chamado de uma moça negra.

— Em que posso servir-te, minha filha?

— Tenho uma denúncia a fazer.

— Denúncia? Contra quem?

— Contra o senhor destas terras.

Descendo a escadinha, Laurita pegou no braço da jovem e iniciou baixo diálogo.

— Avia-te e sê rápida, meu marido não pode nem sonhar com tal afronta.

— Sei que ajuda às escondidas muitos pobres e sofre do lado do senhor da fazenda. Contarei o que se passou no cafezal, quando o senhor Marconi nos olhava a trabalhar.

Rápida, a negra fez breve relato do acontecido, imaginando alguma iniciativa por parte de Laurita, que sempre ficava penosa ao ouvir fatos comprobatórios da rude pessoa, seu marido. Minutos após, Laurita juntou-se à irmã e ao marido. Marconi acendia o primeiro lampião. Levantou-se Loreta.

— Deu-me sede, vou até à cozinha.

Segurando o reto madeirame, suporte do telhado da alpendrada, fitou Laurita o anonimato dos céus. Tímidas, piscavam as primeiras estrelas no firmamento. Daquele peito partiu um suspiro súplice de saudade.

— Onde estará nossa filha, Lise? Sinto tanto a falta daquele sorriso radiante, daqueles olhos iluminados e vivos.

— Descanso-me de não ter que enfrentar toda aquela agressividade, muito alívio sinto.

— Lise é mansa e gentil, tu a fizeste agressiva e rancorosa, mas Wagner mudá-la-á pois reconheci nele nobres gostos fidalgos.

— Ele terá que domá-la.

— Por favor, Marconi, não se doma uma dama, e sim uma fera!

— E quem diz que nossa filha é uma dama?

— Bela e jovem dama, só tu nunca reconheceste. No dia do noivado, recebi longas congratulações e elogios dos nossos convidados. Orgulho-me de Lise Cristina.

— Eles quiseram apenas ser amáveis!

— Irrita-me. Marconi, queres amargurar-me os dias com esta tua falsidade. Graças aos céus, Lise está livre de ti, temia tê-la demente e complexada com tuas injúrias.

— Cala-te, mulher, tu é que tens o dom de irritar-me com esta voz cansativa.

Deixada só na mesma posição, Laurita entregou-se ao orbe de seus pensamentos aflitivos, aquela saudade doía-lhe fundo no peito que despertava em silencioso pranto. Nem a brisa da noite, nem a beleza natural da fazenda podiam restituir-lhe a companhia da filha amada, mas algo lhe restituía o ânimo por imaginar Lise feliz ao lado do jovem Wagner.

Madrugada, Laurita esticou-se no leito e, acostumada, via-se só, assim acontecia quase todos os dias. Marconi saía ora para caçadas ou apenas por sair. Caçando, ele não estava, pois os cães latiam apreensivos. Levantou-se a senhora e vislumbrou da janela acortinada a mansidão reinante nas sombras do dia adormecido.

A indiferença de Marconi para com Jurema mudava certas noites. Batia ele na porta do quarto da criada que o recebia sorrindo, envolvendo-o em quente abraço.

— Não suportava mais uma noite sem tê-la em meus braços, Jurema!

— Esperei-te ontem, meu senhor.

— Não foi possível, Jurema. Tranca a porta.

Indiferentes durante o dia e amantes pela noite. Ouvindo declarações e sons roucos, do outro lado da porta, outra mulher apertava as mãos raivosa, mas nada poderia tirar Marconi do fogoso enlace da mulata. Era Loreta a auscultar atormentada.

Bela manhã outonal. Bem cedinho as levas de gente a vagar descalças a caminho dos cafezais. Pouco depois de iniciado o trabalho, quando o suor mourejava dos corpos queimados, tumulto. Para a surpresa de todos, Laurita vinha numa grande carroça, puxada por um grande burro e dirigida por um retireiro. Ali estava todo o leite tirado naquela manhã. Parou a carroça e todos juntaram-se ao redor. Laurita ergueu seu vulto singelo de mulher e ordenou:

— Tragam canecos, hoje tem leite para todos.

Correram todos às suas coisas, trazendo consigo pequenos vasilhames. O velho sedento por leite foi o primeiro. Deixou a espuma branca bordar-lhe o rosto encovado. Sorriso contagiante da jovem negra, que Laurita correspondeu-lhe com igual sorriso. Bebiam os trabalhadores o branco ouro da vida. Rejubilava-se Laurita com sua boa ação, enquanto os capatazes temiam a vinda do patrão.

Avisado do maior dos abusos, Marconi galopou até o local, onde arquejante e colérico colocou-se à frente da esposa, olhando-a penetrante de raiva.

— Saiam todos daqui, ao trabalho, vamos.

Mais que depressa, as pessoas correram, só restando o retireiro e a carroça.

— Desça daí, mulher.

Laurita obedeceu-lhe solícita.

— Saia daqui, Afonso, e nunca mais obedeça a ordens de minha mulher.

— Sim, senhor. Vamos burro...

De cabeça erguida, Laurita enfrentava aqueles olhos doentios; queria gritar e dizer-lhe tudo que sentia, toda sua revolta.

— Pagarás caro, Laurita. Nunca ousaste tanto contra minha pessoa. Vem em minha garupa, mulher.

— Jamais serei propriedade tua. Chega para mim. Estou cansada.

Pondo-se a caminhar enraivecida, Laurita tinha o sol a queimar-lhe a face rosada. Marconi caminhava ao lado dela.

— Devia surrar-te por todo este vexame.

— Nem tente ou aprontarei o maior de todos os escândalos. Não me arrependo de que fiz, apenas quis matar a fome dos pobres injustiçados.

— Que entende por justiça, mulher boba?

— Respeito é bom e eu mereço. Se o tempo esculpiu só coisas desprezíveis em ti, nada posso fazer senão lamentar.

— Vejo que não mereces minha companhia, estás velha e rabugenta.

— Já não ficas comigo mesmo, vá e fica com tuas amantes.

Laurita sabia das amantes, mas não sabia da identidade delas. Marconi deixou-a para trás numa nuvem de poeira, enquanto, trôpega, Laurita continuou silenciosa.

Acolhida pela irmã prestativa, Laurita foi levada ao quarto, onde se desmanchou em doloroso pranto.

— Maldito o dia em que me casei com este monstro, sabia não ser possível viver ao lado dele, aguentei por demais, dezoito anos.

— Acalma-te, irmã, de nada adiantará esta repulsa, não temos para onde ir.

— Onde está minha Lise? Partirei com ela assim que vier visitar-me.

Erguendo meio corpo, segurou fortemente os braços de Loreta.

— Veja, minha irmã, renunciei à verdadeira felicidade por obediência ao nosso pai e hoje estou desesperada. De que valem as joias, a fazenda, a fortuna, enfim? Minha filha, meu tesouro de amor, não está ao meu lado.

Largando a irmã, Laurita ajoelhou-se perante o crucifixo e pediu:

— Dai-me forças e coragem, Senhor, permita que eu não sucumba até a chegada da minha filha Lise. Sei que poderei confiar-te meu futuro já que não tenho amparo ao meu lado e o amor afogou-se no lago das paixões.

Temendo emocionar-se, Loreta deixou a irmã em prece fervorosa. Sentia pena de Laurita, mas o que lhe doía mais era o sentimento de culpa. Trancafiou-se no quarto e adormeceu.

Novamente, a madrugada se fez. Mexeu a maçaneta da porta e Loreta continuava adormecida. A pessoa tinha a chave da porta, entrou e tornou a fechar o quarto amparado nas sombras.

Sentindo-se quase despida, entre sufocantes beijos e abraços, Loreta despertou.

— Por favor, Marconi, hoje não.

— Hoje sim, Loreta querida.

— Laurita não está bem, devemos esperar.

— Não posso mais, aceite-me agora ou não voltarei mais.

— Está bem, mas se prometer não se encontrar mais com Jurema, ela pode atrapalhar tudo.

— Prometo. Agora esqueçamos estas confusões.

Tinha Laurita terrível insônia, resolveu levantar-se e andar um pouco, iria à cozinha. Antes de descer a escadaria, Laurita prestou atenção em ruídos estranhos e seguiu nervosa. Parando defronte ao quarto da irmã, esperou e certificou-se do lastimável acontecimento, por pouco não conteve seu grito de amargura. Correu ao quarto e convulsiva despejou, sobre brancos lençóis de linho, pranto ainda mais penoso. Soluços, fortes soluços ecoando com os ares refrescantes da madrugada. Sua própria irmã fingira todo aquele tempo e pensava que lhe fazia todas as confissões. Por isso, Loreta não se interessava por homem algum, ficando tesa nos saraus e festas. Quanta maldade e traição! Mas estava decidida, partiria com Lise, nunca mais voltaria àquela terra.

Dias longos e tristes sucederam-se para Laurita. Tentava não deixar transparecer sua repulsa pela irmã, não dialogava mais com o marido e procurava saber onde este dormia. Apenas contava os meses, Lise havia de voltar quando completasse um ano e ela estaria livre para partir, afinal, e ser livre.

Saía Laurita sozinha pelos arredores. Era inverno e as árvores estavam quase todas despidas de folhas. Findava a tarde morna e ventava frio, agosto com seus ventos fortes. Ajeitando o chale, continuava a caminhar pela estrada poeirenta, naquele dia em que suas pernas não mais queriam parar. Ouviu então Laurita a suave voz de sua filha.

— "Não queria deixar-te, mamãe, sei que apenas a senhora sentirá minha falta e gostaria de levar-te".

Tropeçou e torceu o tornozelo, ali na estrada, sem meios para andar. Laurita gemia arrastando-se na poeira, foi quando duas mãos se ergueram e agradecida voz soou.

— Vou ajudá-la, Sinhazinha.

— Quem és tu?

— Não conhece teu ex-escravo, João?

— Perdoa-me, meu bondoso velho, tenho ciscos em meus olhos e não te reconheci a voz. Preciso voltar para casa.

— Eu ajudo, Sinhazinha Laurita.

Amparada nos ombros do senhor negro, Laurita seguiu para casa. João fazia aquilo muito agradecido pelo leite que matara sua vontade, mas ainda sentia rancor pelo patrão, que fora sempre rude.

Entre Loreta e Jurema nascia o ódio do ciúme, alastrando-se a cada novo dia. Apesar das advertências, Marconi procurava ambas e Jurema pensava ser a única; apenas não gostando de Loreta por servir como escrava.

Naquela tarde, Jurema acolheu Laurita nos braços e agradeceu ao velho João. A noitinha pintava de estrelas o mormaço do céu. Marconi e Loreta vieram acudir preocupadas, mas Laurita os rejeitou.

— Afastai de mim, só Jurema cuidará de mim.

Apesar de achar estranho, Jurema subiu e preparou o banho de sua senhora. Logo depois, puxou o pé de Laurita, que voltou ao lugar. Após bons minutos. Jurema deitava Laurita no leito, a senhora parecia entorpecida, parecia sonhar, tinha os olhos cerrados.

— Trarei um caldo para animar a Sinhá.

— Queria matá-los.

— Matar quem, minha senhora?

— Loreta traidora, amante perversa, dominando meu marido.

Paralisada, Jurema recebeu o choque e só aí pôde saber da perseguição que Loreta tinha por ela. Sentiu ímpeto de correr e açoitar aquele rosto fingido, tinha raiva de Marconi. Refletiu, no entanto, Laurita parecia doente e, apesar de tudo, ela gostava de sua senhora. O mesmo sentimento de culpa acercou-se de Jurema que, naquele instante, arrependera-se de tudo. Decidiu acabar tudo com Marconi. Após uma semana, Laurita voltou ao normal e novo mês raiava, setembro, da tão sonhada primavera.

Por não ser mais procurada, Jurema aproveitou o momento da sesta de Marconi na biblioteca e entrou sorrateira, levando-lhe uma xícara de café. Marconi levantou-se do almofadado, parecia assustado.

— Vim trazer um cafezinho e pedir que não me procures mais, caso contrário, entregarei o senhor à senhora Laurita. Fica só com Loreta e deixa-me em paz.

— Como descobriste e como ousas exigir tanto de mim?

— Não importa como descobri.

Segurando forte o braço da mulata, Marconi puxou-a de encontro ao peito.

— Pertences a mim, não maltrates meu pobre coração, Jurema.

— Tens Loreta.

— Ela nada significa.

— Hipócrita, saiba que a escravidão acabou e meu pecado termina aqui. Arrependi-me de deixar-me possuir por um homem tão desprezível. És o lodo podre do terreiro. Por ti sinto asco e nada mais, não volte a procurar-me.

Marconi soltou a mulher que correu dali. Aquelas palavras cortaram-lhe de fel a garganta e sua fúria egoística a tudo queria atingir. Vermelho de raiva esmurrou a mesa, fazendo tombar a xícara de café.

— Isto não fica assim, esta mulher me paga, que desaforo!

Bordando calada na sala, Laurita não respondia aos apelos da irmã, que nervosa largara o próprio bordado.

— Estás a torturar-me, Laurita, não posso compreender este teu desprezo por mim. Penso como Marconi, tu pareces estar à beira da loucura. Sou tua irmã, fala comigo.

Não aguentando a afronta da irmã, Laurita levantou-se e dirigiu seu olhar fumegante à irmã.

— Fingida. Trouxe-te para meu lar e aniquila-me com tua perversidade. És má e traiçoeira, não quero mais falar contigo. Vá correndo para os braços de teu homem, vagabunda.

Irremediavelmente, Laurita confessara tudo e Loreta prostrou-se abatida, tinha vontade de espancar sua irmã por tal maledicência. Doía-lhe a consciência culposa, mas infelizmente em paixão doentia resolveu passar por cima e foi ao encontro de Marconi.

Fraca e vencida, Laurita ajoelhou-se perante o crucifixo e, de mãos postas, ergueu oração, fervorosa de fé e solicitude. Pedia pela volta de Lise, só ela poderia poupar-lhe a dor do desespero e da traição.

Entregues ao diálogo, Marconi e Loreta pareciam temerosos, já que entre as pessoas daquela casa não havia mais segredos e seu senhor era o motivo de todas as intrigas.

— Sei que Laurita sabe de tudo. Como poderei suportar tal ambiente, Marconi? Não tenho liberdade nesta casa!

— Está chegada a hora, Loreta. Em breve Lise voltará e levará consigo a mãe abatida e doente, com facilidade poderemos subjugá-la e provar que Laurita está demente.

— Mas o mesmo não poderemos fazer com Jurema, ela não pode ser enganada.

— Tenho planos melhores para aquela cadela imunda. Não te preocupes, querida.

Antegozando sua vitória, Marconi abraçou Loreta, beijando-lhe os lábios.

— E seremos apenas dois a dominar e desfrutar da riqueza.

— Poderei dar-te um filho e garantiremos o nosso futuro, meu querido.

Confusa e exausta pelo trabalho a que se entregara, Jurema sentia o jugo da culpa atormentar-lhe a consciência abatida. Arrependida de seu procedimento, debatia-se no leito humilde à procura de solução. Num relance, lembrou-se de Lise, que tinha nela uma fiel amiga. Como encarar novamente aquele semblante singelo e doce, fitar aqueles olhos francos? Deveria partir e deixar Laurita entregue à mesquinhez de Marconi e Loreta?

— Eles querem enlouquecer a senhora Laurita! — Pensou alto e falou apreensiva. Seria covardia deixá-la nas mãos de pessoas tão más. Terei que humilhar-me e pedir perdão, mas só poderei fazê-lo quando Lise chegar e eu tiver que abandonar esta casa.

Calma, com a decisão tomada, Jurema finalmente adormeceu, esperançosa de livrar-se daquele encargo que procurara em momentos impensados de paixão pecaminosa.

Nasce das trevas a maldade, da madrugada o agouro das corujas. Jurema estava profundamente entregue ao sono reparador de seus atos. Mãos tocaram a maçaneta da porta e, possuindo outra chave da porta, abriram-na sem muito barulho fazer. Pé ante pé, a pessoa aproximou-se do leito, retirando pequeno tampo de um cesto que trazia, despejou a encomenda entre os lençóis. Depois, a pressa de fechar a porta e perder-se nas escuras do casarão.

No dia seguinte, Marconi saiu a cavalgar e, vendo-o da janela do quarto, Laurita resolveu descer, mancando a esforçar-se. Chegando à cozinha, dirigiu-se à cozinheira que fritava bolinhos salgados.

— Mãe Preta, por acaso viste Jurema? Ela sempre me atende logo cedo, já se passaram as horas e não veio ao meu quarto.

— Talvez, tenha sentido alguma coisa, Sinhá Laurita!

— Viste minha irmã Loreta?

— Saiu na carruagem para fazer um passeio.

— Não podem ficar separados — falou Laurita pensando no encontro dos amantes.

— Que disse, Sinhazinha Laurita?

— Não é nada. Verei o que se passa com Jurema.

A porta do quarto apenas cerrada, a claridade do sol atravessava as frestas da janela e Laurita resolveu abri-la.

Jurema totalmente coberta como de costume, ainda parecia dormir em profundo sono...

— Tua preguiçosa, levanta-te que a primavera desponta com a manhã.

Puxando um pouco a coberta, fitou Laurita aquele rosto fechado e triste, os olhos arregalados da bela mulata.

— Acorda, Jurema, não brinques comigo — completou a senhora retirando toda a coberta sobre o corpo da mulata.

Soou fino e dolorido, aquele grito de extremo terror. Laurita não podia crer no que seus olhos viam e chocada colocou as mãos nas faces pulsantes, ao que seu coração disparou de medo. Entre as pernas da mulata, uma cascavel acordara com o grito e novo ataque fazia àquele corpo entregue ao sono mortal. Acudiu a velha cozinheira, recebendo no braço sua senhora em choro convulsivo. Mas, encostando Laurita num canto, a cozinheira foi à cozinha e, trazendo uma vassoura de bambu e alecrim, retirou dali a serpente. Da porta da cozinha jogou a cascavel e os criados atraídos pelo grito de Laurita, abateram a peçonhenta no meio do terreiro.

— Que se passa? — Indagou um dos retireiros que carregava no ombro a lata cheia de leite.

— Alguém colocou esta cobra na cama da pobre Jurema, Sinhá Laurita foi acordar nossa amiga e gritou quando viu a peste.

— Deus a proteja e faça justiça — suplicou o negro velho fazendo o sinal da cruz.

Foi a partir daí que Laurita desfaleceu doente em seu leito penalizada e amedrontada, batia fraco o coração da senhora. Marconi mandou vir um médico, que no quarto trancafiou-se. Lá fora todos os criados e empregados faziam o enterro de Jurema, cantando tristes reclames africanos, num modesto adeus. Fria e impassível, Loreta os via pela janela, entre a renda das cortinas esvoaçantes pela brisa fresca. Fechara-se também o dia para o luto daquela alma perdida no inconsciente das ilusões.

Livre da carne inchada, Jurema acompanhava o simples funeral ao lado da amiga cozinheira, que levava lindas rosas vermelhas. Chorando baixinho, quatro negros fortes carregavam o feio caixão de seis tábuas. Todos estavam ali para prestar homenagem à amiga expansiva de sempre.

— Fala comigo, Mãe Preta, só você poderá ouvir-me. Preciso de alguém para falar.

— Fico pensando na Sinhá Laurita, sabe, seu João. A Sinhá precisa da filha para melhorar de saúde.

Desistindo de ser ouvida, Jurema correu ao quarto de Laurita, onde o médico terminava seu serviço. Entraram no quarto, Marconi e Loreta, ao que se sentiram tontos por receber uma carga magnética de ódio de Jurema, que velava por Laurita. Mas toda aquela energia negativa também fazia mal à mulher adoentada, aumentando sua aflição.

— Aplicarei um sedativo para que ela durma, mas aconselho a contratarem uma enfermeira para melhor medicá-la.

— Manda a enfermeira, doutor, estou querendo o melhor para minha mulher.

— "Fingido, nojento, assassino" — gritava Jurema ao aproximar-se de Marconi.

— O coração dela está fraco, não aguenta emoções fortes. Será que Lise demora a voltar?

— Creio que dentro de dois meses, doutor.

— Ela chamava por Lise repetidamente.

— Pobrezinha de minha irmã! Que será de mim sem ela?

— Acalma-te, senhora Loreta, ajuda tua irmã.

— Ela não aceitará. Está tendo alucinações e disse odiar-me, assim não posso contrariá-la.

— Então, é pior do que eu pensei!

— Minha esposa está à beira da loucura, doutor, está com a mente débil e imagina coisas absurdas.

— Ficai tranquilos, mandarei uma ótima enfermeira. E não seria possível buscar Lise?

— Lise mora muito longe e não sabemos como alcançar seu lar, doutor.

— De qualquer modo, Marconi, não te preocupes, tua esposa estará em boas mãos.

— Acompanharei o doutor. Loreta, fica aqui com Laurita.

Pelo corredor o médico indagava:

— Que pessoa terá praticado crime tão horrível, Marconi?

— Há muitos empregados na fazenda e alguns mantinham relações íntimas com Jurema. Sabe como são as crises de ciúme entre pessoas desta laia. Se ainda fosse tempo de escravidão, não teriam tanta liberdade em minha casa. O difícil é descobrir o culpado.

— É quase impossível, Marconi.

Loreta acariciava as faces da irmã, intimamente sentindo um pouco de culpa. Enraivecida, Jurema fulminava Loreta com seu olhar de pássaro ferido, ao que acusou a mulher uma forte dor de cabeça, correndo à penteadeira onde engoliu dois comprimidos e sorveu copo de água retirado do vasilhame de barro.

— Protegerei a senhora destas víboras da casa, até que Lise venha para retirar-te para sempre deste ninho imundo — repetia Jurema.

Viera a enfermeira que assegurava a vida de Laurita, enquanto Jurema permanecia na porta, protegendo como cão de guarda sua estimada patroa.

Contando as horas, Marconi previa sua vitória, continuando sua vida entre os braços de Loreta naquelas noites amenas.

— É como lhe digo, não posso chegar perto do quarto e assola-me forte dor de cabeça.

— Pois não sinto nada. Bem digo que as mulheres são fracas.

— Logo seremos dois a desfrutar toda a fazenda.

Com efeito, Jurema não podia atuar sobre Marconi como fazia com Loreta, apesar de jogar sobre o homem sua maior carga de ódio.

Delirava Laurita, chamando pela filha, clamando por ajuda e segurança.

Naquela chuvosa manhã de fins de novembro, foi a fazenda surpreendia com a chegada de conhecida carruagem trazida por quatro cavalos castanhos. Lise voltara, a filha retornara ao lar!

Exausta, Lise segurou a cintura do marido e juntos correram para a casa, onde Marconi aguardava surpreso na entrada.

— Bom dia, senhor Marconi!

— Bom dia, Wagner! Como foram de viagem?

— A mais cansativa de todas, chuvas sem parar, péssimas estradas.

— Filha, estás linda!

— Obrigada, papai — respondeu Lise friamente. Onde está mamãe?

— Tua mãe está doente, tem uma enfermeira ao lado dela.

— Não lhe disse, Wagner, eu sabia que tinha acontecido algo!

E saiu Lise correndo ao quarto da mãe.

— Preciso falar-te, Wagner.

— Seja breve, senhor.

O cocheiro deixou as malas no alpendre.

— Sei que estás cansado, mandei que soltem e alimentem seus cavalos.

— Vá à cozinha tomar café, cocheiro, eu providenciarei o resto — autorizou Wagner.

— Sim, senhor — entrou aquele simples homem pela casa, procurando descansar um pouco.

— Vamos ao assunto, Wagner, na biblioteca é melhor — assim estendendo o braço sobre os ombros do genro.

Lise enlaçou os braços da mãe doente, em pranto beijou-lhe as faces febris. Laurita só murmurava, feliz. Aproximara-se a enfermeira e Jurema.

— Vou deixar-te a sós com tua mãe.

— Obrigada por teus cuidados com minha mãe.

— Estou sempre às ordens, senhora, meu nome é Marta.

— Lise Cristina, estás maravilhosa, filha! És o meu maior e único remédio.

— Mamãe, adiantei minha viagem por pressentir teu estado. Agora nada poderá separar-me de ti. Só agradeço a Deus por me deixar abraçar-te e pedir-te desculpas se alguma vez fui motivo de tua tristeza.

— Leva-me contigo, Lise, não posso suportar mais este cativeiro. Depois que mataram Jurema...

— Quem, mamãe, por quê?

— É uma longa história, mas antes quero ver Wagner. És feliz com ele?

— Muito feliz, eu o amo de verdade.

— Faz-me respirar melhor. Há dias que as chuvas caem e o barulho das gotas me deixaram perder a noção do tempo. As flores do meu jardim devem estar caídas e feias.

— Logo o sol virá e as flores erguer-se-ão cheias de viço e cores. Chamarei Wagner para ver-te, mamãe.

Do alto da escadaria. Lise gritou pelo marido que saiu da biblioteca sem terminar a conversa com Marconi.

— Preciso de ti, amor. Vem correndo, pois minha mãe te chama.

Assim fez Wagner, deixando o sogro sozinho e perplexo.

Com esforço, Laurita sentou-se no leito.

— Fechai a porta, por favor, e aproximai-vos.

Cada qual de um lado, seguravam as mãos da enferma, que sorriu apertando as mãos do jovem casal encantador.

— Meus queridos e amados filhos, minha felicidade não tem limites, como não tem limites o amor de vós. Esperei e estou feliz, quase pereci, mas Deus vos trouxe em meu socorro.

Jurema sentou-se numa banqueta e ouvia pensativa e triste.

— Perto de vós, encho-me de júbilo e o amanhã, que ontem parecia incerto, é para mim o dia melhor de todos. Tenho que contar-vos o porquê de tudo, mas peço paciência resignação, não quero aumentar a dor que mora em mim. Sejam fortes, pois, nesta vida, constantes provações vêm aniquilar-nos e só o verdadeiro amor pode vencer qualquer tipo de barreira. Reflita nas menores coisas e soerga o lar venturoso do perdão e da compreensão, eis a chave do casamento feliz. Lise, minha filha, se tu soubeste o quanto orei por tê-la ao meu lado!

— Estamos prontos, mamãe!

— Fui bela quando tinha tua idade e as portas da vida pareciam abrir sempre para o mesmo lado, o lado do céu azul e nuvens brancas. Quis pensar que nunca viriam as tempestades. Onde já se viu verão sem chuvas? Minha família era numerosa, oito ao todo, e Loreta, a caçula. Chamavam-me de princesinha. Todos, bem ou mal, casaram-se. Papai estava viúvo há uns cinco anos e nunca conseguiu entender meu jeito, sempre falando de casamento. Certa feita, fomos a um belo sarau na casa do Comendador Parreira. Entre as conversas e o tumulto dos convivas, aquele rapaz olhou-me e piscou, sorri; lembro-me bem e deixei iniciar o namoro.

No dia seguinte, passeava sozinha por nosso jardim e resolvi encostar-me num banco à sombra de imensa paineira florida, que matizava de flores róseas o chão batido. Fechei os olhos e suspirei, respirando fundo, sentia-me leve e queria voar como as andorinhas. Soou então aquela voz cândida e grave.

— Belo dia, senhorita!

Assustada, arregalei os grandes olhos:

— Quem és tu, cavalheiro?

— Sou do sarau de ontem, na casa do Comendador Parreira.

— Piscou-me, eu me lembro.

Logo reparei que ele escondia algo, trazia as mãos para trás.

— Que houve com tuas mãos?

— Aqui estão elas.

Deu-me aquele mavioso buquê de cravos escarlates e sorriu. Retribuí o sorriso. Sentia-me atraída por ele.

— São lindos! De minha grande preferência.

— Temia que não gostaste. Bem, Laurita, estou aqui porque gostei de teu jeito sereno e meigo.

— Deixa-me lisonjeada. Queira sentar-te, o banco é rude, mas a sombra...

— Perto de ti e desta árvore, o mundo da felicidade é sem mistérios.

O certo é que Adolfo empolgou-me, fascinou-me e cativou-me. Começamos a namorar às escondidas. Era ele um sonhador, muito romântico, queria ser médico famoso. Mas Adolfo desapareceu após um mês e eu não sabia seu endereço. Dois meses venceram e encontrava-me aflita. Papai chamou-me dizendo estar em sérias complicações financeiras e que gostaria de ver-me casada com homem de São Paulo. Choquei-me com o pedido e lembrei-me de que Loreta, mais nova, já se casara.

Em seguida, apresentou-me Marconi, belo rapaz com olhar enigmático, tratou-me habilidoso e um pouco frio, sentia-lhe o tom autoritário. E eram sedutores os seus olhos azuis em contraste com os cabelos castanhos.

Pedi mais um mês de prazo e depois de uma semana recebi carta de Adolfo. Tinha ele partido para Portugal e dali para a Inglaterra, onde faria o esperado curso de Medicina. Fiquei indignada e num momento impensado respondi "sim" ao Marconi, que não se espantou. Casamos e deixei meus pais sozinhos no Rio de Janeiro, onde o comentário da guerra do Paraguai e a campanha para libertar os escravos eram os assuntos

Os primeiros meses sorriam de encanto, em breve tempo estava grávida e tive a mais bela de todas as crianças — Lise Cristina.

Sete anos volveram-se no tempo e, após sérios preparos, engravidei-me novamente. Foi aí que Loreta veio morar conosco, pois seu marido não aceitara quem não pudesse dar-lhe um filho e assim ela ficou cuidando de Lise. Novo médico veio fazer o parto e sentia-me muito mal. Quase delirava em meu leito, quando reconheci aquele homem e ele a mim. Adolfo estava ali, só nós dois. Meus olhos encheram-se de lágrimas e ele passou aquelas generosas mãos no meu rosto febril.

— Não foste capaz de esperar-me.

— Perdoa-me pela infantilidade, Adolfo.

— Nunca mais tive olhos para outra mulher. Vê nossa situação, Laurita, é a prova que o amor vence qualquer barreira e cala-se afogado no pranto da dor.

— Renúncia sem razão de ser. Por favor, retira meu filho, pois o quero muito.

Iniciou-se a grande luta, em vão, o bebê nascera morto e Adolfo chorou pesaroso, despedindo-se para sempre com quente beijo nas minhas mãos.

— Não lhe dou o filho, mas lhe dou paz e adeus, guardando em meu peito a marca indelével de nosso amor.

Chorei por dias, mais por Adolfo do que pelo filho que fora peso morto.

Marconi culpou o médico pela morte da criança, indignou-me a tremenda injustiça. Sabendo por meio de Loreta, minha confidente, de todo o romance com Adolfo, enraiveceu-se de ódio.

Belo dia caçava Marconi com seus fortes cachorros, quando viu em nossas terras a bela figura de Adolfo que também caçava. Mirou certeiro e alvejou o corpo do bondoso homem que rastejou impune, sendo morto nas bocarras dos cachorros.

— Que horror, mamãe! — Disse Lise apertando mais as mãos de Laurita e olhando desolada para Wagner.

— Suportei as mentiras de teu pai, o orgulho sempre aumentado e, afinal, o repúdio. Lograi esforços e nada.

Emocionada, Jurema chorava também enlaçada em vibrações de dolorosa redenção.

— Que tipo de repúdio, mamãe?

— A traição, filha, teu pai sempre me deixou desconfiada e pude constatar.

— Quem, mamãe?

A pobre criada desencarnada levantou-se assustada com a grande revelação e surpreendeu-se de Laurita não lhe guardar rancor.

— Logo, Jurema!

— Ela não o quis juntamente com Loreta, que odiava Jurema, combinaram de matá-la. Mas Jurema não passou de vítima nas mãos de Marconi, pobrezinha, serviu-me desde pequenininha, nunca poderia agredi-la, só peço que ela seja amparada na santa luz do Senhor. Só Ele é justo e bom.

— Papai, eu o odeio!

— Cala-te, Lise Cristina, apesar de tudo ele é teu pai, ele deu-lhe vida e no fundo ama-te, só o egoísmo e a avareza não o deixam ver. Saiba perdoar, filha!

— Ele e a tia Loreta estão juntos?

— Há uns cinco anos. Loreta sim, é a falsidade em pessoa, grande causa de meus sofrimentos, mas eu os perdoo.

— Estou perplexo e confuso, senhora Laurita.

— São os exemplos vivos da raça humana, Wagner. São lições do dia a dia, trilhando caminho iluminado entre as trevas.

— Partiremos imediatamente, mamãe, em dois dias voltaremos à Colina do Alborecer, onde a natureza se fez mais caprichosa. Mamãe, temos uma surpresa!

— Conta-me, eu adoro surpresas!

— A senhora conheceu o Barão Valério?

— É claro, muito amigo de teu pai! Nobre e elegante!

— Ele está vivo.

— Filha, há engano! — Admirou-se Laurita olhando para Wagner que respondeu positivamente com a cabeça.

— Não, mamãe, ele vive como nós e é um homem maravilhoso!

— Por que então a mentira, Wagner?

— Ele é leproso e está morto para o mundo.

— Meu Deus, coitado do Barão!

— Lise trouxe nova vida à Colina do Alborecer e reanimou meu pai doente.

— Ele deve estar sentindo tua falta, filha!

— E eu a dele, somos grandes amigos. Tenho tanto para lhe falar. Luiza nossa governanta, Madalena, Rita, o cocheiro, as serrarias, o meu cavalo Apolo, as rosas e os pinheiros majestosos.

— Assim é que quero ver-te. Só de pensar em teu lar, tu vibras e quer erguer voo rumo ao conforto dele.

Cessara a chuva e Laurita entregou-se a longas horas de assuntos importantes. Lise ouvia boquiaberta as revelações, fulminante pela conduta do pai. Jurema permanecia como ouvinte solícita.

Noite refrescante, enfeita-se o teto do globo com vestes de estrelas, Wagner recostou-se no divã e adormeceu. Pediu Laurita para levantar.

— Para onde queres ir, mamãe?

— Ao oratório, Lise querida.

Ajoelhada diante do crucifixo, Jurema pedia maior amparo e esclarecimentos, quando notou estar ao lado de Lise e Laurita

— Mestre amoroso e sábio, em tuas mãos não erguerei um pranto, pois trouxeste-me a luz da razão e da fé. Sejamos nós o grão de mostarda que remove montanhas, o bom samaritano que ampara os desvalidos. Dai-nos a fé, o perdão e a vontade de servir. Nestes meses, pedi por minha filha e aqui está ela, amável e bela. Obrigada, Senhor! Sinto-me leve e feliz, consegui alcançar Tua imensa seara iluminada. Abençoai a todos desta casa, perdoando as ofensas cometidas em atos ignóbeis. E feita a Tua vontade renovável e santa.

A oração trouxe vibrações poderosas ao quarto, que se encheu de luz. Lise devolveu a mãe ao leito, abraçando-se com ela até adormecer. Sono calmo e relaxante. Do limiar, dois espíritos envoltos em intensa luz desceram ao quarto, onde apenas um lampião ardia. Acercaram-se do leito, onde Laurita esforçava para ter sua liberdade. Com a força daqueles servidores do Senhor, Laurita deixou o corpo. Então, voltaram-se para Jurema, enquanto a mãe osculava as faces da filha.

— Vem conosco, Jurema, levanta-te.

— Louvado seja Nosso Senhor Jesus Cristo!

— Nada temas, confia na hospitalidade de teu futuro e verdadeiro lar.

Deixando-se levar sorrindo, Jurema sentiu a mesma alegria no olhar de Laurita. Foram conduzidas pelos mensageiros ao conforto das novas revelações do novo lar, perdendo-se qual dois astros na imensidão da noite cintilante.

Cantou o galo, latiu o cachorro e mugiu o gado ao longe. Lise espreguiçou, acordou Wagner e abriram a janela, recebendo o fortificante calor do sol.

— Dia limpo de intenso azul no céu, mamãe vai adorar, acordá-la-ei.

— Não achas melhor deixá-la dormir?

— Qual nada, ela precisa ver o dia. Mamãe, mamãe, acorda.

Descansado e saudável, Marconi entrou.

— Bom dia para todos!

— Acorda, mamãe!

— Que se passa? — Indagou o velho.

Desconfiado, Wagner tentou a pulsação de Laurita e viu que estava morta.

— Wagner, que tem ela?

— Ela se foi, Lise.

— Está morta? Meu Deus, ela estava boa!

Chorando aos gemidos, Lise jogou-se no peito do marido, deixando Marconi desconcentrado, mas não abalado.

— O médico disse que ela não suportaria emoções fortes, descerei para preparar o enterro.

— Ele nem ligou, Wagner!

— Deixa-o, Lise, só nós dois podemos entender que tua mãe se foi para um lugar ditoso e livre de sofrimentos.

Revoltada com a morte da mãe, Lise superou as horas derradeiras da marcha ao sepultamento e o longo contexto a que o padre se entregara. Ver à sua frente Marconi e Loreta representava a supremacia da dor perante o perdão, se não fossem as considerações de Laurita, aquele gênio impulsivo faria justiça pelas próprias mãos.

Sobre a terra úmida, depositou Lise todas as rosas do jardim. Fez-se entardecer de coloquial esplendor, ali estavam todos os empregados da fazenda, humildes servos do trabalho, admiradores de sua senhora. Agradecida. Lise firmou seu último olhar pelos arredores verdejantes e salutares. Ouviu os vultos da infância esquecida, os derradeiros anos de inocência jovial. A casa suntuosa permanecia impune. Desfalecia a estrela mãe no horizonte sangrento e a umidade da terra regurgitava em salutares aromas bucólicos. Pássaros farreavam antes do adormecer. A carruagem aguardava outra longa viagem.

Aproximando-se do pai e da tia, reintegrados na falsidade da compaixão, Lise fitou-os tristemente, tendo a segurança do braço de Wagner.

— Nunca mais voltarei a esta terra, que só me deixou amarguras. Espero sejais felizes, pois sozinhos quiséreis e ireis ficar. Meu pai, como é penoso nada de amor sentir por ti, em meu coração não lançaste as sementes da benevolência e da misericórdia. Partirei e não sentirei saudades, sou qual ovelha perdida que foge do rebanho pesteado à procura de novas pastagens saudáveis. Desta fortuna não quero nada, deserdo-me de qualquer bem.

Furioso, Marconi viu sua filha partir com o marido. Temerosa, Loreta tinha as vistas encharcadas em pranto retido.

— Vai para sempre, filha indigna e má, mereces padecer, miserável!

— Cala-te, Marconi, Lise não merece pagar por nossos erros! Sê complacente e justo.

Iniciou a carruagem sua longa viagem, Loreta correu ao encontro dela, gritando:

— Por favor, preciso falar-vos.

— Para, cocheiro — gritou Wagner.

Tendo lágrimas a correr, Loreta estendeu as mãos pela pequena janela.

— Adeus, meus filhos, perdoai esta mulher que ainda vaga sem rumo. Marconi está doente, mas eu ficarei para ajudá-lo. Sede felizes em vossos dias futuros, muito felizes.

— Que Deus te abençoe, tia Loreta — conseguiu Lise expressar-se emotiva.

— Adeus, senhora — aludiu Wagner. E retomado de força gritou: — Para a "Colina", cocheiro, vamos embora.

Partiu a carruagem, deixando no ar o sufoco das ignomínias dos homens, os escultores da imagem do mal e do bem, do certo e do errado, do justo e do falso.

Fadada ao amor de Marconi, Loreta caminhou ao encontro dele.

Reafirmando em si o triste momento, Lise abraçou-se ao seu amado e deu graças por suportar as sensações vingativas. Wagner inspirava segurança e força. Enlaçada e quieta, adormeceu Lise, mesmo ao trote dos cavalos na estrada macilenta.

Era noite e pararam na primeira estalagem, não longe da fazenda, onde passaram a noite. Silêncio profundo e o descanso merecido.

Infringia a vida sobre eles suas notáveis lições de renováveis ensinamentos de ajuda, perdão e amor. Arbitrariamente nos menores atos, nas procuras individuais de novos caminhos, na senda de servir ao próximo ou atolar no lodo da covardia egoísta.

Lise Cristina, nos braços de seu amor, sonhou que estavam em belíssimo jardim, inundado de flores e aromas; ouvia-se Clair de Lune, de

Debussy. Então, surgiram duas belas meninas, que, correndo aos braços do casal, gritavam:

— Mamãe, papai, precisamos renascer...

O sonho de Lise Cristina seria o prenúncio de um futuro promissor, no entanto, repleto de clamores.

07
CILADAS DA VIDA

Novo ano ensolarava a Colina do Alborecer, tudo eram reclames de bem viver; viviam momentos de enlevo e renovável felicidade. Entregue ao trabalho, Wagner assegurava o lar notável, seu suor, nas serrarias a ordenar e agir, caía no rosto pacífico e gentil. Os homens trabalhavam ao som das serras e ao toque dos machados perdidos no antro dos pinheirais. As manhãs renasciam na beleza de Lise pelos jardins a colher flores e enfeitar a casa arejada, perfumada e limpa. O Barão esperava sempre voluntarioso e amigo. A nova filha trazia-lhe o café da manhã, sorrindo sempre.

— Que me trazes de novo, Lise Cristina?

— Pão de ló que eu mesma fiz, Sr. Barão!

— Eu adoro pão de ló!

— Trata de comer tudo, meu sogro.

Enquanto Valério alimentava-se, Lise aproximou-se da harpa magnífica e deslizou o dedo nas finas cordas.

— Gostas, Lise?

— Sabes que sim. Estou fascinada por esta harpa.

— Posso ensinar-te.

— Apreciaria muitíssimo. Será que sou capaz, senhor Barão?

— Claro que sim, podemos começar hoje.

— E as criadas, senhor? Que direi para Madalena e Rita?

— Que a partir de hoje terás aula de música com um homem misterioso.

— Não brinques, senhor Barão!

— Podíamos revelar-lhes nosso segredo.

— Faria isto por mim? Sabes que gostaria de estar todo o tempo com o senhor e tê-lo como pessoa mais real.

— É claro que eu continuaria aqui e tu pedirias sigilo para Madalena e Rita.

— E se elas quiserem ver-te?

— Não creio que queiram, mas pode trazê-las de bom gosto.

— Amo-te, senhor Barão. És o meu pai de coração.

— Podemos começar agora!

Num misto de provação e doce alívio, o Barão Valério transfigurava-se mais e mais, no entanto, o homem bom e generoso, habitado na carne virulenta, aceitava resignado a condição torturante. Seus momentos sem o filho e Lise eram horas de grande reflexão. Que fizera para parecer daquela forma? Ele, um homem sempre justo e honesto! Mas só em tal condição criara ele coragem para abrir o Evangelho do Cristo e estudá-lo com esperanças no raiar da vida além-túmulo.

Após o inverno rigoroso que aniquilara a turgidez das colinas verdejantes, trazendo espessa e fria névoa e profunda desolação no meio vazio das cores, turvou-se o manto fulgurante de azul carregado. A manhã que nascera orvalhada, entre jugos do sol, fechara-se no prenúncio da primavera. Cortina de chuva varreu os pinheirais ressequidos e sedentos. Wagner e Lise, enlaçados, apontaram na varanda, apreciando, cálidos, o milagre da vida.

— Minhas roseiras arrebentarão em botões, as palmas sorrirão na seda de cores, as árvores terão nova vestimenta, o João-de-barro poderá construir a casinha, os pinheiros crescerão cada vez mais, querendo alcançar os céus. Wagner, não imagina como sou feliz! Estive fazendo uma comparação.

— Quero ouvir-te em novo dom de pensar.

— Estamos vivendo uma eterna primavera e um eterno verão de nossas vidas, pois perto de ti não vejo o reclame do outono e o presságio do inverno gélido. Vejo só flores em tuas palavras, só calor em teus braços, carinho no orvalho de tuas carícias, amor no raiar de teus olhos vivos. Onde estarão os outonos e invernos de nossas vidas?

— Lise, minha doce criaturinha. A árvore que nasce com as chuvas nos montes ou nos campos recebe a fonte dos alimentos da mãe natureza, enfrenta anos bons de fartura e fortalece o tronco, entranha na terra as raízes. Mas não são todas que, após todo este preparo, suportam o rigor do inverno ou os arrebatamentos das tempestades. Todas as estações nos revelam boas e más condições, o homem enfrenta e continua. Confio em ti e sei que és aquela árvore arraigada na terra, não temendo o jugo do tempo volúvel, das tempestades.

— Amo-te, Wagner, e não seria capaz de pensar no futuro que poderá separar-nos.

— Vivamos o agora, Lise, nada poderá separar as raízes de duas árvores no solo propício do verdadeiro amor.

Beijaram-se longa e apaixonadamente. O cair da chuva promissora fazia brotar daqueles corações as objetivas declarações que reforçam os laços entre o homem e a mulher.

Sim, com dois meses recebendo o ânimo das chuvas, a terra muito se modificou e novamente o jardim enchera-se de flores de matizes variados, o pomar prometia a colheita de frutos diversos. No esconderijo do Barão, Lise passava horas na vontade de manipular a harpa. Valério orgulhava-se de ter consigo o esplendor da criatura tão simples e amável.

Subindo a colina, Wagner voltava das serrarias em seu cavalo, galopando. Na chegada, deixava o animal à porta da cozinha. O almoço parecia pronto e Luiza provava quitutes, ao que Madalena e Rita pareciam rir. Luiza não notara que Wagner às suas costas respirava o revitalizante vapor das panelas.

— Faltou sal na carne.

— Coloca mais, Luiza!

— Senhor Wagner! — Exclamou Luiza assustada e após uma pausa, colocou a mão direita no peito — O senhor mata a gente do coração!

— Desculpa-me, Luiza. Posso chamar Lise?

— Aproveita e leva a refeição do Barão.

Trazendo a bandeja, Wagner apareceu sorridente, beijou rápido os lábios da esposa.

— Parece-me bom, pai!

— Já senti pelo bom cheiro, estou faminto.

— Antes do senhor começar, quero revelar algo de grande importância. Esperei que os dois estivessem juntos e resolvi falar.

— Deixa-me curioso, Lise!

— Calma, Wagner, deixa-a falar.

— Vós não achais esta casa um pouco vazia?

— Vazia? Tem gente até demais!

— Senhor Barão, não gostas de crianças?

— Bem, eu gosto, mas...

— Querida, para que tantos rodeios?

— Largue a bandeja querido — assim fazendo, Lise puxou o marido pela mão, cochichando algo no ouvido.

Notou Valério que seu filho abriu jubiloso sorriso e também sorriu.

— Estás judiando deste pobre velho.

— Vou ser mamãe, senhor Barão, teu neto vai nascer daqui a seis meses.

— Deus seja louvado, filha!

— O senhor imagina minha felicidade, papai?

— É claro, eu fiquei assim por ti. Rosalva ficou ainda mais linda. Se Wagner é assim tão forte é porque ela não parou de comer frutas frescas em nosso pomar, coalhadas e hortaliças.

— Assim farei, senhor Barão. Esta casa precisa de sorrisos infantis.

Pelo pomar nas manhãs, árvores graciosas tinham frutos verdes, só jabuticabas roliças e negras brilhavam nas galhas abarrotadas. Com os pássaros, Lise festejava sua liberdade e pedia bênçãos para seu ventre. Ser mãe, imaginava ela, embalar e amamentar o filho de seu amor, o melhor de todos os presentes gratificantes. Andando mais à procura de novas frutas, vislumbrou os pessegueiros esguios e os pêssegos amarelando, apenas tocou em alguns até que achou o primeiro maduro e arrancou-o, infantil. Deliciando-se assim, desceu um pouco mais e notou a carga das mangueiras, pereiras e laranjeiras.

— Que vontade de comer uma pera!

E, procurando entre as eretas folhagens das pereiras, Lise encontrou um ninho, onde dois filhotinhos abriram os bicos famintos, concentrou-se neles e deixou-os desfrutar o aconchego do pomar. Ali estava a pera desejada, não muito madura, mas propícia à alimentação. Distanciando-se pouco mais, terminava o pomar e, descendo aos pés da imensa colina, os pinheiros erguiam-se, naquele quadro da obra divina. Ao longe, as nuvens pareciam encontrar-se com a terra, o riacho pardacento parecia um fio sinuoso e a fumaça da serraria invadia os domínios do vento, que trazia o roncar de sons cortantes e madeira tombando. Aquele mundo pertencia-lhe e nele nasceria seu filho.

A brisa outonal daquela manhã de maio bailava franzina abraçando os halos da colina, de espera. Como que quebrando o retrógrado silêncio, um bebê chorou anunciando o despertar para a vida. Lise tinha a filha nos braços quentes e Wagner mostrava-se o mais feliz dos homens. Guardava o médico seus instrumentos, enquanto Luiza aproximou-se.

— Senhora, está na hora do primeiro banho.

— Vê, Wagner, acho que Anita não quer largar-me.

— É preciso, Lise, depois do banho ela irá mamar e dormir.

— E a mãe também deve repousar. Tenho que ir, preciso atender outro parto.

— Já falei com o cocheiro, ele irá deixar o Dr. na casa do lenhador Lucena.

— Qualquer coisa, é só mandar buscar-me.

— Obrigada, doutor!

— A senhora está de parabéns! Por ser tão nova, esperava eu um parto mais difícil. Tua menina nasceu sadia e aposto como terá os olhos da mãe.

— Senhor Wagner, a toalha por favor.

Foi a bebê envolvida na maciez da toalha, após esperto banho que lhe trouxe novo despertar. Lise apreciava ver o marido ajudando preparar sua filha.

Erguendo Anita com braço forte, Wagner entregou-a ao aconchego materno. Parecia faminta. Na pureza de doar-se e irradiar vida, Lise tirou o seio entumecido de leite e aproximou o bebê, que imediatamente aceitou o nobre alimento de vitalidade. Do seio da bela mãezinha, intensa luz deslocou-se, envolvendo de energias todo o ingênuo corpo de Anita. Minutos depois, Wagner dava entrada no aposento do pai, que se contentou em apreciar de longe uma nova geração.

— Deus abençoe, Anita! Confesso não esperar a chegada deste anjinho de ternura.

— Ainda terás tempo para vê-la brincar pelo jardim, misturando-se entre as flores, meu pai.

— Meus parabéns, filho, diz à Lise que estou esperando feliz o final de seu resguardo.

— Bem, levarei Anita para dormir ao lado de Lise, ela já tem a barriguinha cheia.

Madalena e Rita pararam Wagner, a fim de conhecer a menina, faziam brincadeiras que só no futuro Anita entenderia. No momento, ela queria dormir ao lado da mãe.

Cansada, Luiza saiu do quarto, deixando Wagner namorando a esposa que dormia juntamente da filhinha. O orgulho de um homem, por ser amado e amar a mulher verdadeira, fazia-o muito realizado.

Para Loreta, a existência consistia de atritos constantes. Deitada no divã da grande sala solitária, ergueu-se para encher mais uma taça de vinho.

Garrafa vazia, em posse do sininho, chamou a velha cozinheira que correu a atender.

— Que deseja, senhora?

— Outra garrafa de vinho.

— Mas a senhora já bebeu demais!

— Não importa, eu quero outra — falou a mulher irritadiça com voz frouxa.

Badaladas no relógio, dez horas.

— Aquele crápula de novo atrasou-se.

— Aqui está a garrafa, senhora.

— Pode ir deitar-se, eu ficarei esperando Marconi até raiar o dia.

Enchendo a taça, Loreta tomou-a de uma só vez e reforçou nova dose.

— Meses e ele só chegando pela madrugada, jogando entre aquelas mulheres imundas. Ele me paga caro por tudo isso.

Na primeira hora do novo dia, Marconi encontrou sua mulher adormecida e abraçada a uma garrafa de vinho vazia. Sacudiu-a e ela acordou abobada pela embriaguez. Lembrou-se porque estava ali:

— Pilantra, deixa-me sozinha e vai jogar seu dinheiro fora.

— O dinheiro é meu e dele faço o que gosto de fazer, estou cansado, vou dormir.

— Cansei-me de ficar te esperando feito boba — gritou Loreta queimando-se de ciúmes.

— Não tenho satisfação a te dar.

— Gastando nosso dinheiro com outras mulheres e no jogo, eu bem sei.

— O dinheiro é só meu e as mulheres são de marca melhor que a tua.

Avançando contra Marconi, a mulher ferida nas entranhas do coração esmurra o homem rude e ingrato.

— Cachorro, não sou roupa que se usa e joga fora.

— Cala-te, ou serei obrigado a te surrar.

— Cachorro, cachorro — gritava ela esmurrando o peito de Marconi, possessa de raiva.

Com facilidade, Marconi atirou-a longe, entre os móveis, e subiu para dormir, deixando Loreta martirizada a chorar ébria.

Entregara-se o senhor da grande fazenda a toda espécie de vícios, saindo todas as noites para as mesas de jogos, onde homens inescrupulosos arriscavam o teto de suas famílias. Marconi muitas vezes deixara companheiros viciados sem um vintém para voltar ao bojo da família esquecida e dizia sempre:

— Quem sabe chegará meu dia de má sorte, sorrindo em seguida, vitorioso.

Comprava joias caríssimas e distribuía entre as mulheres mais afamadas, mas, como começava seus dias de má sorte, tirava as joias de Laurita, que Loreta tanto ambicionara. Assim, fascinado pela carne, pelo jogo, pela bebida e joias rutilantes, Marconi era um homem vencido e odiado, egoísta e perverso, tinha metais nas fibras do coração. Aparentava vigor e elegância, mas no seu âmago a ferrugem da avareza consumia-lhe o raciocínio. Parecia inevitável o suicídio consciente de quem demais temia a frieza da morte.

As mesas de jogo sempre recebiam grandes figurões do café, indivíduos confiantes ou dementes na sorte. Marconi não estava no melhor de seus dias e exaltava-se, todos lhe registraram o nervosismo. O mais jovem e retido do grupo sabia em poucas horas os degraus da escalada, que poderia enriquecê-lo com sorte.

— Não é por me gabar, mas fui o que menos dinheiro investi.

— Teu pai doente deve estar bobo, foi só passar as terras e tu as perdeu na outra semana, Augusto — pareceu aconselhar outro.

— Hoje é meu dia, senhores!

— Desisto — decidiu mais um.

Estavam três, logo depois, Marconi e Augusto. As mulheres inquietas torciam.

— Desista, senhor Marconi, todo seu dinheiro acabou, deixei-te na bancarrota.

— Não sou homem de perder, bem vejo que o rapaz faturou grande quantia em dinheiro e cinquenta mil pés de café.

— Tens alguma proposta? Podemos apostar!

— Minha fazenda contra tudo que ganhaste.

— O senhor está querendo ficar na miséria? Não precisa exagerar!

— Bem digo que os jovens são covardes.

— Estás falido, um de nós ficará na miséria.

Continuaram o jogo, mas logo houve alvoroço. Entrava no recinto uma jovem e bonita dama, que Augusto vislumbrou surpreso.

— Dinorá, que fazes aqui?

— Vim buscar-te, noivo ingrato.

As mulheres começaram a rir.

— De que riem estas mulheres emplumadas?

— Estou jogando, Dinorá, vá embora, depois nós conversaremos.

— Só sairei daqui contigo.

— Então espera caladinha a meu lado.

Marconi irritava-se com a voz agressiva daquela mulher, continuava o jogo até que ocorreu o imprevisto. Dinorá cutucou uma das mulheres e falou baixinho:

— Tu sabes o que meu Augusto apostou?

— Tudo que ele possui.

— Não pode ser. Augusto, apostaste tudo?

— Cala a boca, Dinorá.

— Responda-me.

— Sim, eu apostei tudo.

Com o choque, Dinorá desmaiou e as mulheres carregaram-na para um canto da sala. Augusto continuou seu jogo decisivo. Soou as badaladas de duas horas e Augusto bradou orgulhoso seu grito de vitória, era ele um homem rico. Dinorá entre abobada e feliz, agarrou-se ao noivo delirante, Marconi estava arruinado e aniquilado, pobre e inconsolável, desgraçado e miserável. Na mesa dos vícios, ficaram os papéis de toda sua fortuna. Todos festejavam o jovem milionário com champanhe. Marconi saiu a caminho de uma casa que não lhe pertencia.

Loreta aguardava incontinente e nervosa. Bateu à porta e ela correu aos braços de Marconi, parecia trêmula.

— Que tens, mulher?

— Adormeci ao esperar-te e tive um pesadelo. Estávamos nos afogando num rio imenso de sangue.

— Deixa de bobagens e traga nosso vinho.

Assim fez a mulher atormentada.

— Enquanto preparo as taças, traga algo da cozinha.

No repasto, minutos depois, ambos se deliciavam com o vinho.

— Como foste hoje no jogo?

— Perdi tudo.

— Quando falas assim é porque deixaste um pobre diabo na miséria.

— Temes a miséria?

— Prefiro a morte do que a miséria.

— Não estou brincando, Loreta, perdi tudo que possuo no jogo de hoje e tornei rico e feliz um pobre diabo com a noiva.

— Não mereço tanta amargura — gritou Loreta batendo as mãos na testa.

Marconi levantou-se irritado.

— Eles conseguiram tudo, mas esta casa não lhes pertencerá — assim falando, rumou para a escada.

Ao segurar o pulso forte do amante, Loreta sentiu o estômago arder e queimar.

— Não me deixe, Marconi... — sentindo dores fortes segurou o corrimão e Marconi continuou subindo.

— Tu mesma falaste que preferes a morte à miséria.

— Cão imundo, tu envenenaste meu vinho! Maldito!

Tocado de impulso e fúria, Marconi atiçou lampiões acesos nas cortinas, que fulminaram em chamas. Esforçando-se, Loreta subia as escadas nos minutos derradeiros. Marconi gritava enlouquecido a sorrir, a velha cozinheira veio acudir e saiu correndo horrorizada. Naquele instante, Loreta caía escada abaixo vomitando sangue e o senhor da casa atirara um lampião nas cortinas de baixo, que igualmente queimaram. Criados e colonos rodearam o casarão em chamas, labaredas gigantescas lambiam a enorme e rica estrutura de pau à pique e madeira, secando o orvalho da madrugada.

Findaram os gritos do senhor louco. Exalava-se ao alto intensa fumaça cinzenta. Mulheres ajoelharam-se com a velha cozinheira, pedindo ajuda dos céus.

Quando Augusto chegou com a noiva, para mostrar-lhe o futuro lar, o fogo crepitava estrondoso, arrebentando a suntuosa moradia. Dinorá agarrou-se ao seu bem não querendo presenciar aquele trágico homicídio e suicídio. Penalizados com morte tão dolorosa, ficaram inertes a observar a destruição total.

Chamas ardentes e lindamente vermelhas, queimando toda a glória de uma família, consumida na imperfeição de um único homem.

Sem explicação, a alma de Lise, feita em sonho, presenciava a tragédia e, conseguindo alcançar o corpo maternal, acordou assustada e aliviada, lembrando-se do ocorrido. Frio suor escorria pela fronte rubra da bela senhora.

— Donde vem esta aflição, querida?

— Meu pai e tia Loreta.

— Que tem eles, Lise?

— Estão mortos, Wagner — pronunciou solícita a abraçar o marido.

— Foi um pesadelo, minha querida!

— Eu vi. Papai envenenou-a e incendiou a nossa casa. Muitas chamas, queriam queimar-me ali também. Tudo está acabado, só restaram cinzas e pedras.

— Não penses mais nisto, eu estou aqui e nada te acontecerá.

— Pobre tia Loreta e papai, que Deus os perdoe onde quer que estejam. Mesmo nas trevas não os abandone, Senhor, aqueles filhos revoltados e ingratos.

Nunca saberiam ao certo se o sonho de Lise fora realidade. Passou a madrugada daquele inverno sombrio e tinham que dar curso aos anseios, ao lar e à filha Anita.

Lise, em sono e pesadelo, realmente teve sua alma transportada ao local da tragédia e lembrava-se nitidamente do ocorrido, o que a fez sofrer por muitos dias até que a paz de espírito voltasse para dar continuidade à sua missão de vida.

A Colina do Alborecer elucidava em dádivas do tempo. Cada novo ano embevecia-se de tons mais revigorantes, ar puro e flores. Lise, a cavalgar no dorso de Apolo, trazia Anita no desabrochar de seus dois anos, olhos da mãe e os cabelos quase castanhos claros do pai. Branca luva, do escuro aposento, felicitava-se perante a graça de ver mãe e filha no sol a reinar, como duas rosas de vida eterna, mas a tormenta do mau cheiro e o jugo da escuridão venciam por vezes a grande felicidade. Quisera Valério cavalgar por sua colina vestida de pinheiros e poesia, quisera com sua harpa abrasar de paixão e felicidade alguém tão miserável quanto ele. Mas mesmo na expiação se considerava um homem temente a Deus e confiava na reencarnação como a mais magnífica ferramenta Divina para o renascimento.

08
AS FILHAS, OS CIGANOS...

Século XX, as revelações humanas a caminho do porvir. Amanhecera 1901. No jardim da colina, brincavam duas lindas meninas, Anita e Andresa, vestidos rosados e fitas, corriam em volta da fonte em companhia de um filhote de cachorro dinamarquês. Wagner e Lise Cristina ali estavam orgulhosos de serem os genitores de duas meninas tão encantadoras e amorosas.

— Venha Brutus, corra — gritava Anita.

— Por que Brutus?

— És pequena, Andresa. Papai disse que Brutus foi filho adotivo de Júlio César, antigo imperador romano.

Latia o cachorro querendo brincar e novamente saíam elas a correr. Subindo a caminho da colina, chegava Wagner em seu cavalo. Passando da casa dos trinta, reservava energias e beleza incondicional. As crianças vieram ao encontro do pai e ele ergueu-as colocando Anita na garupa e Andresa na cabeça do arreio.

Da janela, a formosa Lise observava feliz, os anos foram-lhe prestimosos quanto ao corpo, mas não quanto ao trabalho. Sem reclamar e satisfeita com a saúde dos seus, Lise cuidava do Barão, quieto e emudecido na cama. Devido à aparência lúgubre do lugar e a teimosia do Barão, as crianças não podiam vê-lo, também seu rosto se deformara demais e era melhor continuar separado das meninas.

Aquela voz falava com doloroso gemido.

— Ouço... os risos das duas meninas.

— Wagner chegou e carregou-as no cavalo.

— Orgulho-me de ter netas tão boas e belas! Fala-me da mais nova.

— Andresa tem cabelos e olhos castanhos, parece-se muito com o pai e algumas vezes sente ciúmes de Anita, embora receba maiores cuidados, mas Anita, sempre amável, compreende que sua irmã de cinco anos deve entender pouco as coisas.

— Gostaria de brincar com elas no jardim.

— Sei que elas gostariam. Anita preocupa-se com o senhor.

Ouviram passos, Wagner trazia Anita nos braços e, antes do Barão, considerou:

— Não precisa ficar bravo, papai. Anita insistiu e vai falar de longe.

— Posso, mamãe?

— Claro, filhinha!

— Vovô, eu te amo.

— Obrigado, filhinha, eu também te amo.

— Vamos almoçar, Lise?

— Vá, Lise, Luiza trará meu almoço.

Deixado sozinho, o Barão Valério produziu continuas lágrimas, mas que salgaram as feridas do antigo rosto.

Bem educadas, as meninas almoçavam com os pais, comendo direitinho sem nada entornar. Não deixando transparecer seu orgulho, Lise olhava-as agradecida, eram o tesouro de ventura e a graça de ser mãe. Wagner parecia preocupado e aquietou-se a mexer no prato, comia pouco e tinha pensamentos longe.

— Em que pensas, querido, aconteceu algo?

— Não foi nada, apenas estou receoso.

— São negócios?

— Tem um homem comprando as terras que rodeiam nossa propriedade e esta manhã ele foi procurar-me para uma proposta. Neguei qualquer negociação, falei do meu amor pela terra, é a única forma de conseguir nosso sustento.

— Não há motivos para te aborreceres tanto!

— Tens razão, querida.

— Papai!

— Que foi Andresa?

— Brutus está chorando.

— Deixa-o chorar, já disse que cachorro não pode entrar dentro de casa, ele deve ficar lá fora onde Luiza lhe dá de comer.

— Andresa é pequena, papai, não entende.

— Entende sim, querida, ela é esperta.

— Calma, meninas, é hora de mais silêncio — pediu a mãe atenta.

Sempre serviçal, Luiza começou a retirar a mesa, tinha os olhos avermelhados de quem chora, da touca de pano escapavam-lhe cabelos grisalhos; Lise notou e aguardou. Levantaram-se todos da mesa, Wagner foi acertar o relógio de parede e as meninas pararam ao chamado da mãe.

— Onde pensam que vão as duas?

— Brincar com o Brutus, mamãe!

— Anita, admira-me! Já lhe disse que após as refeições é descanso. Tratai de escovar os dentes e acomodai-vos na sala ou no quarto.

Obedientes, as crianças subiram a escadaria sem reclamar.

— Hoje meu tempo é pouco, Lise, estamos instalando novo maquinário — assim dizendo, Wagner tomou-a pela cintura e caminharam até a varanda, onde se sentaram no banco tosco de araucária.

— Estive pensando em algo sério.

— Esclareça-me, para que eu possa ajudar-te.

— Teu pai padece irreversivelmente, já não corresponde às leituras e aos poemas que leio, agora só comentamos o Evangelho. E não mais toca a harpa.

— Isto é bom sinal, papai precisa de alívio para seu tormento. Mas quanto à harpa...

— Tenho tanta tristeza ao vê-lo naquele estado deplorável! Coloque-se no lugar dele. Quanto martírio!

— Ele ainda tem a nós, que bem fazemos nossa parte, amparando-o e amando-o. Pensa naqueles enjeitados que vagam pelo mundo a rastejar e chorar migalhas, desfalecendo-se ao longo do caminho e encontrando a morte sorrateira, nenhuma palavra de consolo. Papai é estimado, Lise.

— Mas quem sofre não pode esquecer a dor de sua carne e colocar outra dor à sua frente. Tenhamos confiança na lição do dia a dia e sigamos fervorosos.

— Tenho que ir — disse Wagner levantando-se e puxando Lise.

Foram para a cozinha, para onde Rita trouxe uma xícara de café e o patrão agradeceu-lhe.

— Teu casamento está perto, Rita.

— Sinto deixá-los, mas já é tempo de formar meu lar, vinte e cinco anos é muito para mulher.

— Bem faz eu e Luiza que não vamos nos casar.

Luiza continuou arrumando os talheres sem nada responder à Madalena, parecia acometida em profunda reflexão.

— O cocheiro chegou com meu cavalo. Até à noite, querida. Vou me demorar um pouco mais.

Osculando os lábios de Lise, Wagner montou e o cavalo saiu a marchar soberbo. De manso, chegou o cocheiro.

— A senhora vai montar Apolo hoje?

— Não, senhor, pode soltá-lo no piquete, perto das éguas. Rita, traz o café do senhor Osvaldo.

Brutus começou a latir querendo entrar na casa após alimentar-se.

— Por favor, o senhor podia amarrar o cachorro e colocar água. Se deixo, ele só fica lá dentro com as meninas.

— Sim, senhora.

— Madalena, onde está Luiza?

— Na biblioteca, senhora Lise.

Espanando os livros, a governanta parecia anestesiada e maquinalmente realizava o trabalho. Sempre atenciosa, Lise entrou e dirigiu-lhe interrogações contínuas.

— Diz-me por que choraste, Luiza? Sabe que já não podes esconder-me nada.

— Tens o lar, os teus problemas. Para que iria eu abusar de tua bondade?

— Somos amigas e exijo uma satisfação, quero ajudar-te.

— São bobagens de uma solteirona.

Amável. Lise tomou da amiga o espanador e puxou-a para o conforto do almofadado.

— Conta-me tudo.

— Trabalha na serraria um homem chamado Norberto e ele agora vai partir para o Paraná, onde o pai deixou-lhe rendoso pedaço de terra.

Faz vinte anos que nos conhecemos e começamos a namorar. Sabe como é, D. Rosalva pegou-me pouco mais velha que Anita e tratou-me como filha, no entanto, poucos anos depois ela nos deixou e fiquei a cuidar de tudo. Norberto tapeou-me e casou-se com outra, tiveram um filho e cinco anos faz que ele ficou viúvo. Hoje o filho tem dez anos, seu nome é Fabiano. Ontem ele esteve aqui.

— Sim, eu me lembro, mas não é a primeira vez que eu o vejo!

— Tem um ano que ele me procura, propondo casamento e ontem ele veio pela última vez, pois partirá em três dias.

— Tu gostas dele?

— Sempre gostei, nunca pensei em outro homem, mas não tenho coragem para sair daqui.

— E o menino?

— Sim, já comprei vários presentes para Fabiano e também nos damos muito bem e visitei-os com a morte de Marta.

— Vá correndo para os braços de Norberto. Não sejas boba. Sentiremos tua presença irrecuperável, mas tua felicidade é mais importante, Luiza, minha amiga...

Suspirando fundo e segurando as mãos da interpelada, Lise continuou.

— Não receie e segue este homem, teu sacrifício de esperar vinte anos calada deixa-me emocionada. Teu merecimento é de completa felicidade, vá e sê feliz. Se quiseres, irei ao entardecer à casa de Norberto e tudo se esclarecerá.

— Ficarei grata. Será que realmente eu mereço?

— Mereces muito mais, Luiza. Agora subirei, talvez, o Barão precise de alguma coisa, em seguida levarei as meninas ao pomar.

— Então procurarei Norberto e serei feliz com ele.

Ouviu o Barão, por intermédio de Lise, toda a história de Luiza e começou seus comentários.

— Conheço Norberto e chamei atenção dele, quando se casou com Marta, deixando nossa Luiza abatida. Mas o tempo remediou o imprevisto e Luiza dedicou-se ao nosso lar. Agora estás a falar-me da boa nova, fico contente por Luiza, ela merece tudo de bom.

— Iremos visitar Norberto e o seu filho hoje.

— Ele vai adorar, tenho certeza. Agora precisamos presentear Luiza pelo casamento.

— Quem diria, ficarei só com Madalena! E aquela parece não casar nunca. Precisarei de outra mulher nesta casa.

Lise resolveu recolher as crianças entre as árvores do pomar. Anita e Andresa no pomar a sorrir, apressadas, pedindo frutas qual maritacas gulosas e farrentas. Atendia-lhes a mãe encantada, também deliciando-se à maneira de criança. Das peras, correram sob a enorme videira, donde cachos roxos de madura uva quase caíam. A doçura da uva, as filhas e Lise saboreando com sorrisos de marfim, línguas de vinho.

Osvaldo, o cocheiro, gritou e o chicote funcionou nos cavalos castanhos, Lise e Luiza estavam a caminho da casa de Norberto. Aureolado de intensas cores, o poente entre os pinheiros abraçava envolvente os céus do entardecer. Aves buscavam a quietude de ninhos e ramagens. Descia segura a carruagem pela colina.

Defronte à simples casa de madeira, que parecia confortável e limpa nas sombras dos pinheiros, a carruagem parou e as mulheres desceram respirando o perfume de violetas, que em pequenas jardineiras bordavam o sopé das janelas. Encantador menino foi recebê-las.

— Boa noite, estamos terminando nosso jantar.

— Esperaremos, Fabiano — disse Luiza aproximando-se.

Mas, ao ouvir aquela voz, Norberto correu a atender, trazia olhar aflito.

— Já terminei meu jantar. Queiram entrar, por favor.

Encostando o prato, o menino manteve sua acanhada aparência apenas mexendo a cabeça em sinal de cumprimento. Tudo ali era de madeira, um primor de construção tosca e agradável, que bem cuidada exalava agradável aroma.

— Vejo que o Sr. cuida bem dos afazeres da casa!

— Não é fácil cuidar de uma casa e de um menino!

— O senhor está de parabéns. Vim com Luiza, pois vocês precisam conversar. Sinto, mas não podemos demorar. Por favor, não vos acanheis, ficarei aqui em companhia de Fabiano.

Decidido, Norberto abriu a porta da sala, onde Luiza entrou e logo estavam a sós.

O filho de Norberto nada falou, Fabiano sentou-se num banquinho donde olhava a noite nascer. Lise sentia a falta de alguém naquele lar e Luiza serviria muito bem, restava saber se aqueles dois pensavam assim.

— Anima, meu menino, que Luiza é uma pessoa especial e só ela poderia cuidar deste lar. Tenho dez anos de casada e ela sempre me ajudou segura e amável, estranhei que nenhum homem a desposasse. Sabe por quê? Ela sempre foi fiel ao amor de Norberto e esperou sem esperanças durante vinte anos.

— Sei que mamãe aceitará esta união, pois dizia sempre que temia o desamparo de seu lar.

— Já entendo e ninguém poderá substituir minha mãe — afirmou o menino.

— Sei que Marta era boa mulher, onde quer que esteja abençoará o casamento. Fabiano és muito jovem e não imaginas a dificuldade de teu pai; a carência afetiva dele. Se ele procurou Luiza, é porque sentiu carência e decidiu renovar a vida no lar. Agora partireis para bem longe e novas terras encontrareis, novo lar e nova vida. Tenha confiança em teu pai, respeitando sua maneira de ser e pensar

— Farei o possível, senhora Lise.

— Fico-te agradecida. Em poucos anos serás homem feito!

A porta se abriu e Norberto apareceu sério ao lado de Luiza, que também se continha, respeitosa.

— Após longos minutos de conversa e acertos, decidimos...

Dando uma pausa para limpar a garganta. Norberto notara a expectativa principalmente nos olhos de Lise e do filho.

— Decidimos nos casar, senhora Lise!

Lise ergueu-se da cadeira e o menino correu a abraçar Norberto, que, abraçado com Luiza, sorria delirante. A mulher emocionada retribuiu-lhe igualmente e abraçou seu filho adotivo.

— Seremos muito felizes, Fabiano!

— Assim espero, dona Luiza!

— Meus parabéns, Norberto, não é todo dia que se fica noivo pela segunda vez.

— Tens toda razão, senhora Lise, obrigado pelo apoio.

— Já falaste com meu marido?

— Sim, já combinamos tudo, em três dias deixaremos nossa casinha.
— Tem alguma família para entrar?
— Que eu saiba, não.
— Providenciarei para que Rita se instale aqui.

Adormeciam os pinheiros sob o manto da noite piscante de astros, na casinha de madeira traçavam a rota de longa viagem e Lise os observava de um canto, ali sentados os três, confiantes na jornada para estabelecer novo lar.

Doía em Lise a falta de Luiza, e mais que ela Wagner e o Barão sentiam. Todos aqueles anos vivendo pela família que adotara, resignada a servir gentil e cortês, sem ter coragem para a iniciativa de abraçar seu próprio ninho amoroso. Nunca mais se veriam e só lembranças vagas ergueriam os pensamentos em dias futuros. Luiza era feliz em algum lugar, seguindo a trilha da verdadeira harmonia.

Casara-se Rita no início do outono, indo residir na confortável casinha que pertencera a Norberto. Só Madalena auxiliava Lise na grande tarefa de cuidar da casa e das crianças. Wagner sentiu a necessidade de estar mais em casa para ficar com o pai delirante.

Valério pediu leitura do Evangelho, que o deixava entregue ao silêncio de suas reservadas ponderações da vida. Sabia que não lhe restava muito tempo de vida junto dos seus. Naquela tarde ensolarada, Wagner deixou os raios solares penetrarem no recinto, findava outro inverno e a fria brisa suavemente enovelava as últimas horas do dia.

— Não te sentes bem, papai?
— Aqueles dois dedos de minha mão direita acabaram de cair, agora me resta um da direita e três da esquerda.

Com a garganta querendo chorar, Wagner não pôde reter duas lágrimas voluntariosas, queria tirar o pai daquele sofrimento. Tudo ali cheirava mal, mesmo com a intervenção de algumas ervas aromatizantes. Num imprevisto, Wagner ajoelhou-se próximo ao leito do pai oprimido, de mãos postas escondeu o rosto inequívoco e rogou fervorosa prece de confissão.

— Pai, foste durante minha vida meu melhor amigo, deste-me conforto e um lar maravilhoso, ergueste esta casa imponente em lugar de indescritível beleza. Colocaste-me ao teu lado, guiando-me como anjo guardião, sem nunca levantar uma alta voz para agredir-me, ao contrário, só mostraste paciência, compreensão. Assim conquistei a felicidade vendo-o esperar calmo e conformado em teu leito de dor. Deus há de conferir-te lugar de enlevo, pois que mal fizeste para tanto sofrer? Agradeço-te de todo coração, jamais se sacrificou tanto um pai por seu filho. Obrigado, papai.

Baixinho chorou Wagner, amparado por espíritos de luz que trabalhavam tentando retirar Valério do corpo fétido e deformado. Lise, que chegara ali nos últimos instantes do agradecimento do marido, continuou quieta, esperando a voz do Barão.

— Ah! Meu filho, se todos fossem bons assim! Nada tens que agradecer-me, pois fiz o que todo pai faz, ergui esforços para fazer meu filho feliz. És um homem decidido e forte, também és pai zeloso e tudo sonha para tuas filhas. Quando agradeceres, faça-o a Deus Nosso Pai, só ele confere dádiva aos que merecem, o sofrimento aos que precisam, para soerguer a fé de Seu amor. Também o sofrimento faz parte de nossa escalada, a evolução dos que sonham com dias jubilosos e realmente felizes. Nada é meu sofrimento se o compararmos com tantos outros desvalidos, que se mortificam sem a fé no Divino Mestre Jesus. Veja que Ele veio há mil e novecentos anos e até hoje os homens continuam destruindo-se uns aos outros, só lembrando da salvação na hora da morte. Sou feliz por ter o amor de tantos e sei que se aproximam meus últimos dias. Onde está Lise?

— Estou aqui, senhor Barão — respondeu Lise aproximando-se do leito.

— Já é noite, Lise Cristina?

— Não totalmente, as primeiras estrelas começam a piscar.

— E a lua como está?

Debruçando-se na janela, Lise denota clarão imenso, a lua emergia dos pinheirais esguios e sombrios.

— Lua cheia, senhor Barão, nasce entre os pinheiros com imensa claridade.

— Inspira-te e toma minha harpa que agora é tua. Todos estes anos preparei-te para este momento.

Tomada de força e inspiração, Lise acercou-se do valioso instrumento, enquanto Wagner se pôs de pé na cabeceira do pai. Então, embevecida pela alva luz da lua que iluminava a jovem noite, perante o silêncio da Colina, soou a Sonata ao Luar. Longe, tocada pelo manso vento frio, a melodia correu entre os velhos pinheiros, querendo seguir destino infindo. Mourejava dos azuis olhos de Lise as pérolas liquefeitas de sua tristeza. Assim ficara o Barão Valério livre de sua provação. Devido ao resignado sofrimento, talvez, fosse levado a uma orla ditosa de espíritos redimidos e realizados. Lugar onde a redenção daquele homem seria mais um símbolo da justiça divina, que no martírio do presente edifica a alma de malfeitores do passado.

Adorava Lise cavalgar em seu cavalo Apolo, que apesar dos anos não perdera a vitalidade e beleza. Tinha ela, naquela vibrante manhã de setembro, todo tempo para dedicar-se às filhas adoráveis. Na garupa, Anita firme segurava e na cabeça do arreio, Andresa queria segurar as rédeas.

— Quero um cavalo, mamãe.

— Falarei com teu pai e veremos se já é época, Andresa.

— Anita já tem o dela.

— Tua irmã é maiorzinha.

Brutus rompeu a corrente e saiu a acompanhá-las.

Rodeando o topo da colina, Lise tinha incrível visão dos arredores circundistantes, mas não podia vislumbrar nas curvas da sinuosa estrada, entre as matas de pinheiros e o campo florido de mimosas flores silvestres, a leva de ciganos que chegava em cavalos magros e fatigados como seus donos. Tinham os animais que suportar o peso de pesadas barracas de pano, roupas e utensílios, o pesado ficava para as mulas. Procuravam pouso na terra nova. Muitas carroças abarrotadas de utensílios.

Castigava o sol aqueles corpos subnutridos. Com rosto fechado, barba mal feita e grosso bigode, trazia, o mais forte daqueles homens, carga preciosa que logo atrás vinha em último lugar. A cigana companheira, de um moreno abrasador, tinha longos cabelos negros a cair-lhe nas costas e, no fitar o topo da colina, estafou. Seus olhos de grandes órbitas e pupilas também negras ofuscavam a luz do sol de meio-dia, parecia hipnotizada qual o sedento que vê no deserto uma miragem.

Vendo a jovem mulher parada, resolveu Marcelo acudi-la, enquanto a caravana continuava destemida.

— Lorena, adianta-te.

— Não posso mais, Marcelo, preciso descansar.

— Que olhas tanto?

— Aquela bela casa no topo da colina, gostaria de subir até lá e procurar emprego.

— Faze-o, então, parece que na grande serraria logo à frente tem muito trabalho e eu preciso conversar por todos.

— Subirei até lá, se eu não voltar até o entardecer, é porque consegui trabalho. Amanhã ou depois vou procurá-lo na serraria.

— Boa sorte — disse o homem osculando as faces de Lorena e saindo a galope.

Como o cavalo perdera as forças, Lorena resolveu descer e puxá-lo pelas rédeas, a subida era longa e exaustiva. A mulher chegou a tropeçar, arranhando os joelhos no cascalho, deixando gotas de sangue correr nas pernas. Afinal, o topo da colina e as vistas pareciam turvas e apenas via o vulto daquela mulher com duas crianças num grande cavalo branco. Antes que Lise pudesse socorrer a cigana, esta desmaiou pelo tremendo esforço e fraqueza.

Na serraria, Wagner terminava de comer numa marmita, pois precisava passar todo o dia ali, quando ouviram o trote de cavalos. Juntamente aos empregados, Wagner ergueu-se curioso, constatando que eram ciganos. A renomada fama daqueles homens perdidos nos caminhos da vida não intimidara Wagner e ele resolveu por bem atendê-los na representação de Marcelo.

— Em que posso servi-los? Meu nome é Wagner.

— Sou Marcelo e falo por nós — disse o homem apeando do cavalo e continuando. Já andamos por todo este São Paulo e precisamos de emprego.

— De fato, estou a precisar de braços fortes, mas não poderei ocupar todos. Preciso de cinco homens, mais na frente há um concorrente que precisa de mais.

— Estamos cansados e há crianças e mulheres entre nós.

— Desçam todos, temos água, frutas e leite com fartura. Descansa e depois podem prosseguir.

— Aqui, ficaremos eu e mais quatro, dos quais dois são casados.

— Não tem problema, Marcelo.

Apearam todos de seus animais e os empregados de Wagner trouxeram água, frutas e leite que matariam a fome daqueles miseráveis.

Wagner chamou Marcelo em um lugar reservado.

— Acho que só tu podes comandar estes homens, o salário aqui é melhor que no outro, mas não tenho serviço para todos. Exijo respeito e disciplina.

— Pode deixar comigo, senhor!

— Entendes de madeira?

— Meu pai trabalhava em carpintaria, aliás, sabia vários ofícios.

— Isto é bom. Marcelo, agora vá e descansa, começaremos amanhã. Há uma clareira perto daqui onde poderão armar vossas barracas e aguardar.

— A casa da colina é do senhor?

— Sim, a casa é minha. Por quê?

— Por nada. A casa parece bonita!

Parte dos ciganos teria que continuar a viagem, mas estavam agradecidos pela hospitalidade de Wagner. Tomando sua caneca de leite, Marcelo olhava a cobiçar a bela casa da colina.

Em confortável leito, Lorena acordava de sonhos forçados, gemia ébria e fraca. Lise, as filhas e Madalena estavam a esperar pacientes e curiosas.

— Ela está viva, mamãe?

— É claro que sim, Anita! Apenas desmaiou e agora recobra os sentidos.

— Bonita, mamãe!

— Sim. Andresa, ela é bonita. Madalena, traz o lanche que preparamos.

— Sinto dor na cabeça.

— Foi o sol. Vens de longe?

— Sim, senhora, de muito longe.

— Meu nome é Lise e estas são minhas filhas, Anita e Andresa.

— Obrigada a todas, meu nome é Lorena.

— És uma cigana?

— Sou cigana, Anita.

— Mamãe, posso chamar o Brutus? Ele vai gostar de conhecer Lorena.

— Nada disso mocinha.

Lorena indagou com o olhar, tristonha.

— Brutus é o cachorro delas — explicou Lise.

— Desculpa-me o trabalho. Estou à procura de emprego e os outros seguiram para a serraria.

— A serraria é de meu marido, eles serão bem recebidos.

— Aqui está o lanche — era a voz alegre de Madalena com uma bandeja.

— Madalena, esta é Lorena!

— Como vai, Lorena?

— Faminta e cansada.

— Senta-te então — pediu Lise. Agora tu irás matar a fome.

Lorena em silêncio limpou a bandeja, que trazia leite, banana, pão de ló, queijo, bolachinhas e mel. A cigana, lívida e graciosa, com novo brilho no olhar e lábios rubros, sorriu aliviada, recebendo igual sorriso de Lise, suas filhas e Madalena.

— Nem sei como agradecer, senhora Lise.

— Dorme e descansa, amanhã pode começar a ajudar-nos na faxina da casa.

— De verdade! — Exclamou Lorena.

— Pura verdade. Vinde, meninas, traz a bandeja, Madalena.

Deixada sozinha, Lorena olhou rapidamente o gracioso quarto e cansada adormeceu feliz da vida, muito agradecida.

À tardinha, Lise acordou Lorena para dar-lhe vestido novo e preparar-lhe banho relaxante. Logo a cigana, limpa e cheirosa, penteava os cabelos anelados e sedosos, negros, muito negros.

— Sou uma nova mulher, senhora Lise, obrigada por tudo. Sinto-me descansada e disposta, posso começar a trabalhar.

— Não acha melhor aguardar até amanhã?

— Como queira. Já posso ir para o meu quarto?

— Este é o teu quarto, Lorena!

— Não mereço tanto, estou acostumada a deitar-me no chão entre folhas secas, olhando as estrelas no céu, próxima de uma fogueira pequenina.

— Em minha casa, este quartinho lhe pertencerá, ao lado está o quarto de Madalena. Este aqui pertencia a uma mulher maravilhosa, nossa inesquecível governanta Luiza.

— Que aconteceu a ela?

— Casou-se e mudou-se para bem longe. Quer sair do quarto? Vou mostrar-lhe a casa. Logo meu marido Wagner chega do trabalho.

— Gostaria de conhecer a casa.

Na cozinha, Madalena preparava o jantar e na sala as meninas brincavam no tapete com bonecas de pano. Lorena estava boquiaberta, maravilhada com tanto luxo.

— Parece um palácio, senhora Lise!

— Não exagere, Lorena, apenas uma grande casa!

Anita e Andresa aproximaram-se.

— Oi, meninas, como estão?

— Estamos cuidando de nossas filhinhas — respondeu Anita.

— Ela está bonita, mamãe! — Observou Andresa.

— Dei um jeitinho nela. Vem, Lorena, mostrar-te-ei o andar de cima.

Estupefata, Lorena observava os móveis, tapetes, lustres, estatuetas, quadros e realmente se sentira num sonho encantador.

Quando Wagner chegou, ouviu nova voz na sala. Era Lorena que tinha as crianças ao seu lado, contava histórias e aventuras, enquanto Lise, admirada, dirigiu-se para o marido, falando baixinho para não perturbar.

— Esta é Lorena, chegou pelo meio-dia e desmaiou faminta, cuidamos dela, dei-lhe roupa e banho. Resolvi empregá-la e as meninas gostam dela.

— Empreguei cinco homens de um grupo de ciganos e parecem bons.

— Ela veio com eles e resolveu tentar trabalho aqui, parece educada e disposta.

— Estes ciganos me surpreendem!

Lise puxou o marido e Lorena levantou-se como sinal de respeito.

— Lorena, este é Wagner, meu marido.

— Muito prazer, senhor!

— Vejo que as meninas gostam de ti.

— Tenho facilidade em lidar com crianças.

Lorena deslumbrou-se com a fisionomia daquele homem, que em muito diferenciava de Marcelo, por ser nobre, educado e belo.

— Empreguei cinco de teus amigos, dois são casados e um me parece decidido, o nome dele é Marcelo.

— Preciso visitá-los amanhã ou depois.

— O jantar está pronto — falou Madalena chegando perto. E, olhando a nova criada, continuou — Vem para a cozinha, Lorena.

— Com licença, pediu a cigana.

Magnetizado pelo olhar de Lorena, Wagner considerou.

— Realmente estes ciganos me espantam.

— Lorena é muito bonita! — Afirmou Lise.

— Mas não se compara a ti, Lise.

Enlaçando a esposa pela cintura, seguiram para a mesa, onde se sentaram rápidos, já que exalava o delicioso cheiro da variada refeição.

Os ciganos estavam estabelecidos na nova terra. Wagner admirava-se olhando os ciganos, principalmente Marcelo, trabalhando com as toras de madeira, como se aquela fosse a profissão deles. Nenhum outro derrubava um pinheiro tão rápido quanto Marcelo e o esforço não lhe doía nada.

A disposição de Lorena na limpeza da casa deixava Lise espantada, juntamente à cigana deixaram a casa brilhando, enquanto no jardim as meninas brincavam com Brutus. Terminavam, naquele momento, de limpar o mármore da escadaria.

— Ficou ótimo, Lorena!

— Será que eu posso descer hoje e rever meus amigos, senhora Lise?

— É claro que sim! Pode levar um dos bolos que preparamos esta manhã.

— Obrigada, senhora Lise.

Montando em seu cavalo, Lorena desceu a colina rumo à serraria, onde terminavam o trabalho. Em direção oposta, Wagner surgiu bem na frente, cansado pelo dia de trabalho. Refrescante se fez a tarde, a estrada recebia fachos solares que desenhavam sombras no chão batido. Acometida de ideias, Lorena, que cavalgava à beira da estrada, em cuja margem o capim crescia em moitas, deslizou com facilidade dando a impressão de cair. A galope, Wagner foi em encontro da cigana, ajudando-a a levantar-se. Deixando-se abraçar por seu senhor, Lorena fingira algo irreal.

— Que distração a minha! Desculpa-me senhor.

— Levei um grande susto, mas vejo que agora estás melhor.

Embevecida naquela voz, sentindo o amparo daqueles braços fortes, Lorena deixou seus olhos negros penetrar fundo nos olhos de Wagner, que, entre surpreso e fascinado, resolveu levantar-se limpando as calças.

— Podes continuar?

— Sim, eu posso. Visitarei meus amigos.

Continuou a cigana, levando minucioso sorriso nas feições sensuais. Wagner, levemente tocado pelo fulgor daquela jovem e enigmática mulher, desviou os pensamentos e prosseguiu.

Marcelo comia o bolo olhando sem piscar a imponente colina. Findava a claridade do dia no horizonte abrasador, que aureolava as copas dos pinheiros. Lorena aproximou-se e também fitou a colina e sua casa.

— Gostaste do bolo? Eu mesma fiz.

— Olhando esta colina tudo é bom. Quanta riqueza, que boa vida!

— Eles são pessoas hospitaleiras e boas.

— Quanto recurso, dinheiro e joias!

— A senhora Lise nem usa joias, é muito simples e não gosta de festas. Madalena me disse que eles nunca festejaram após o casamento.

Voltando-se para Lorena, Marcelo segurou seus delicados braços.

— Sabes onde ela guarda as joias?

— Sei, é claro! Marcelo, por que estás fazendo estas perguntas? Por favor, não comece a inventar novas tramas, quase não escapamos da última vez.

— Tens razão, fiquei alucinado só de pensar em ouro. Como eu gostaria de dar-lhe uma casa, onde pudéssemos criar nossos filhos!

— Nem pense em tal, Marcelo!

— Como assim? Eu te amo, Lorena!

— Marcelo, só porque falas isto, não sou obrigada a sentir o mesmo.

Apertando-a num forte abraço, temendo não ser amado, Marcelo continuou.

— Temos tempo e sei que, cedo ou tarde, tu vencerás este teu preconceito.

— Cansei de vagar por estradas, toda suja e fedendo, humilhando-me a pedir sobras de comida e dormindo na insegurança do relento — falando decisiva, Lorena empurrou o companheiro e olhou novamente a colina.

Queria a noite descer naquele momento, as primeiras estrelas cintilaram tímidas.

— Nestas noites que passei lá em cima, dormindo perfumada, não cansei de olhar minhas novas roupas, o colchão macio e, no amanhecer, frutas e boa alimentação.

— Tem coragem e retira deles as joias que dormem sem função, estas poderão comprar uma nova vida para nós.

— Roubar! Está me pedindo para roubar? Jamais, Marcelo, não te amo e mesmo que assim fosse não o faria.

— O bolo estava ótimo!

— Já é tarde, preciso ir.

Marcelo ajudou a cigana a montar.

— Pensa bem, Lorena, ou pretendes servir de empregada durante toda tua vida?

— Eu decidirei o que melhor convém para animar minha vida.

Deixando Marcelo desorientado e pensativo, Lorena se foi nos prenúncios da noite, tentando dar curso ao seu tormento, teria que escolher a maneira de ter dias melhores. A ambição germinava naquele inconstante corpo de mulher sofrida, instrumento da causalidade nas mãos da pobreza.

Passaram-se alguns meses, chegaram as chuvas de verão. Ouvindo o gotejar do telhado, Lise lia histórias para as filhas que facilmente entendiam as divagações, mas ao mesmo tempo Lise namorava a harpa encostada, lembrando-se do Barão Valério. Após tantos anos de cuidados, ouvindo o conformado homem e descobrindo a importância da música no alto domínio, Lise amadurecera e, como mãe, aprendia os ofícios da educação e da paciência. Sentia-se ainda feliz com o lar abençoado e parecia ouvir vozes de um passado não distante.

"Assim é que quero ver-te. Só de pensar em teu lar, tu vibras e quer erguer voo rumo ao conforto dele".

Cada dia mais habituada à nova vida, envolta de carinho, Lorena não apresentava a rudeza de sua condição, servira-lhe Lise de professora e boas maneiras registrava com facilidade. A verdade é que Lorena sentia-se um pouco dona daquela casa, pensando até em continuar ali. Mas o imprevisto de Marcelo, que não partira com os outros ciganos, preocupava-a sobremaneira. Sabia das ideias fixas dele e precisava imaginar algo para fazê-lo partir. Debruçada na janela de seu quarto, que a vista do pomar trazia, entregou-se a moça em sérias divagações.

Copiosa e fria, a chuva sorvia as necessidades da terra, revigorando folhagens, revitalizando o ânimo que o calor levara, vertiginosa a fazer sonhar. Lise deixou as filhas vislumbrando outras colinas entre pinheiros, parecendo chamar docemente o seu amor e o afago sempre bom daquelas mãos vibrantes de vida.

09
AMOR E PAIXÃO

A intensa luz que o novo dia trouxera enchia de encantos o topo da colina, feita em constante alvorecer. Essências que Lise sentia melhor, colhendo flores para jarras enfeitar. Os gritinhos de Anita e Andresa soavam atenuantes a encher-lhe de forças a alma por demais jubilosa. Brutus fazia a festa correndo e rolando na verde grama. Surgiu Lorena sempre sorridente e Lise retribuiu-lhe o sorriso.

— Precisas de ajuda, senhora?

— Por favor, Lorena, segura estas palmas.

— São realmente lindas, de um vermelho nunca visto por meus olhos!

— Gostas da colina?

— Eu adoro tudo, senhora Lise.

— Será que tenho a sorte de encontrar uma nova Luiza?

— Nunca se sabe.

— Marcelo também gosta? — Indagou Lise cortando algumas rosas salmon.

— Acho que sim.

— Wagner contou-me que só ele ficou e gostou por ser Marcelo o melhor de todos, mas me parece que Marcelo está esperando por ti.

— Tudo entre nós terminou, senhora.

— E ele não perde as esperanças.

Interrogada, a bela criada sentia-se vigiada, mas não teria forças para deixar a colina. Marcelo precisava partir e tudo faria para que ele partisse.

Resolveu, então, visitá-lo após longo mês de isolamento no lar que a amparava. Voltou a ser interpelada por Lise.

— Podemos ir, Lorena?

— Sim, senhora.

Logo estavam a preparar as jarras.

— Preciso do favor da senhora.

— Diz, Lorena, sabes que gosto de atender-te.

— Preciso visitar Marcelo e gostaria de ir daqui a pouco. Pode ser?

— Vá e visita teu amigo, mas não te esqueças do almoço que não demora.

Escorria o suor no peito de Marcelo, que hábil manipulava a serra, a fina serragem caía em montes amarelados. Entregue ao trabalho, pensava na partida, não suportava ficar tanto tempo no mesmo lugar. Erguendo a visão exausta, recobrou novas forças ao ver que Lorena chegava a cavalo. Apressado, desceu a cigana da montaria, feliz com sua visita. No entanto, Lorena parecia fria e indiferente.

— Preciso falar-te, Marcelo, e não posso demorar-me.

Entristecido com aquele tom irreconhecível de quem era-lhe carinhosa, Marcelo caminhou para um lugar ameno nas sombras dos pinheiros.

— Demoraste a visitar-me, Lorena, estás a judiar de minha pessoa.

— Não me venha novamente com declarações.

— Tua frieza me assusta, este lugar transformou-te de vez. Vamos continuar juntos nosso caminho, poderemos nos casar.

— Jamais me casaria contigo, Marcelo. Que conforto poderia dar-me?

— És a única mulher de minha vida.

— Vim aqui para pedir-lhe que me deixe e vá embora, ainda há tempo de encontrar teus amigos. Estou disposta a cooperar no possível para que tu partas da colina, onde resolvi residir para sempre. Sou dona do meu nariz agora.

Despertou em Marcelo a gota ardente do ciúme.

— Existe outro, confessa — quase gritou Marcelo aproximando-se de Lorena.

— Mesmo que existisse, nada tens a ver com minha vida, dela faço o que bem quero.

— Se é assim, tenho duas condições para deixar-te.

— Estou ouvindo, fala depressa, por favor.

— Primeiro, gostaria de passar uma noite contigo, e segundo, ter em meu poder algumas joias da senhora Lise.

— Bárbaro, bem se vê o sangue que corre em tuas veias.

— Que me diz, Lorena!

— Vou pensar e logo que puder trarei a resposta. Preciso ir.

Malicioso, Marcelo parou para ver Lorena cavalgar de retorno ao topo da colina, mas aquela voz sonora e grossa tirou-lhe o sentido. Era Wagner que chegava das matas em seu cavalo negro azeviche.

— Estive olhando onde devemos cortar novas árvores e verifiquei que ainda temos boas toras, gostaria de ver-te auxiliando os homens na nova operação.

— Deixa comigo, senhor Wagner.

— Vou almoçar, até mais.

— Até mais, senhor.

— Quem vai lá?

— É Lorena, ela veio visitar-me.

Tratou Wagner de apressar-se, Lorena deixou-se apanhar e cavalgaram juntos.

— Belo dia, não, Lorena!

— Após aqueles dias de chuva, nada melhor para animar o corpo e a alma no sol.

— Será que o almoço está pronto?

— Penso que sim. Dona Lise pediu que não demorasse.

Começaram a subir a colina.

— Se tu não estivesses aqui, subiria a colina num galope.

— Pode ir que eu te acompanho, senhor.

— Quero ver se as ciganas são boas amazonas como dizem.

Saiu Wagner no galope morro acima e Lorena o seguiu com tremendo esforço, seu cavalo não podia se comparar ao de Wagner e muito menos sua habilidade. Sem saber de onde tirara tanta força, Lorena conseguiu o grande feito. Admirado, Wagner sorriu-lhe e, vendo Lise e as filhas chegarem na varanda, resolveu pular o tronco onde amarravam os cavalos.

Graciosamente, homem e cavalo demonstraram ótimo preparo de equitação, recebendo os entusiastas sorrisos da esposa e das filhas. Mas, para a surpresa de todos, Lorena também saltou com esforço sobrenatural, no entanto, desequilibrou-se a audaciosa mulher, caindo no capim que cobria o chão. Wagner correu a socorrê-la e Lise caminhou apressada, seguida das meninas e do cachorro. Lorena tinha pequenos arranhões e o pé sofrera uma torção.

— Que susto me passaste, Lorena!

— Acho que torci o pé.

E acariciando o lugar ferido, Wagner certificou-se imediatamente:

— Torceu sim. Vou puxá-lo, tem coragem.

Lorena soltou um gritinho e começou a andar.

— Estás bem, Lorena?

— Sim, senhora. Pena que estou fora de forma.

— Ela apenas torceu o pé, querida!

— Vamos, crianças. Andemos, vou preparar uma compressa.

— Vem, Brutus — gritou Andresa.

Encostando a cabeça naqueles ombros, Lorena sentia-se confortada e aliviada.

— Dói muito, Lorena?

— Um pouquinho só, senhor.

Deixada na cama, a criada considerou.

— Não vos preocupeis, eu me cuido, vós precisais almoçar. Desculpai-me pelo transtorno.

— Tem certeza de que pode cuidar-te?

— Tenho, dona Lise.

— Da próxima vez, não faça tudo que invento.

— Fica tranquilo, senhor Wagner.

Deixada, Lorena deitou-se e pensativa relembrou das condições de Marcelo. Daí a minutos, Madalena chegou com a bandeja do almoço.

— Dona Lise pediu que trouxesse teu almoço.

— É muito bondade tua, Madalena!

— Mas que foi engraçado foi, as meninas ficaram bobas de ver-te imitar o pai.

— Não me arrependi, foi bom!

No decorrer da semana que Lorena levou para se recuperar, as visitas das meninas eram constantes, Lise sempre vinha acompanhada do marido. Levantara-se finalmente naquela manhã radiosa, abrindo a janela do quarto e contemplando o pomar, sentiu-se renovar com a brisa vespertina a encher de aromas os haustos da respiração. Indo à cozinha, onde Madalena coava café, encontrou a mesa vazia e começou a prepará-la.

— Pensei que não foste mais sarar, Lorena!

— Estou nova em folha, deixa-me preparar a mesa do café.

As meninas já espreguiçavam, mas, ouvindo os passos da mãe, resolveram fingir que dormiam. Lise entrou como de costume e abriu as janelas. Entre as colchas, Anita e Andresa fizeram caretas, pois a claridade incomodava.

— Vamos, acordai, suas dorminhocas, o dia está radiante e podeis brincar.

Elas nem se mexiam.

— Se dentro de cinco minutos não estiverem prontas, o lanche da manhã será do Brutus.

Imediatamente pularam das camas para os braços de Lise.

— Eu as colocarei na escola de teatro.

— Eu não entro nessa escola.

— Por que, Andresa?

— Não quero ficar olhando muita gente.

— E a escola de verdade, mamãe?

— Vou conversar com seu pai, Anita.

— Bom dia, bom dia! Como estão minhas princesinhas adoráveis?

Wagner recebeu os beijos das filhas.

— Vamos descer, Lise?

— Meninas, não demoreis a trocar a roupa.

Abraçadinhos, desceram a escadaria de mármore, chegando à cozinha, donde exalava o cheirinho de café e quitandas. Lorena terminava de arrumar a mesa.

— Que bom, Lorena! Estava pensando em levantar-te com uma caneca d'água.

— Ainda bem que meu pé melhorou, senhora Lise.

— Teu cavalo está engordando com tanto descanso, Lorena.

— Hoje eu sairei nele, senhor Wagner.

— Fiz a rosquinha de queijo!

— Madalena, tu mereces um aumento.

— De fato, estou precisando.

Anita e Andresa chegaram correndo, o cachorro crescido e forte começou a latir, reconhecendo as vozes de suas donas.

— Que cachorro esperto, reconheceu o som das meninas e faz tudo para se livrar das correntes!

— O faro dele, papai!

— Anita precisa de escola, já está a praticar novas lições, Wagner.

— No início, o cocheiro poderá levá-la à cidade, para o ano, Lise querida.

Da porta, donde Lorena avistava os detalhes da paisagem, entregou-se ela a divagações silenciosas. Admirava o lar de Lise, o amor dela à família, invejava tanta felicidade e harmonia, já que seu íntimo carente só falava de solidão. Sabia que Marcelo esperava-a e poderia casar-se com ele, rompendo nos caminhos inseguros. Mas ela não amava Marcelo e cansou-se dos perigos das estradas. Tudo naquela casa detinha-lhe, sentia-se querida e estimada. Mas sem dúvida precisava livrar-se de Marcelo para ter a tranquilidade esperada. O futuro poderia reservar-lhe algo melhor e teria que esperar.

No esplendor da noite salpicada de incontáveis estrelas, Wagner resolveu caminhar sozinho, pensando em alguns problemas financeiros. Lorena, que se sentara no sopé da porta da cozinha olhando o teto fulguroso da terra, notando a ausência de Lise, seguiu na mesma direção. Entre os pinheiros, numa pequena clareira onde uma grande pedra servia de assento, Wagner encostou-se entregue ao instante da meditação. Sorrateira, Lorena aproximou-se, indo mais à frente como não notasse a presença de Wagner.

— Bela noite, não, Lorena!

— Assustou-me, senhor!

— Resolvi meditar um pouco e não há lugar melhor na colina. Daqui, pode-se ver melhor a noite e contemplar o movimento, sentindo o perfume dos pinheiros.

Wagner foi estar ao lado da jovem, que, olhando-o expressiva, logo desviou o olhar para a lua.

— Sinto-me solitária como a lua vagando no espaço.

— Talvez, Marcelo esteja a namorar a lua pensando em ti.

— Esperará a vida toda.

— Não gostas dele?

— Eu gosto, mas amor é diferente.

— Muito diferente, confesso por experiência própria. O amor é uma ave rara, fruto não bichado, uma joia preciosa...

— Motivo de solidão no meu caso. Não pode a lua alcançar o sol, eis o amor impossível.

— Vejo que amas alguém, a antiga e velha história do início dos tempos. Saiba que o sol atinge a lua dando-lhe luz. E ela não corresponde muitas vezes.

— Meu caso é diferente, minha felicidade proporciona a infelicidade de muitos.

Aquela revelação deixava Wagner aflito, pois quem seria o amor de Lorena se ela estava em sua casa desde a sua chegada? Decerto deveria ser uma antiga aventura.

— Neste caso, é melhor esquecer, não vale a pena ser motivo de agravos.

Quebrando os sussurros da brisa, a harpa de Lise trouxe a inesquecível melodia, que corria nos ares pela primeira vez depois da partida do Barão Valério.

Contagiada pela Sonata ao Luar, Lorena, com os olhos rasos d'água, encontrou o olhar de Wagner.

— Jamais ouvi algo tão belo.

— Vem da harpa que pertenceu ao meu pai e agora Lise interpreta melhor do que ele. Depois da morte do Barão, é a primeira vez que ela toca o belo instrumento. Deve estar contagiada pela lua, naufragada no véu das lembranças. Sonata ao Luar!

— Deve precisar de tua companhia.

— Engana-te, Lorena, estes momentos são individuais, como é este, de meditação.

Notando as lágrimas nas faces morenas, Wagner passou lenço fino a enxugar.

— Sê forte e anima-te, a vida é promissora. Não vale a pena sofrer por quem ignora o amor. Cultiva novas flores em teu coração.

Lorena não era capaz de declarar-se e, sentindo vergonha de si por pensar em trair a confiança de Lise, saiu a correr chorosa, deixando Wagner espantado. A melodia trazia os encantos da noite, que sempre escondia algo misterioso nos vultos da colina. O homem e senhor daquela gleba abençoada resolveu voltar ao seio da família, pensando na dedicada e voluntariosa cigana. Logo que o casal se retirou para seus aposentos, um vulto rompeu o terreiro, latiu o cachorro ao perceber o estranho. No leito, Lorena acalmara-se olhando a frouxa luz do lampião, ouviu então o canto de um gaturamo agourento e assustou-se, era Marcelo, só ele imitava o pássaro. Encostou o rosto na janela e perguntou baixinho:

— És tu, Marcelo?

— Sou eu, Lorena, abre por favor.

Imediatamente, a mulher abriu a janela, deixando o amante entrar. Falava bem baixo.

— Cansei-me de esperar-te, quero uma resposta.

— Só hoje levantei-me. Não lhe contaram que eu estava de cama?

— Wagner me falou. Que tens a dizer-me?

— Se tu deixares a colina, farei tudo que pediu.

— Assim é que eu gosto, querida.

Deixou-se Lorena abraçar e beijou ardentemente seu antigo amor, eram as despedidas e Marcelo merecia o último gosto das recordações.

— Se tu correspondesses ao meu amor!

— Hoje serei tua e amanhã...

— Cala-te, por favor, e deixa-me pensar que é para sempre.

Desfrutando assim os derradeiros momentos, Marcelo e Lorena entregaram-se como antes, reafirmando a paixão do amor reprimido.

No andar de cima, Lise e Wagner exemplificavam o atenuante e incomparável amor, suas juras e carinhos, sim, eram verdadeiros. Os anos não desfizeram os momentos de enlevo e jubiloso bem-estar de se encontrarem com os reflexos de espelhos. Precípite raio de luar pareceu abençoá-

-los, clareando o quarto onde o luxuriante perfume que exalava do jardim embevecia os ares refrescantes da noite.

— Jamais te deixarei, Lise, tudo que sou devo a ti. Meus anseios concentram-se em teu âmago, minha fé mora em teus olhos. Cada novo dia a teu lado promete infinita felicidade e ternura plena nos menores atos.

— Wagner, meu amor, parecemos dois jovens na noite de núpcias. Sinto explodir em mim a melodia que novamente executei, a mesma de nossas núpcias e nosso amor resiste impune, tal qual a rija rocha que aceita o abraço contínuo das ondas do mar. Amo-te e idolatro nosso amor. Por ti seria capaz de correr o mundo a gritar meus sentimentos.

A lua dos apaixonados lentamente parecia mover-se entre as copas sombrias dos pinheirais, que encobriam parte dela e sua luz dourada.

Na madrugada do dia seguinte, Lorena saiu da casa carregando joias valiosas, as quais Lise esquecera e deixara expostas no quarto. O alvorecer não tardaria e teria ela de voltar logo. Refrescante brisa beijava o rosto moreno, aliviava aquela alma injuriada pelas casualidades, entre o amor e a paixão. Vivia a indagar sua condição submissa, quando tinha vontade de realizações maiores. Pela primeira vez, reparava na grandiosa obra divina de que Lise falava, sentiu imenso arrependimento, mas como combater o instinto habitado dentro de si, capaz de fomentar desajustes e sonhar com o impossível? Ficaria livre de Marcelo e voltaria a viver tranquila no alto da colina, onde era querida e estava sempre a servir o homem amado.

Divisou logo a serraria e, mais adiante, Marcelo deveria estar adormecido.

Da pequena fogueira, as últimas brasas exalavam branca fumaça. Descendo do cavalo, Lorena aproximou-se da tenda e lá encontrou Marcelo dormindo, olhou-o fixamente, lembrando-se dos anos que passaram juntos — ele fora bom companheiro, apesar da rudeza dos seus gestos. Sentia por deixá-lo partir sem destino, mas aquela paixão aflita amargurava-a profundamente. Marcelo espreguiçou-se e despertou surpreso.

— Lorena, que bom, tu vieste!

— Prepara-te, homem, o dia não demora a raiar e eu trouxe tuas joias.

— Mostra-me, Lorena.

E, tirando de pequeno embornal de pano, Lorena ergueu colar de pérolas e pulseiras de brilhantes, que fizeram brilhar de cobiça os olhos de Marcelo.

— Podei traze-las aqui.

Jogando as joias sobre Marcelo, a cigana pediu.

— Não há tempo, parte agora, Marcelo.

— São maravilhosas, conseguirei bom preço.

— Vamos preparar as bagagens.

Despertava o dia nos braços dos primeiros dias de verão, no entanto, o tempo mudava e no firmamento pesadas nuvens figuravam cor de chumbo.

— Esta mula aguenta cargas pesadas, está pronta, Marcelo.

— Pegaremos chuva pelo caminho, Lorena.

— Não me venha com brincadeiras!

Ajeitando o rifle na cela, Marcelo aproximou-se súplice e beijou as mãos da amada.

— Pensa nos novos dias futuros, só eu poderei fazer-te feliz, Lorena. Cedo ou tarde eles descobrirão que tu roubaste e toda confiança cairá por terra, verão em ti ingratidão e teria que partir sem ninguém.

— Não me intimidarás, Marcelo, chegou a hora do adeus definitivo.

— Jamais deixarei tua companhia — disse bruscamente Marcelo segurando a cigana com as mãos atadas às costas.

— Imploro-te deixar-me aqui, não lhe darei a felicidade; nossa vida será constante martírio.

— Cala-te, Lorena. Acha que sou bobo de deixar-te aqui e partir sozinho? Cansei de tuas vontades, quem manda sou eu.

Furiosa, a cigana queria gritar, mas não continuou, Marcelo tapou-lhe a boca.

— Se gritar, amarrarei uma corda em tua boca e será muito pior.

— Tenho vontade de varar-te com um punhal, seu tratante imundo, tenho fé que a justiça não faltará.

— Besteiras, só bobas palavras! Na hora da raiva é assim, na hora do amor muda.

— Porco sujo, homem sem honra e sem palavra. Não quero partir, tem dó de mim.

— Ao mesmo tempo que parece matar-me, pede clemência. Eu te amo demais, Lorena, e este teu gênio arrogante, vamos embora.

Quando Marcelo estava a levantar Lorena para a garupa do cavalo, uma voz quebrou o suplício da cigana. Ali se encontrava Wagner, que, descendo do cavalo, dirigiu-se aos ciganos sem saber do roubo.

— Amigos, não partam, Lise está assustada com tanta pressa. Madalena viu-te, Lorena, e correu a nos avisar.

— Vê, senhor Wagner, estou sendo forçada, por favor, não quero partir.

— Deixa-a, Marcelo, Lorena faz falta. Peço-te que a livre desta humilhação.

— Esta mulher me pertence e tu não me impedirás de levá-la.

Angustiada e temerosa, Lise descia a colina em seu belíssimo cavalo branco. Resolveu então passar na casa de Rita. O marido de Rita e ela apresentaram-se prestimosos.

— Que deseja, senhora Lise?

— Roberto, preciso de ti. Temo que Marcelo leve Lorena, pois ontem ela me disse que ele partiria, saiu pela madrugada e não voltou. Wagner foi à frente. Reúna alguns homens, meu marido é de paz e não carrega armas. Seguirei na frente. Rita, para quando chega o bebê?

— Daqui um mês, senhora Lise Cristina.

Lá se foi Lise entre os pinheiros, graciosa a cavalgar, temerosa pela tempestade que se aproximava quase trazendo a noite pelas sombras das nuvens turvas que começavam a esconder o sol.

Wagner tentava livrar Lorena da forçada partida. O semblante de Lorena implorava recursos e o homem bom tentava convencer Marcelo.

— Sê prudente, Marcelo, não podes obrigar Lorena a reverenciá-lo, amor e paixão são duas coisas diversas.

— Chega de cretinas propostas. Sei lá se virão homens logo atrás!

— Dou minha palavra de honra.

Reboadas ao longe traziam o frescor do vento que açoitou as cabeleiras, Lorena quase chorava.

— Não posso deixar-te partir, Marcelo, repara no estado desta mulher.

— Ela está acostumada. Chega de decisões. Aqui quem decide sou eu.

Retirando o rifle da sela, Marcelo apontou-o para Wagner.

— Monte e suma daqui. Vem tempestade e precisamos partir.

— Senhor Wagner, eu não mereço teu sacrifício.

— Que direi à Lise? É blefe, Marcelo, depois do que fiz por ti, não serás capaz de atirar.

— Aproxima-te e verás!

— Adeus, Wagner, foi bom conhecer-te, mas todos nós partimos um dia.

Lágrimas pendiam ardentes, antes que as primeiras gotas de chuva arrebentassem no chão.

— Deixa disso, mulher.

— Odeio-te, Marcelo.

Corajosamente, Wagner deu um passo.

— Não te atrevas, por Lorena sou capaz de tudo, senhor Wagner.

— Dá-me esta arma, Marcelo, sou teu amigo, vamos conversar.

— Imbecil, eu vou atirar.

Armou o gatilho e o coração de Lorena disparou. Impulsiva força fê-la caminhar ao que Wagner também caminhava. Precípite e inesperadamente, Lorena colocou-se à frente e foi friamente alvejada pela rajada de fogo, que fez Lise galopar. Das costas da cigana, o sangue escorria caindo nas mãos amordaçadas. Wagner tinha a cigana em seus braços e olhou o negrume daqueles olhos voluntariosos, que perdiam o brilho.

Marcelo estacou entre colérico e arrependido. Num último suspiro, Lorena confessou baixinho.

— Eu te amo, Wagner. Fuja e seja feliz com Lise.

Como as nuvens sombrias, a sombra da morte levou o corpo de Lorena. Deixando-a no chão, Wagner sentia a revolta invadir-lhe as fibras recônditas do sofrimento, e continuou a caminhar.

— Por tua culpa, ela morreu, Marcelo.

— Afasta-te, toda culpa é tua. Não tinha nada que aparecer aqui.

Ouviram o trotar de um cavalo, Lise chegava aflita por ver aquele corpo no chão.

— Disseste que não viriam outros homens.

— Dá-me esta arma, Marcelo.

Começaram então a brigar, Wagner tentando tirar a arma e Marcelo esforçando-se para impedi-lo. Lise começou a gritar, desceu do cavalo a chorar convulsivamente, vendo o corpo e sangue de Lorena:

— Pelo amor de Deus, parai com esta briga!

Mas a fatalidade atroz fez soar novo tiro. Horrorizada, Lise viu Wagner tombar, como tomba o ereto pinheiro, dele só recebeu triste olhar, novamente o solo manchou-se de sangue.

Lise gritou e ajoelhou-se súplice de dor, chorando e gritando. Marcelo pulou sobre o cavalo e correu. As primeiras gotas de chuva bordaram frias como adagas finíssimas pela tênue claridade do sol que esmorecia. Irremediavelmente atrasados, cinco homens chegavam e se emudeceram penalizados. Rastejou Lise no solo úmido, abraçando o corpo morto do marido, acariciando-lhe os cabelos e osculando-lhe os lábios ainda quentes. O pranto de desesperação ecoava no âmago da alma, encarcerada pelas ignomínias injustas dos que amam.

— Não me deixa, Wagner, que será de mim sem tuas palavras de conforto e carinho? És a luz do meu caminho, a segurança de minha existência, o marco eterno do meu amor. Anita e Andresa estão a nos esperar para o café da manhã.

Lorena não tinha ninguém para chorar e o seu rosto amargurado manchava-se com a cor da terra molhada. Copiosa chuva alastrou-se por toda a colina, chuvas de verão, tempo de lavar a sujeira da terra e da vida.

Roberto viu ao longe aquele homem galopar na pressa da fuga e mandou os companheiros pegarem-no, enquanto desceu e carregou Lorena para sua sela, preparando-a para levar.

Jamais Lise enfrentara dor tão grande, era o máximo suplício de sua vida, sempre rodeada de infinita felicidade. Bem dizia temer os bons tempos de verão e da primavera, pois os invernos e outros travam. No entanto, a chuva falava de mudanças, o intenso verde dos pinheirais refletia a força da primavera.

— "Todas as estações nos revelam boas e más condições, o homem enfrenta e continua. Confio em ti e sei que és aquela árvore arraigada na terra, não temendo o jugo do tempo volúvel, as tempestades".

Marcelo foi pego e enforcado numa galha de frondoso pinheiro, onde foi deixado pelos serviçais de Wagner, que, assim, vingando a morte do boníssimo homem, estavam ajudando a comprometer seus destinos.

Três almas deixavam a carne, entregando-se aos desígnios do altíssimo em sofrimentos indeléveis.

Na gruta erguida à Nossa Senhora de Fátima, em um canto do enorme jardim e entre rosas vermelhas e brancas, Lise Cristina e as filhas ajoelhadas sempre ali oravam e pediam por Wagner e Valério; enfim, juntos no firmamento. E a mansão impávida a tudo assistia. Anos de luto e provações se abateriam às moradoras da Colina do Alborecer.

10
PROVAÇÕES

Sofridos pesares adormeceram sobre a Colina do Alborecer. Vésperas do século XX; dez anos de saudade e duras provas para Lise Cristina, ainda inconformada com a separação. Pesava-lhe o envelhecimento precoce e clamores invadiam as fibras do fraco coração. Entregue à nova arte que abraçara, Lise pintava, de um lugar especial, o poente entre os pinheiros, lembrando que ali Wagner sempre estava em noites esplêndidas a agradecer solitário a beleza do firmamento. Parecia ouvir a melodia escolhida na noite de núpcias e sorriu pela glamorosa recordação, Clair de Lune, de Debussy.

Na manhã seguinte, Lise estava a ler *Os miseráveis*, de Victor Hugo, na sala, concentrada a passar cada página. De quando em vez, levava uma xícara de chá aos lábios ressequidos. Ouviu-se então o barulho de uma carruagem, uma nova criada passou pela sala indo atender a porta. A senhora da casa permaneceu em seu lugar.

Dando o chapéu à criada, aquele senhor de meia-idade, cabelos grisalhos e um bigode arrogante entrou seguro de si, ao que Lise levantou para cumprimentá-lo. Tirou o chapéu panamá bege palha em sinal de respeito à madona encantadora.

— Bom dia, Lise! — Disse o homem beijando as delicadas mãos de seda.

— Como tem passado, senhor Rodrigo?

— Rodrigo, apenas, quanta cerimônia!

— Desculpa-me. Senta-te por favor.

— Estavas a ler atenta!

— Victor Hugo é um autor genial!

— Nunca gostei de ler. Mas sei que esse é deprimente, bem trágico *Os miseráveis*!

— A que devo tua visita?

— Bem sabes Lise que eu tenho por ti grande admiração e respeito.

— Serão mais negócios? Já vendi tudo quase, deixando apenas cinquenta hectares de pinheiros e o pomar em volta da casa.

— Deixa-me falar, não é nada disso. Realmente sou homem ambicioso e fomos concorrentes durante vários anos. Wagner sempre foi honesto e correto e eu cada vez mais querendo expandir.

— Reconheço que fui péssima administradora. O choque da morte de Wagner foi o caos para mim, se não fosse Anita e Andresa não sei como teria resistido a tamanha dor.

— Apesar de tudo, tenho-te como amiga e admiro tuas pinturas, Lise, aquela tela que comprei está em minha sala. Só cobro ainda é um concerto naquela harpa.

— É difícil, pois para este instrumento não existe hora e o dom vem rápido, sem voltar por muito tempo. Rodrigo, desculpa-me, diga o que pretendes.

— És jovem apesar dos anos, tua beleza, um pouco marcada, parece renovar-se. Desde a partida de Antonieta há cinco anos, sinto esta doença chamada solidão; a princípio, martirizei-me nas recordações, mas agora modifiquei. Daquela época para cá começamos a negociar e teu semblante ficou marcado, tua voz perseguiu-me nos sonhos e eu descobri.

— Descobriu o que, Rodrigo?

Lise parecia impaciente.

— Descobri que tu me fazes bem, teus olhos transmitem fascínio: enfim, estou apaixonado e gostaria de casar-me contigo.

— Revelações! Não quero magoar-te, Rodrigo, mas isto é impossível; por mais que a solidão me agrida, jamais desposarei outro homem. Wagner foi o primeiro e único, homem sem imitação. Peço encarecidamente que não mais entre nesta casa com estas intenções. Nunca sonhei em casar novamente, meu amor por Wagner perdura e há de continuar sem fim. Estou a esperar minhas filhas que chegarão de férias, elas que animam esta casa e a mim, por isso estou feliz e explico-te minha decisão.

— É inconcebível uma mulher como tu deixar-te levar por esta bobagem de amor. Wagner e Antonieta estão mortos.

— Se tu não acreditas na outra vida, nada posso fazer. Wagner e Antonieta estão vivos. Todos os dias que amanheço aqui, pareço aproximar-me mais dele.

— Bobagens e fantasias. Eu sou a segurança, o futuro seguro para ti e tuas filhas.

— Grata, Rodrigo, mas já falei tudo que tinha para falar.

— Se é assim, Lise...

Rodrigo levantou-se bruscamente e Lise permaneceu indiferente.

— ... fica com a casa e tuas lembranças, de mim não esperes ajuda, daqui por diante renuncio a ti.

— Fico satisfeita, Rodrigo. Estarei bem.

— Passe bem, Lise Cristina!

Retirando o chapéu, o vizinho saiu zangado. Chegando ao alpendre, Lise viu a carruagem partir e sentiu-se aliviada. Resolveu então caminhar na luz da manhã, respirando o perfume das rosas, novamente primavera e as cores bordavam os jardins bem cuidados. À sua volta, o tempo parecia parar. Latiu Brutus fracamente.

— Elas não demoram, Brutus, meu velho companheiro.

Fitando as colinas sempre conservadas, Lise reparou que mais além as árvores diminuíram-se bastante e sentiu tristeza.

— Rodrigo e sua fábrica de móveis, ele quer acabar com tudo. Decerto pensou que casaria comigo e também desmataria meus pinheiros.

Encostada na pedra das meditações, Lise sentiu o calor do sol acariciar-lhe o rosto, fechou os olhos e respirou fundo.

— Espera-me, Wagner, esperar-te-ei o tempo que for necessário.

Quebrando o novelo do passado, ouviu Lise o latido de Brutus e uma carruagem aproximar-se; disparou então aquele coração materno. Seriam elas? Correu Lise ao jardim, onde a carruagem descoberta parara.

Duas formosas donzelas procuravam algo no olhar lívido, o rapaz que acompanhava Anita vislumbrou a senhora da casa.

— Será aquela, querida?

— Sim, Euclides, é mamãe!

— Mamãe! — Gritou Andresa.

— Filhas, minhas filhas, estou morrendo de saudades.

Como crianças as duas moças correram, abraçando vivazes a querida mãezinha. Trocaram abraços e beijos, murmuraram e suspiraram. Lise sorria radiante, as filhas estavam ao seu lado, belas e fortes.

— Não imagineis a falta que senti de vós.

— Também sentimos, mamãe — reiterou Andresa.

— Vejo que cresceu, Andresa!

— Apenas dois centímetros.

— Está ótima, Anita. Espera aí, quem é aquele homem estático?

— Meu namorado, mamãe!

— Aquele é Euclides, o da carta.

— Inteirinho, mamãe!

Cada qual segurou um braço da mãe e caminharam até Euclides, que parecia desconcertado e começou a retirar as bagagens.

— Deixa, Euclides, o cocheiro leva.

— Estou certo que sim, Anita!

— Mamãe, este é Euclides.

— Fico feliz em tê-lo na Colina do Alborecer, meu caro jovem!

— Confesso estar encantado, senhora Lise, tudo é mais bonito do que eu imaginava — respondeu o rapaz osculando as mãos da referida dama.

— Entremos, o sol está forte e precisamos conversar dentro da casa.

— Esperai um pouco, Brutus me chama.

Correu Andresa na graça de seus quinze anos e abraçou o velho cachorro, amigo de infância e leal companheiro. Reconhecido, Brutus parou de latir e começou a pular fazendo festa.

— Estás velho, mas em boa forma!

Logo, Anita também acariciava o animal.

— Papai o trouxe pequenino e ele nos acompanhou em bons momentos.

— Não parece ter a idade que tem!

— Aqui na Colina, meu caro Euclides, o clima revigora e a natureza transmite grande paz.

— Sei que vou gostar, senhora Lise.

Madalena saiu da cozinha e foi ao encontro das moças tão esperadas.

— Até que enfim as duas resolveram aparecer!

— Minha cara Madalena, estávamos saudosas de ti — disse Anita abraçando a criada.

— Esta é a fiel companheira de minha mãe.

— Muito prazer, Madalena! Euclides.

— Vejo que Anita soube escolher.

— Obrigada, Madalena! Entraremos pela cozinha — pediu Anita.

Na mesa bem servida do almoço, todos reafirmavam a extrema alegria, mas Anita demonstrava maior ânimo e disposição.

— Mamãe, Euclides está admirado com as telas!

— A senhora consegue tirar a vida da natureza, exprimir isto com pincel e tinta é difícil, estou maravilhado!

— Fico lisonjeada, Euclides, vejo que tenho novo admirador. Anita disse-me da tua formatura, sinto não ir, mas nunca tive o costume de participar de festas, sou um pouco antissocial. Nestas redondezas todos me conhecem como a "dama misteriosa da colina". Acham que sou uma alma penada cavalgando em Apolo, meu cavalo branco. Fiquei sabendo quando uma antiga criada e amiga visitou-me trazendo seu casal de filhos; o menino deixou escapar, mas não os culpo.

— Nossa, chega a ser hilário e engraçado, minha futura sogra! Não sentes necessidade de viajar?

— Pretendo fazer uma viagem ao litoral, passar uns dias na praia de Ubatuba, expliquei minha decisão às meninas.

— Podíamos ir todos, Anita?

— Andresa, Euclides não poderá — considerou Anita atenciosa.

— Iniciei o projeto de grande residência e minha casinha logo ficará pronta, preciso inspecionar as obras.

— Passará o Natal conosco?

— Sim, senhora, partirei no primeiro dia do ano, como programei.

— Anita me disse que precisa conversar sobre importante assunto.

— Se não for incômodo, poderia ser após a refeição?

— É evidente, podemos conversar em seguida.

Andresa piscou para a irmã que parecia apreensiva. Debaixo da toalha, Anita apertou as mãos do namorado.

No confortável almofadado da biblioteca, Euclides sentou, enquanto Lise abriu as janelas e descerrou as cortinas, deixando a claridade e o ar dominarem o ambiente respeitoso.

— Gosto de lugares arejados — disse Lise, sentando-se numa cadeira revestida de vermelho veludo.

— Acredita, senhora Lise, tenho a melhor das intenções. Há um ano, quando conheci Anita, minha vida era insegura e não conseguia conciliar meu trabalho com a família; nos conhecemos no Colégio, onde fui encarregado de uma reforma.

— Não há necessidade de ir tão longe, pois em suas cartas Anita tudo me contou. Sei que ela te ama Euclides, e estou satisfeita com a escolha.

— Pretendemos nos casar o mais breve possível.

— Conheces a história de meu casamento?

— Anita contou-me. Conheceste Wagner um dia, noivaram e em dois dias casaram-se.

— Fomos muito felizes, como se o nosso amor fosse secular. Nesta Colina, o sonho se tornou realidade, para Wagner vivi cada dia, ao lado das filhas que floriram ainda mais meu jardim. Como esta vida nos prega peças! Hoje esteve aqui, pouco antes de tua chegada, um rico vizinho pedindo-me em casamento e agora tu me pedes Anita.

— Que respondeste ao homem?

— Que meu amor por Wagner será eterno, que apenas estamos separados, mas no futuro nos encontraremos.

— Anita também pensa desta forma.

— Falemos do casamento.

— Como sabe, fui criado por meus tios e hoje eles estão na expectativa. Em São Paulo, esperam por minha chegada. Podíamos todos partir no primeiro dia do ano. Haverá o casamento e em seguida a senhora poderá seguir rumo ao litoral, onde passaria com Andresa alguns dias na praia. Temos uma boa casa em Santos.

— Pensaste em tudo, admiro tua iniciativa e concordo, já que Anita merece o melhor.

— Posso chamá-las?

— Vai e não demora, pede a Madalena que nos sirva um chá.

Impulsiva, Anita entrou a sorrir e aproximou-se da mãe, que parecia estar num outro mundo, onde suas vontades realizavam-se.

— Mamãe, obrigada! — Agradeceu-lhe a Anita ajoelhando-se no tapete e encostando os braços no colo da mãe, como na infância.

— Tu mereces muito mais, Anita. Só lamento ter o tempo passado depressa e aniquilado grandes realizações. Wagner desde aquela época já se preocupava com o aumento da família.

— Vem, Andresa, não é hora de ler romances — puxava Euclides a mão de Andresa.

Anita e Lise levantaram-se, abraçaram-se; afagou a mãe os sedosos cabelos da filha.

— Aqui estão as alianças, Anita!

A moça, realizada, estendeu a destra, que foi coroada com o símbolo de união entre homem e mulher, em seguida fez o mesmo com Euclides, que piscou para Andresa.

— Mamãe, a senhora facilitou demais, assim não tem graça!

— Está feito e eu vos abençoo. No dia primeiro partiremos para São Paulo e de lá irei com Andresa ao litoral. Onde pretendem passar a lua de mel, não querendo ser indiscreta?

— Viajaremos pelo litoral do Rio de Janeiro. Será uma longa e inesquecível viagem — afirmou Euclides abraçando a noiva.

— Wagner sempre quis fazer uma viagem assim, mas estando aqui fomos levados a responsabilidades maiores; a solidão do Barão e depois nossas filhas.

— Chá com pão de ló dourado!

Animando o ambiente, Madalena chegou para servir satisfeita aquelas figuras queridas. Novamente, a casa enchia-se de renovável felicidade. Mas para Lise tudo levaria à desolação futura, logo teria apenas Andresa e infinitas horas para dedicar-se ao seu pequeno paraíso de espera no topo da Colina.

Naquela esplêndida manhã ensolarada, deixou Andresa a casa, onde na varanda os noivos e a mãe palestravam animadamente, para cavalgar em seu cavalo alazão. Deslumbrava toda a colina, erguendo do passado os tenros anos de sua infância. Tomou a estrada que conduzia às serrarias, ouvindo o roncar de serras. Nem notou a bela jovem que estava sendo seguida, num repente, ouviu aquela voz atrativa e teve vontade de conhecer o dono.

— Posso acompanhar-te, senhorita?

— Apresenta-te cavaleiro misterioso — disse a moça sorrindo.

Entreolharam-se longamente, ambos saudáveis e curiosos, ventilados pela brisa matutina. Ele num cavalo alazão amarilho.

— Meu nome é Tarso. Qual é o teu?

— Andresa.

— Filha da dona da Colina!

— Sim, mas como sabes?

— Sou filho de Rodrigo.

— Meu Deus, e eu que não sabia ter ele um filho desta idade!

— Tenho dezoito anos, Andresa!

— Da idade de Anita. Porque só agora nos encontramos, se sempre fomos vizinhos?

— Nossos pais sempre nos trancafiaram em seus domínios. Gostarias de descer aqui?

— Como quiseres, Tarso.

Amarraram os cavalos e desceram à beira do caminho, onde à sombra dos pinheiros iniciaram novo diálogo, atraídos mutuamente pelo agradável momento do encontro.

— És muito bonita, Andresa!

— Será que sempre os galanteios vêm primeiro? Fico abismada!

— Até acho engraçado.

— Referes-te ao pedido de teu pai?

— Ele está arrasado por não ter sucesso e irrita-se facilmente.

— Diz-lhe que desista, Tarso, mamãe jamais aceitará outro homem. Não me agrada esta situação, tenta explicar ao teu pai.

— Não adianta, devo deixá-lo esquecer por si.

— Estuda fora, vizinho?

— Estudo em São Paulo, muito a contragosto, detesto o latim. De que ri, Andresa?

— Fizeste uma cara engraçada ao falar que não gosta de latim.

— Meu negócio é ficar aqui, pois como único filho preciso aprender melhor o ofício de meu pai, para no futuro substituí-lo.

— Também estudo em São Paulo, num colégio de freiras.

— Deve ser uma prisão!

— Acostumei-me e não mais ligo, Anita foi ótima companheira, mas agora ela se casará e o noivo está aqui na colina. Qualquer hora aparece lá em casa para conversarmos mais.

— Que pressa é esta, Andresa? — Disse Tarso segurando o braço da moça.

— Preciso ir, Tarso, desculpa-me.

— Estás trêmula, não passas bem?

— Impressão tua, boa tarde!

O rapaz ajudou Andresa a montar e viu-a retirar-se rapidamente, cavalgando bem no belo animal. Quando não pôde vê-la mais, também montou e seguiu caminho rumo ao lar.

Não muito distante dali, após atravessar as serrarias e a alameda imensa de pinheiros, Tarso divisava a encantadora casa de madeira rústica, cercada por viçoso jardim onde flores diversas matizavam os arredores. Na varanda, Rodrigo fazia algumas contas e parou ao ver o filho chegar no fogoso cavalo alazão amarilho.

— Preciso de ti, Tarso.

Solícito, o filho acercou-se do pai.

— Em que posso servir-te, papai?

— Iniciei algumas contas que não conferem, faça-as para mim.

Puxando um banquinho e pendurando o chapéu no portal, Tarso pegou o lápis e as folhas.

— Esta mulher é mesmo tão bela, papai?

— Lise é linda e transmite respeito. Mas por que perguntas, Tarso?

— Estive conversando com Andresa, a filha mais nova de Lise; bela moça e gostei dela. Fui convidado a frequentar a mansão.

— Vai em frente, filho, talvez tenha mais sorte do que eu.

— Andresa disse-me que o senhor pode desistir da mãe, ela nunca esquecerá a memória do marido.

— Mudemos de assunto, resolva logo estas contas.

Tarso quis rir do pai, que entre preocupado e nervoso tentava esquecer a mais recente paixão. O senhor daquelas terras levantou-se e tentou enxergar a casa da colina sem êxito.

— Os pinheiros não deixam, papai.

— Cala-te, Tarso, e faz o que pedi.

Concentrou-se o rapaz, achando interessante as reações do pai, que mais parecia adolescente cheio de esperanças e frustrado pelo caos dos anos.

Estando em casa, Andresa não pôde concentrar-se em mais nada, pensando e esperando Tarso. Lise notou nela a súbita mudança e, aproveitando o momento em que Euclides e Anita saíram a cavalgar, chamou-a para conversarem num banco do jardim.

— Que te preocupa, filha?

— Impressão tua, mamãe, estou ótima!

— Nunca houve mentira entre nós. Pode contar-me o que preocupa essa cabecinha?

— Desculpa-me, queria livrar-te de preocupações.

— Assim agindo, ficarei mais preocupada.

— Conheci um rapaz há cinco dias e não pude esquecer-lhe a voz e o semblante.

— Por acaso conheço este rapaz?

— Acho que não, apesar de ele ser nosso vizinho.

— Referes-te ao filho de Rodrigo?

— Sim, é ele, chama-se Tarso.

— O pai dele já me falou de sua pessoa. Será que meus dias solitários estão chegando?

— Tem algo contra Tarso, mamãe?

— Ainda não e espero que não, vejamos o que nos revelará os acontecimentos. Sabes que almejo a felicidade tua e de Anita, depois poderei partir tranquila.

— Não fale assim, mamãe! — Pediu Andresa aconchegando-se no peito de Lise.

— Está quase escrito, Andresa, temos que aceitar.

Pela tarde volátil de amena brisa, Andresa resolveu visitar Brutus e soltou-o, ao que o cachorro fez uma festa correndo pelo jardim e em volta da moça. Tarso chegou e seu cavalo pingava suor, parou e namorou longamente a moça. Mas, numa de suas voltas seguindo o percurso de Brutus, Andresa viu o cachorro latir perante o estranho e correu ao encontro da esperada figura.

— Deita, Brutus. Ele é amigo, Tarso.

— Vejo que estás bem amparada.

— Brutus nos pertence há mais de dez anos.

— Dinamarquês, se não me engano?

— Acertou. Desce, quero apresentar-te minha família, eles estão na sala.

— Não estão mais.

— Como assim?

— Acabam de chegar no alpendre.

Virou-se a moça e constatou que Tarso tinha razão. O rapaz amarrou seu animal e seguiu com Andresa, que sorria lindamente. Lise sentia a vibração da filha, Anita sorriu apertando as mãos do noivo.

— Mamãe, este é Tarso!

— Encantado, senhora Lise!

— Igualmente, Tarso! Tudo bem com Rodrigo?

— Estes são Anita e Euclides.

Cumprimentam-se, Tarso sentia-se sufocado com tantos olhares.

— Vejo que papai não exagerou em falar de tua beleza, senhora!

— Pena que não tenha sorte, meu caro Tarso.

— Também acho, senhora. Se não se incomoda, gostaria de falar com Andresa e de sairmos a cavalgar um pouco.

— Posso, mamãe?

— Não demorando muito...

— Posso trocar meu cavalo? Ele está exausto.

— Vá com ele, Andresa.

Animada com o apoio da mãe, seguiu a moça com o jovem pretendente, rumo à cachoeira.

— A mana parece ter achado o príncipe das montanhas!

— Tão novos e apaixonados!

— Chegou o tempo, mamãe.

— Tempo das andorinhas deixarem o ninho.

Retirou-se Lise subindo a escadaria e jogando-se no quarto, tomou nova tela e pincéis, abriu a janela para a belíssima paisagem e iniciou novas combinações de cores, em nome da arte, que preenchia seus momentos de reflexão.

Anita e Euclides andavam pelo jardim, erguendo planos para a futura vida conjugal, cheios de ideias e suave encantamento, que a Colina do Alborecer transmitia.

Pela estrada de chão batido, Andresa admirava-se a cada nova revelação do amor juvenil. Chegaram à cocheira, onde os cavalos estavam nas baias. Chamou pelo cocheiro, novo cocheiro.

— Por favor, prepara-me o alazão.

— Sim, senhorita.

— Vai escolher o teu.

Após olhar todos, Tarso apontou o escolhido, ao que Andresa se assustou:

— Apolo, o cavalo de mamãe?

— Nunca vi animal tão belo, papai disse algo sobre tua mãe e o cavalo branco.

— Papai deu de presente logo que mamãe chegou à Colina, ele tem exatamente vinte e três anos.

— Tão conservado assim?

— Azeviche, o corcel negro de papai, já se foi há alguns anos, mas Apolo resiste saudável ao tempo.

— Quero cavalgar nele.

— Teremos que atalhar, então, mamãe nunca deixou outra pessoa montar Apolo.

Assim saiu Tarso montando no velho cavalo branco. Desciam a colina circundando os pinheiros em sinuoso caminho.

— Refleti nestes dias, Andresa, confesso que não me saíste da memória.

— Engraçado, senti o mesmo.

— Acha que significa alguma coisa?

— Quem sabe, Tarso, as situações imprevistas nos batem à porta do esquecimento. Sentia-me como criança antes de conhecê-lo.

— É normal que seja tudo tão rápido?

— Em minha família é, mamãe e papai se conheceram e casaram em dois dias.

— Meu Deus, será possível? Tal qual os fictícios romances.

Chegaram à estrada e continuaram lado a lado, ora olhando à frente, ora olhando o parceiro. Continuaram até chegar a um pequeno monte livre de pinheiros, onde algumas vacas Jersey pastavam amistosas. De lá podiam avistar a casa de Rodrigo, donde a fumaça saía em baforadas. Resolveram descer e puxar pelo cabresto os cavalos, pararam para vislumbrar o verdejante campo ao longe.

— Teu pai é muito caprichoso, Tarso!

— Antes aqui era também pinheiros, papai resolveu semear este capim para criar algumas vaquinhas. Esta raça Jersey é pequena, mas produz grande quantidade de leite, o leite tem caroteno, um corante que torna a manteiga e o queijo em forte amarelo.

— Obrigada pela explicação científica. Identifico que adora o campo e os animais.

— Papai quer obrigar-me a fazer cursos não relacionados com o campo, pois não confia em mim. Pretendo parar de estudar em breve e estabelecer-me aqui.

— Se achas ser o melhor, faz isso.

— Enquanto pudermos estar juntos aqui ou em São Paulo, ficarei feliz.

— És muito impulsivo, Tarso!

— Quer namorar comigo, Andresa?

— Tenho que pensar.

— Responda agora e depois arrepende-te, caso necessite. Aceita-me como sou.

Pensativa, mas feliz, Andresa novamente olhou o campo, onde as vacas pastavam impunes, o céu anilado onde os pássaros plainavam, a mata de pinheiros que pertencera ao pai e pensou em unir o amor às suas raízes de amor àquela terra.

— Aceito, Tarso, aceito ser tua namorada.

Aliviado e sorridente. Tarso dissipou o sorriso, aproximou-se de Andresa, beijando-lhe rapidamente os lábios rubros. A moça sentiu inexplicável força invadir-lhe o peito e abraçou-o.

— Fico feliz, Tarso, espero sejamos felizes.

Voltavam do inesquecível passeio, quando o rapaz propôs à namorada.

— Vamos dar um galope até a curva que leva ao alto da colina?

— Estou preocupada, Apolo pode estar bonito, mas é velho e pode não aguentar.

— Não te preocupes, vamos lá.

Tarso foi à frente e Andresa o seguiu, estavam radiantes de contentamento naquele momento bom da adolescência. Infelizmente, um sobressalto colocou-os em apuros, Apolo não resistiu e caiu, ao que Tarso chegou a perder a fala, levantou-se limpando a calça e puxando o cavalo.

— E agora, Tarso, o que será de nós? Afinal, o que aconteceu?

— Deixa-me olhar.

O cavalo permanecia imóvel.

— Diz-me Tarso, o que é?

Abatido, o rapaz constatou.

— Duas patas quebradas, teremos que sacrificá-lo.

— Mamãe, ela vai ficar arrasada!

— Sou mesmo um ordinário.

— Não fale assim, nada mudará entre nós.

Após ouvir o relato humilde de Tarso, ao lado do qual Andresa quase chorava, Lise, que olhava uma de suas telas, virou-se furiosa, tomada de tremenda paixão.

— Sacrificar Apolo?

— Não há outro recurso, ele nunca mais levantará do lugar onde caiu.

— Andresa, aí está teu príncipe usurpador. Não o avistaste? Aquele cavalo me pertence, e só eu cavalgava nele.

— A culpa foi toda minha, ela me avisou e eu resolvi arriscar.

— Saia daqui rapaz, não quero ver-te nesta casa. Demonstrou-me total irresponsabilidade e, sendo assim, não permitirei que namore minha filha.

— Mamãe, por favor, só porque um cavalo será sacrificado?

— Cala-te, não sabes o que diz. Teu pai fez-me presente e o imenso cabedal por Apolo representava um laço de meu amor.

Cabisbaixo, Tarso retirou-se e Andresa o seguiu até a varanda.

— Não ligue, Tarso, nada mudará, eu prometo. Mamãe é muito ligada ao passado, logo mudará de opinião.

— Acredito que ela não mudará, Andresa. O Natal está chegando, pena não podermos passá-lo juntos, pensei em reunir as famílias.

— Passarei janeiro viajando e não nos veremos, mas volto antes de terminar este ano, dar-te-ei meu endereço em São Paulo.

— Até qualquer dia, Andresa! — Disse o rapaz beijando a testa da namorada.

Chorando, Andresa passou pela sala, onde Anita palestrava com Euclides, subiu a escadaria e trancafiou-se no quarto. Lise enxugava algumas lágrimas, nunca agira daquela forma.

— Que aconteceu, mamãe? Andresa subiu as escadas chorando!

— Ela deixou que Tarso cavalgasse em Apolo e num acidente o cavalo quebrou duas patas, terá que ser sacrificado. Fui enérgica, mas ela sabia e consentiu.

— Conversarei com Andresa, mamãe. Logo eu voltarei, meu bem.

Anita foi ao encalço da irmã.

— Imagina, Euclides: Andresa avisou e ele ainda montou no velho e cansado cavalo, tive que tomar providências.

— Sinto não poder ajudar, senhora Lise.

— Ninguém pode, o cocheiro já foi eliminar o cavalo. Digo que Apolo não era um cavalo comum, vinte e três anos de idade.

— Tudo aqui tem longa vida.

— Só espero não acontecer o mesmo comigo! Com licença, irei à cozinha olhar o jantar.

Chocada com a atitude da mãe, Andresa chorava suas mágoas enquanto Anita ouvia calma.

— Justamente hoje, quando Tarso pediu-me para namorar e aceitei certa de agradar a todos, acontece este lastimável desajuste. Por que mamãe não pode ser mais compreensiva, o cavalo estava para morrer a qualquer hora. Que decepção, Anita, nunca vi mamãe tão irritada!

— Compreendo tua posição, Andresa, mas não concordo; desobedeceste à mamãe e mereceu ouvir tudo. Sinto por Tarso, que deve estar ainda mais magoado. Entende, mamãe está passando fases difíceis desde a trágica morte de papai. Nossa convivência não é suficiente para aliviar-lhe o sofrimento.

— Estou descobrindo o amor, Anita. Que será de mim se hoje iniciar-se uma inimizade?

Seguindo Tarso, vinha o cachorro calmo e sereno. Logo abaixo, avistaram Apolo que gemia de dor, tentando levantar-se.

— Dá uma olhada, senhor.

O cocheiro examinou detalhadamente o animal agonizante e certificou-se.

— Tens toda razão, rapaz, este cavalo não tem recursos, precisamos diminuir-lhe o sofrimento.

— Desculpa-me, mas não posso ver. Obrigado por ter alimentado o meu cavalo.

— De nada, sempre às ordens.

Tomando da espingarda, o homem esforçou-se para atirar. Tarso já se encontrava a considerável distância. Novamente, o cocheiro mirou na cabeça do animal e atirou: Tarso não olhou para trás, só fez penalizado semblante e continuou seu caminho.

No jantar, Andresa permanecia emburrada, sendo notada pela mãe, mexia no prato e nada comia. Anita e Euclides pareciam preocupados. Lise então mostrou sua autoridade.

— Para uma moça que pretende namorar, ages como criança. Sou boa, mas a justiça me admira. Sei que fui muito enérgica, pois não podes compreender o símbolo de meu amor por teu pai. A partir de amanhã não quero ver-te emburrada pelos cantos da casa.

— Desculpa-me, mamãe, sei que agi erradamente, mas não posso esconder minha mágoa.

— Pensa que nos conhecemos há muitos anos e este rapaz tu conheces há cinco dias.

— As empadinhas estão deliciosas! — Comentou Euclides.

— Serve-o mais, Anita... — pediu Lise.

— Daria tudo para conseguir alguém como Madalena, ela sabe fazer de tudo.

— É difícil, filha, mas não impossível.

Da sala de jantar, seguiram para o salão, só Lise não sentou, ajeitava algumas rosas numa jarra. De fora, ouviu-se o reboar de um trovão.

— Teremos chuva pela noite — disse Lise tentando ouvir mais alguma coisa.

— Que foi, mamãe?

Tive a impressão de ouvir o relincho de um cavalo.

De fato, chegava ao jardim Rodrigo a cavalo. O vento zunia fortemente anunciando a chuva, de galochas, o homem amarrou o animal e atravessou o jardim, deixando a capa na varanda.

Ouviu-se fracamente, o sininho e Lise resolveu atender, espantando-se ao ver Rodrigo, muito afoito e preocupado.

— Boa noite, senhora, posso entrar?

— Entra, por favor, Sr. Rodrigo.

Pendurando o chapéu, Rodrigo acompanhou a dona da casa até o salão.

— Senhor Rodrigo, estas são minhas filhas, Anita e Andresa, e este é meu futuro genro, Euclides.

— Lembro das meninas bem menores, pois viajo muito nas férias. Esta menor é Andresa?

— Sou sim, senhor!

— Meu filho tem bom gosto!

— Que quer dizer com isso, Rodrigo?

— Saiba, Lise, que o rapaz chegou lá em casa arrasado, mortificado.

— E correu a pedir ajuda do pai.

Estavam em pé, uns dois metros longe um do outro, os três jovens eram os espectadores, Andresa ficou pasma.

— Engana-te, ele custou a falar-me. Diz qual é o preço do cavalo.

— Arrogante, não há dinheiro que compre a perda do meu cavalo, o primeiro presente de meu marido. Teu filho foi atrevido e irresponsável ao correr com o pobre animal.

— Aproveitaste de meu filho para acalmar tuas frustrações, Lise.

— Ousadia tem limite, não aceito tal disparate em minha casa. De vítima passei a ser culpada?

— Reconsidera e deixa de bobagens.

— Vai dar ordem ao teu filho, quem manda aqui sou eu. Exijo respeito perante minha pessoa e os presentes.

— Isto não vai ficar assim.

— Ainda te atreves a ameaçar-me, seu, seu... saia daqui agora.

— E não volto mais, sua prepotente.

— Ótimo, não tenho tempo para perder contigo. Acompanhar-te-ei.

— Não precisa, senhora Lise.

— Cada dia que passa fica mais cínico.

— Eles estão brigando mesmo!

— Acho que sim, Euclides, mas até que é divertido.

Iniciou a chuva forte e fria, Rodrigo estava para sair sem a galocha.

— Tira esta galocha do banco ou ensoparás na chuva.

Bruscamente o homem retomou e saiu na escuridão da noite chuvosa.

— Será que tu chegas? A tempestade é forte!

— Não sou mais criança, Lise Cristina — gritou Rodrigo furioso.

Por um momento, Lise deixou molhar o rosto nas gotas vindas no vento, seu vulto parecia inerte e o vestido quase saía-lhe do corpo. Resolveu entrar e encontrou Andresa chorando no consolo de Anita.

— Vamos parar com essa choradeira, brigas como estas são até divertidas!

Andresa olhou-a espantada, com os olhos inchados a indagar.

— A senhora não ficou com raiva dele?

— Dele não, Rodrigo é esquentado, mas eu o admiro. Além do mais, ele não me faria mal. Brigamos sempre!

— Que alívio, mamãe!

— Agora o Tarso, não quero vê-lo na minha frente, pois não serei responsável pelos meus atos. Recolher-me-ei e lerei um pouco. Boa noite para todos.

— Tu entendeste, Anita?

— Ainda não somos capazes de medir os atos de nossa mãe, Andresa. Fica tranquila, ela é admirável e de bom coração.

— "Meu reino por um cavalo", não sei quem disse isto, Anita!

— Não deixe mamãe ouvir-te, querido!

Da janela de seu quarto, Lise apreciava o milagre da chuva, as goteiras do telhado, o cheiro de terra úmida; seu bem-estar ao sentir o tempo animava-lhe o espírito.

— Apolo estava mesmo velho, que me importa um animal se Andresa chora! Meu Deus, como estou nervosa!

Após corrigir-se, demorou a deixar a janela e a sensação de estar viva.

Passaram o Natal envolvidos na verdadeira consagração da festa maior em homenagem ao menino Jesus; a ceia estava linda e o ambiente por demais agradável. No último dia do ano, Lise viu Andresa e Tarso despedirem-se com rápido beijo no jardim, não o havia recebido, mas deixara a filha ir.

Primeiro dia do ano e ali estava ela ao lado das filhas e de Euclides, a caminho de São Paulo, lembrando os últimos acontecimentos. Longe iam da Colina do Alborecer e Lise sentia-se exausta e saudosa. Pararam numa estalagem onde iriam almoçar, Euclides desceu as damas com extremo cuidado.

— Gostaria de ter um carro, mas segundo me disseram ele não aguenta nossas estradas.

— Vale a pena nosso esforço.

— Concordo, Anita, concordo — disse o rapaz osculando a mão da noiva.

— Ajuda-me, Andresa, meus sapatos estão apertados, terei que trocá-los — pediu Lise, exausta.

Entraram na estalagem. E, continuando a longa viagem, passaram por lugares onde o clima, o relevo e a vegetação variavam cada vez mais.

O dia célebre chegara para Anita, na segunda quinzena de janeiro, ela entrava na igreja, nos braços do tio de Euclides. Envolta de luz, estampando encantador sorriso, a noiva rejubilava-se olhando o noivo, a mãe e a irmã no altar. Rosas vermelhas enfeitavam todo o esplendor do templo, onde dezenas de pessoas apreciavam a formosura de Anita. Durante todo o percurso, pianista renomado executou Ave Maria, de Gounot. Exaltado momento esperado, no enlace das mãos, tênue raio violáceo partiu do peito da noiva envolvendo o noivo, sem que ninguém notasse o campo físico do grande amor. Ali também estavam vários espíritos de luz, ligados ao casal, abençoando a magnífica união e enchendo todo o altar de intensa claridade, não percebida pelos encarnados.

Lise sentia-se bem confortada e feliz, algo inexplicável invadia-lhe o ser sofrido, pensou em Wagner; como ele gostaria de estar ali. No plano invisível, Wagner se postou ao lado da esposa com um terno branco e um sorriso piedoso estampado no rosto. Lise sorriu comovente e o brilho daqueles olhos azuis turquesa iluminou o ambiente.

— "Não poderia deixar de estar aqui, Lise, nossa filha tem belo futuro pela frente, uma digna missão. Orgulho-me de ti, educaste bem nossas filhas e sei que sofres minha ausência, mas saiba ter sido mais doloroso para mim, que suportei todos estes anos a implorar rever-te. Fui capaz de perdoar meu agressor, mas não sei por onde andam os ciganos. Hei de ampará-la sempre e melhorar, para nos encontrarmos no porvir, que nos está reservado. Amo-te e sinto tuas vibrações, pedindo partir ao meu encontro, no entanto, é cedo; saber esperar é algo de extremo valor. O que para nós parece infindo, para o Eterno é insignificante. Amo-te, Lise Cristina".

Não poderia Lise ouvir a voz de Wagner, mas sentia o efeito da troca de energias, os fluidos renováveis e luminosos do amor.

Da bela casa de Santos, avistava-se a imensidão azul do mar, o sussurro das ondas contínuas, ouvia-se o voo de aves marítimas, a praia de fina areia. Contemplando assim da varanda, Lise manipulava os pincéis, passando para a tela toda sua criatividade, com muito estilo e segurança. Naquelas horas do dia, não suportariam o calor do sol, Andresa lia um romance e de repente parou a pensar em Tarso. Onde estaria aquele que a distância esqueceu, mas seu coração poderia buscar?

— Fico admirada de ver-te pintar tão bem, sem nunca ter frequentado um ateliê, mamãe!

— A vontade é tudo, Andresa, quando temos disposição e amor pelo trabalho, fazemos coisas indescritíveis. A arte é sinônimo de busca interior, o homem procura-se nos seus trabalhos e quer divulgar sua capacidade.

— Gostaria de fazer algo diferente. Será que eu seria capaz de tocar a harpa?

— Quando voltarmos poderei tentar ensinar-te.

Pelas manhãs as duas divertiam-se nas espumantes ondas pequeninas, não arriscando penetrar no mar, entre o tempo que também dispunham para catar conchinhas. Poucas vezes perderam a sangrenta batalha do sol com as nuvens no poente, que derramava-se no mar e na praia. Novamente, Lise adquiria inspiração e voltava à tela.

Deixando a filha no colégio em São Paulo, Lise partiu sozinha, a despedida foi de extrema emoção para ambas. A longa viagem deixaria Lise esgotada e cansada, a amargura e a saudade esmagavam-lhe o peito.

Chegando à Colina do Alborecer, caiu doente e Madalena cercou-a de cuidados. Emagrecera e precisava de notícias das filhas.

Para animá-la, Madalena subiu correndo as escadas, trazendo uma carta.

— Não abrirá, senhora? É de Andresa!

— Não posso, Madalena, estou trêmula, por favor, retire a carta e leia em voz alta.

— Sim, senhora.

Após alguns minutos, Madalena terminava a leitura da carta, entregando-a emocionada. Lise suspirou profundamente aliviada.

— Que filhas maravilhosas eu tenho, preciso responder o mais rápido possível.

— Elas terão grande futuro, senhora!

— Deus te ouça, Madalena, e me dê forças para voltar à vida normal. Daqui uns dias Anita chega de viagem e me escreve também.

Fim de semana, visitas vigiadas no pátio do colégio pelas irmãs da entidade. Tarso ficava fulminante de raiva.

— Contenha-te, Tarso, não posso sair do colégio.

— Isto não é um colégio, é uma prisão, Andresa, não me conformo de não poder beijar-te como eu gostaria.

— Será difícil, eu sei, mas só este ano, no próximo morarei na casa de Anita e poderemos sair para onde quisermos.

— Tem umas irmãs aí que me dão medo. Como são feias!

— Fala baixo, Tarso, por favor!

— Tem recebido cartas de tua mãe?

— Sim, ela me escreve sempre.

— Será que a raiva já passou?

— A raiva já, mas ficaste marcado. Acho que o tempo renova tudo, tu verás.

— Papai fica dando de mandão, mas eu tenho dó dele.

— Será que ele gosta mesmo da mamãe?

— Tenho certeza.

— Coitado, nunca terá uma chance, mamãe é capaz de expulsá-lo de lá a tiros.

Foi exatamente o que aconteceu no mês de maio, quando, tomada de impulso, Lise tirou da gaveta da escrivaninha uma garrucha e fez Rodrigo apressado sair de sua casa. Ela queria rir e não podia.

— Nunca volte a esta casa com segundas intenções, Rodrigo, ou te furarei como uma peneira, atrevido. Chega de propostas.

— Que mulher mais brava! Onde está a galhardia de tua educação?

— Está junto às minhas roupas no guarda-roupas.

— Dá-me uma chance, Lise Cristina

— Eu duvido, não tens força bastante.

— Tu foste longe demais.

Disparou Lise toda a arma, fazendo Rodrigo correr pelo jardim e montar o cavalo, a mulher soprou o cano da arma e gritou.

— Carregarei para a próxima, Rodrigo.

— Não te atrevas, Lise, ou eu voltarei armado.

Sem conter a gargalhada, Lise divertia-se com as declarações daquele homem esquentado e trapaceiro. O cocheiro ria das confusões daqueles dois, que esqueciam o senso da idade. Madalena na cozinha perdera o fôlego com o susto da arma e uma criada abanava-a.

Meses romperam e encontraremos Anita no conforto do lar, lendo outra carta da mãe para o marido, que estendera o jornal nas pernas.

— "Espero-vos saudosa em dezembro ou janeiro. Sei que preferiram chegar após o nascimento da criança, saberei esperar. Deus vos abençoe".

— Tua mãe não parece tão triste como da última carta! Notei ânimo e disposição.

— São as frases que vão e voltam, querido. Daqui a um mês nasce nosso filho e no outro mês viajaremos para os agrados de mamãe.

— Ela sabe que Tarso e Andresa estão firmes de namoro?

— Sim, ela sabe e parece não gostar. Andresa é imatura e precisa de tempo para casar, ano que vem ela virá morar conosco, saberei orientá-la

— Comecei a escolher o nome do menino.

— Menino! Será uma menina, tenho essa forte intuição que será menina.

— Tanto faz, será nosso filho.

Abraçaram-se e beijaram-se, Euclides passou delicadamente as mãos no ventre volumoso, expressando a felicidade daquele presente.

Para Anita foi presente de Natal; sua filha Suzette nasceu na véspera do Natal, para a alegria de todos. O mês por que Lise esperava correu rapidamente e, naquela manhã aurifulgente, ela abraçou sua linda netinha, deixando escapar duas lágrimas de incontrolável emoção. Lise recebeu ainda o beijo da filha e do genro.

— Obrigada, hoje é um dos melhores dias da minha vida, ser avó é bonito demais!

— Ora, mamãe, somos o fruto de teu amor.

— Agradeço-te, Anita querida. Suzette será tão linda como a mãe. Note os traços de tua sobrinha, Andresa, são os traços de Anita.

— Deixa-me pegá-la, mamãe.

— Lá dentro eu deixo, vamos chegar, meus filhos.

— Vovó aos trinta e oito é difícil!

— Difícil e maravilhoso, Euclides!

Ao embalar o bebê nos braços, cantando cantigas de ninar para adormecê-la, Lise mantinha a frouxa luz de um lampião. Reconfortador momento no qual Lise lembrou-se da mãe, sem saber que a tinha no calor de seus braços. Em seguida, pensou em Wagner e, apesar de não poder notá-lo, sentia abrasar-lhe o coração palpitante e vibrante de saudade.

— "Lise, meu amor, estamos a colher novos frutos, as gerações promissoras do passado. Animoso espero-te, sabendo das grandes provações a que estaremos sujeitos, mas no final o amor há de vencer o enclaustro das barreiras. Sonho com nossa eterna união no verdadeiro lado da vida, onde os sonhos são realidades".

Assim falando, Wagner beijou o rosto de Lise Cristina.

Aprontava-se Lise para dormir certa noite e Andresa já lia na cama, pois fazia companhia à mãe. Penteando os cabelos mesclados de branco, Lise sentia o peso dos anos, mas suas faces conservavam certa vitalidade: os olhos perdiam o brilho do azul fulgurante. Levantou-se e deixou aberta a janela fechando a cortina para que o ar pudesse passar. Deitou-se afinal.

— Demoras com teu livro, Andresa?

— Alguns minutos, mamãe — pronunciou a moça, sem tirar os olhos do livro.

Concentrada, Lise parecia orar, pedindo alívio e forças, dias melhores:

— Posso apagar o lampião?

— Apaguemos juntas, cada uma o seu.

Dos criados a luz esquivou-se e a escuridão penetrou no quarto. Tinham adormecido quando o som de violas e uma voz conhecida iniciou uma serenata, aproveitando o luar da madrugada e o bordado estelar do céu. Espreguiçando, Lise levantou-se e tentava acender o lampião.

— Deixa o lampião, mamãe, vamos ver quem canta.

Descerrando a cortina, viram lá embaixo: dois homens desconhecidos nas violas, Rodrigo cantando aquela canção romântica e Tarso com várias rosas, tiradas do jardim de Lise. Andresa acenou para o rapaz e a mãe puxou-a para trás.

— Isso são modos, Andresa?

— Não tem nada demais, mamãe!

— Tem sim, senhora. Já coloquei Rodrigo fora daqui com tiros e ele ainda volta, mas agora ele verá. Acende logo este lampião.

Assim fez Andresa.

— Que pretende, mamãe, mexendo nesta jarra de flores? Vamos ouvir a música!

Lise resolveu aceitar o pedido da filha e ouviu.

— Lua, estrela genial,

Traga-me amor.

Sois figura virtuosa,

Magia que vislumbra,

Belezas da Colina.

Quero teu toque...

Para conquistar...

A mulher que amo.

Pela madrugada,

Toda poesia quero encontrar.

Cavalgando no vento,

Cultivando ao relento;

Das vivas rosas da vida,

Do jugo perdido do amor

Busco no silêncio oculto,

Curas para minha dor.

Após terminar a sua música, Rodrigo pediu as rosas. Neste momento, Anita e Euclides presenciaram da outra janela no quarto ao lado. O pai jogou a primeira rosa e nada, nem tentaram pegar, assim foi até cansar.

— Lise, vê se coopera, não tens força nem para pegar uma rosa?

— Rosas de onde, Rodrigo?

— Isto não importa.

— Aposto como são do meu jardim.

— Deixa-me tentar, papai.

E jogando a rosa, Tarso sorriu por ver que imediatamente Andresa pegou-a no ar e beijou-a.

— Obrigada pela serenata, mas agora precisamos dormir, senhor Rodrigo.

— Fiz para ti a música, Lise!

— Obrigada e passe bem.

— Lise Cristina!

— O que foi, Rodrigo?

— Tem outra música.

— Não quero ouvir.

— Então, aceita a rosa.

— Já tenho rosas demais nesta casa.

Anita e Euclides riam baixinho, Rodrigo continua chamando, conseguindo tornar Lise nervosa.

— Mamãe, o que vai fazer com esta jarra sem as flores?

— Quantos litros de água tem aqui?

— Uns cinco litros, mamãe.

— Dá e sobra, ele me paga.

Debruçando-se na janela. Lise mirou bem.

— Preciso dormir, Rodrigo.

— Ficarei aqui até o dia raiar.

— Isto é o que veremos.

— Não faça isto, mamãe!

— Ele é pretensioso demais. Lá vai.

O seresteiro ficou ensopado e Tarso também. Foi a cena mais engraçada dos últimos tempos; Rodrigo tentava recuperar a fala.

— Passar bem, senhor Rodrigo, e deixa-me em paz.

— Megera, vê se isto são modos de dama! Vamos embora, Tarso, vejo que somos demais por aqui.

— Eu preveni, papai, mas o senhor é teimoso!

Bateram na porta, eram Anita e Euclides, que entraram sorridentes.

— Foste genial, mamãe, nunca ri tanto na minha vida. Que senhor mais insistente!

— O coitado de Tarso levou água — comentou Euclides.

— Bem merecido, quem manda ficar acompanhando o pai. Andresa, minha filha, os dois precisavam de banho frio para acalmar os ânimos.

— Até que o senhor Rodrigo é um bom compositor!

— E péssimo cantor, Euclides — afirmou Lise.

Naquele mesmo dia, ao intenso clarão do sol, Andresa cavalgando seu alazão chegava ao lugar de sempre, onde Tarso esperava calmamente. Vendo a jovem aproximar-se, o rapaz acenou-lhe e levantou. Tirando-a da cela, Tarso beijou-a.

— Passaste bem o resto da noite?

— Ouvi papai resmungando o tempo todo.

— Mamãe exagerou um pouco.

— Mas foi até engraçado!

— Não restam dúvidas!

Fizeram da relva um tapete e sentaram-se de mãos dadas, olhando a grande casa de madeira e as vaquinhas pastando logo abaixo.

— Estive pensando, Tarso. Se algum dia nos casarmos, quero passar a lua de mel no litoral. Nunca esquecerei as duas semanas que passei por lá, em Santos.

— Confia em mim, estou certo que nos casaremos e seremos felizes. Precisamos, entretanto, estudar um pouco mais, para satisfazer nossos pais.

— Saberei esperar. Tarso, o importante é estarmos juntos. Poderemos começar a planejar nosso futuro.

— Vivamos o agora, Andresa, o futuro não nos pertence. Vem, vamos descer, quero mostrar-lhe os potrinhos que nasceram nas baias,

Montaram e seguiram rumo aos domínios de Rodrigo. No alto, o bando de pombas singrou os ares em festa. Os encantos do amor dominavam a colina.

Lise embalava a neta Suzette na varanda, enquanto Anita e Euclides vagavam entre os pinheiros. Pararam, como se fosse costume, perante a grande pedra, onde as vistas vagavam por longínquas dimensões de terra. Invadia-lhe o âmago a boa sensação que transmitia a natureza, eram filhos também dela procurando na perdida contemplação a razão da existência humana.

Em vários pontos da Colina, Lise seria vista a pintar suas telas, agradecida pelo dom artístico e espontâneo, pelo amor que vaga livre e forte a coroar a Colina.

Daquele lugar, Lise tirava as forças para cumprir sua missão na terra até quando Deus a permitisse.

11
LUZES ALÉM

Virtuosas transformações sofreram aquelas vidas, no sopro dos anos que corriam céleres pelo tempo. No panorama da terra, falanges espirituais trabalhavam em prol das dores germinadas no decorrer da Primeira Grande Guerra, entre 1914 e 1918. Genuinamente, a revolução industrial atingira o Brasil, que não escapava a certa opressão política. Se o País era o povo, o povo não era o País.

Isoladas em suas terras, grande parte de famílias não se preocupavam muito com o fantasma da dor que assolava alguns cantos do mundo pós-Primeira Guerra.

O mundo de Lise circundava a Colina do Alborecer. Ainda amparada no passado, Lise notava, em frente ao espelho, que as rugas lhe brotavam no rosto e o branco dos cabelos mesclavam-se cada vez mais. Mas seus olhos eram duas ametistas reluzentes.

Madalena arrumava a mesa do café quando Lise desceu a escadaria de mármore; parecia bem disposta e trazia sorriso renovado, vestindo sempre tons de azul.

— Bom dia, senhora Lise!

— O dia está ótimo para visitar meus netos. André faz cinco anos hoje e daqui a uma semana é a vez de Vilma.

— Quando Suzette chegará com os pais?

— Estão para chegar a qualquer hora. Tu vens comigo à casa de Andresa?

— Gostaria, sim, senhora.

— Então, apronta-te, Madalena!

A chegada de Lise na casa de Andresa, que pertencera a Rodrigo, sempre parecia motivo de festa para as crianças, que brincavam na grama do jardim. Andresa abraçou fortemente a mãe, em seguida André e Vilma fizeram com que Lise se ajoelhasse para abraçá-la melhor.

— O presente, Madalena!

— Aqui está senhora.

— Feliz aniversário, André; a vovó trouxe esta lembrancinha.

— Obrigado, vovó Lise, um carrinho de bois!

— E a pequenina! Vai fazer dois anos — disse a avó amorosa erguendo a netinha.

Entrementes, Tarso apareceu com seu respeitoso bigode, osculou a testa da esposa.

— Como vão os negócios, Tarso?

— Bem, senhora, lançaremos nova linha de móveis. Em breve, penso até em comprar outro carro. Não vai ser bom?

— Aquele bicho de quatro rodas, que não para de roncar! Prefiro meus cavalos e a carruagem aberta; meu combustível é capim.

— Vou ao estábulo, querida. André, vem com o papai, vamos ver os bois.

— E o carrinho de bois, papai?

— Tua mãe guarda, meu querido!

Pulou o menino nas costas do pai e foram contentes ver os animais.

— Tarso parece triste, Andresa, que aconteceu?

— Mamãe, a senhora esquece facilmente. Ontem fez três anos que o senhor Rodrigo nos deixou e, é claro, Tarso ainda sente.

— Realmente, estou muito esquecida. Aquele arrogante até que faz falta!

— Entremos, mamãe, tenho muitos bordados novos, já que não pude aprender a tocar a harpa. Os pontos de cruz me absorvem o tempo.

— Após o Carnaval, Suzette chegará, aquela, sim, tem jeito de substituir-me.

Em fevereiro, Suzette chegou para enfeitar a Colina, sua alegria envolvia a todos, a encantadora menina moça de cabelos e olhos castanhos cavalgava bem e naquela manhã estava sendo admirada pelo pai. Perto da estrada, no banco do jardim, Anita dialogava com a mãe atenciosa, sem perderem a atenção na mocinha de treze anos.

— Assim querendo mudar de clima e pretendendo modificar minhas opiniões, Euclides resolveu morar por aqui. Onde procuraremos fazer nossa casa...

— Ficai comigo, eu estou sozinha e a companhia de Suzette me faz grande bem.

— Gostaria imensamente, mamãe, mas, como ia dizendo, Euclides mudou e católico não aceita o Espiritismo, como os judeus não aceitaram o Cristianismo.

— Não vejo mal nesta doutrina, filha! Tu me disseste que é o complemento, o Consolador a que Cristo se refere. Tem paciência e continua firme, talvez tudo melhore para nós. Acredito que todas as religiões conduzem a Deus.

— Acredita, mamãe, os pensamentos da senhora têm razão de ser. A reencarnação é a chuva viva da renovação, o renascer para os homens sofridos e cobertos pelo véu das sombras. A senhora acredita em mim?

— Quero e preciso acreditar, Anita. E nosso amor há de prevalecer!

A partir dessa época, Anita seria o anjo consolador dos fatos que se sucederiam; ela morava com a família na casa da Colina e tinha o apoio de Lise para continuar o estudo da doutrina da revelação. No compartimento secreto, que pertencera ao Barão Valério, Anita tinha seu cantinho secreto, uma estante repleta de livros. Naquele ambiente, Anita sentia novas forças iluminando seus pensamentos, bem amparada que estava por espíritos de luz.

Em dois anos, despertou em Anita a caridade e a pregação do Evangelho, começou a descer a Colina na companhia de Lise e Suzette. Começaram a visitar casas pobres e humildes, levando mantimentos e brinquedos como ajuda material, significantes mensagens evangélicas como alimento espiritual, aquele bálsamo das dores da alma. Tudo isto durante as horas que Euclides passava no trabalho. A mediunidade curativa da Anita começou a atrair pessoas, pois a jovem mulher da Colina era capaz de curar mazelas da pele e dores de cabeça. Lise orgulhava-se da filha e Suzette compreendia a importância daquelas ações.

Imprevisto ocorreu naquela manhã de inverno, quando bateu à sineta uma pobre mãe e seu bebê doente. Madalena acordou Anita.

— Que se passa, Madalena?

— Tem aí uma senhora com um bebê doente, chama por ti, parece desesperada.

A morna claridade do sol penetrava no quarto, Anita se levantou bem disposta, mas foi assaltada pelas objurgatórias de Euclides.

— Não posso admitir que esta situação permaneça, somos acordados para servir-te de médica. Ou melhor, curandeira?

— Sabes que me sinto bem assim, tentando orar pelos sofredores!

— Nosso casamento está desmoronando, Anita, e tudo por desobediência tua, teimando em sair pelos arredores com estas bobagens de o Consolador, protegendo e amparando os oprimidos, esquecendo tua missão de mãe e esposa.

— O que faço é limpo e bom, nunca me atrapalha na minha missão do lar, muito pelo contrário. Mudaste, Euclides, teu coração está enclausurado no egoísmo, quer ter-me só para ti. Digo-lhe que não nos pertencemos, somos instrumentos divinos no percurso das existências. Aceita-me como eu sou e aceitar-te-ei igualmente. Preciso descer e ver se posso ajudar esta mulher e seu filho.

Passando as mãos sobre o corpo pequenino, Anita aplicava o passe magnético; fez mesmo com a mãezinha aflita, tirando-lhe pesados fluidos e revigorando as forças vitais no corpo da mulher, para que ela pudesse amamentar a criança.

— Vai, mas voltes daqui uma semana, teu leite há de voltar e a criança melhorará aspecto. Alimente-se melhor e ore todas as noites no Ângelus.

— Deus te abençoe, senhora, não sabe a paz que me deste neste instante.

— A paz que dou vem do alto; vai com Deus!

Fitando a figura da pobre mãe, Anita ficou pensativa e voltou-se, encontrando Lise logo à frente.

— Estou feliz por ti, filha!

— Euclides está ameaçando-me, mamãe, mas hei de permanecer no meu lugar, afinal, nada fiz de ruim e tenho praticado o bem.

— Amparar-te-ei em qualquer momento, não te preocupes, Anita, mas eu estou precisando agora.

— Mamãe, a senhora não está bem?

— Pretendia não preocupar-te, mas as dores de minha vista têm aumentado consideravelmente, meus óculos não adiantam nada.

— Precisas trocar os óculos, pedirei a Euclides que traga um médico. O ideal seria um especialista, mas só em São Paulo.

— Vovó e mamãe, bom dia!

Suzette, envolta em halos juvenis, reparava algo estranho ao ver Lise sendo conduzida pela mãe e correu a descer a escada.

— Vovó Lise, a senhora não está bem?

— Tua avó sente forte dores nos olhos, Suzette, vai chamar teu pai, precisamos de um médico urgente.

— Preciso encostar-me no sofá, Anita.

Algumas horas depois o médico saía do quarto de Lise com o semblante não animador. Anita, tentando conservar-se calma, pediu explicações, Euclides perdera a atenção da filha, que esperava a resposta do médico no estofado onde permanecia.

— Tua mãe apresenta sintomas de desvios na visão, que modifica as formas querendo fugir, como faz uma lâmpada antes de queimar. Se alguma doença se instalou, eu não sei, teríamos que consultar um especialista, por enquanto, o sedativo alivia-lhe a dor. Mas receio ser um glaucoma.

— Teremos que buscar este oftalmologista em São Paulo. O senhor poderia conseguir, doutor?

— Ficará caríssimo, mas tentarei!

— Não importa, traga-o aqui.

O susto passara, Lise pintava nova tela da grama do jardim, perto donde Suzette cavalgava treinando. Pincéis misturavam tintas, encontrando na tela o reflexo de indescritível beleza. Modificou-se o cândido semblante de Lise, à sua frente tudo era nublado, a dor de cabeça voltara; deixou cair os pincéis na grama, colocando as mãos na cabeça. Tentou caminhar, mas veio a desfalecer no chão. Suzette a socorreu e começou a gritar por Anita, ao mesmo tempo que chorava desesperada.

Na cabeceira de Lise, Anita esperava ansiosa que a mãe recobrasse os sentidos. Da janela, Andresa e Tarso apreciavam Suzette brincar com as crianças. Não demorou que Euclides chegasse trazendo o médico costumeiro.

— Ainda não é o especialista, Anita — falou Andresa.

— Vejam, ela está despertando!

O casal aproximou-se, preocupado.

— Mamãe, a senhora está bem?

— Anita, onde estou?

— Na tua cama, mamãe.

Lise mantinha os olhos fixos no teto.

— Quem está aí? É Andresa?

— Sou eu sim, mamãe! — Respondeu Andresa sentando-se na cabeceira.

— Filhas queridas, não posso vê-las, tenho os olhos abertos e nada posso ver. Que será de mim? Meu Deus, estou cega!

Liquefeitas e constantes lágrimas rolavam no rosto níveo; Lise apertava as mãos das filhas, querendo ver e não podia, estava cega e a escuridão dava-lhe pavor. Aguentaria suportar os dias sem notar a luz do sol, sem caminhar entre rosas e palmas, com deixar os pincéis e tintas? A vista magnífica da Colina era conforto para sua dor. Temerosa, Lise abraçou Anita e repetia:

— Que será de mim?

— O médico chegou, mamãe, ele te examinará...

Desceram todos e deixaram Lise com o médico. Na sala, os homens dialogavam num canto, Andresa servia lanche aos filhos e Suzette voltava ao braço da mãe carinhosa, que sentada fitava uma tela de Lise. A mocinha indagava com o triste olhar.

— Mamãe, diz-me, vovó Lise vai melhorar?

— Senta-te ao meu lado, Suzette, assim. És uma mocinha e posso confiar na tua ajuda.

— Farei todo possível, mamãe.

— Tua avó voltará a andar e falará conosco, mas receio que algo modifique a partir de hoje o ambiente desta casa. Quero que sejas forte e ajudes a mamãe a cuidar da vovó.

Pesaroso, o médico desceu a escadaria e os familiares envolveram-no num semicírculo, oprimidos e em tremenda ansiedade.

— Que esperanças tem minha mãe, doutor?

— Infelizmente nenhuma, senhora Anita, Lise Cristina está irremediavelmente cega, o glaucoma instalou-se há muito. Agora é mudar os hábitos e aceitar.

Suzette compreendeu, ao olhar a tia e a mãe chorando, que teria de auxiliá-las de alguma forma. Chegara para Lise um inverno sombrio e solitário, teriam que ampará-la.

Na noite daquele dia fatídico, Anita chamou a filha e ambas tentavam acalmar Lise.

— Confia em mim, mamãe, Suzette e eu estaremos sempre a teu lado, e nada te faltará.

— Por que isso, Anita? Nada fiz para merecer! Meu Deus, quero apenas luz!

— Expliquei-te, mamãe, pagamos hoje os tributos de ontem. Neste mundo, não sofremos em vão, tudo tem razão de ser, saber sofrer é aceitar o trabalho divino de nos encontrar. Resgate e carma são um só.

— Minha visão! Sem ela nada sou! Não poderei ver meu jardim, o dia raiando não brilhará e a Colina é um eterno mundo esquecido!

— Para inverter tudo isto, basta imaginar, teu espírito não é cego, mamãe, só o teu corpo está impedido de ver o mundo. Confia na providência divina e resigna-te a aceitar tua cruz. Abrirei agora o nosso Evangelho e teremos a mensagem.

Atenciosa e emocionada, Suzette admirava a bondade de sua mãe, a força interior daquela alma disposta a servir.

— "A paciência" — "A dor é uma benção que Deus envia a seus eleitos; não vos aflijais, pois, quando sofrerdes, ante bendizer a Deus onipotente que, pela dor, neste mundo, vos marcou para a glória no céu.

Sede pacientes. A paciência é uma caridade e deveis praticar a lei da caridade ensinada pelo Cristo, enviado de Deus. A caridade que consiste na esmola dada aos pobres é a mais fácil de todas. Outra há, porém, muito mais penosa e, consequentemente, muito mais meritória: a de perdoarmos aos que Deus colocou em nosso caminho para serem instrumentos do nosso sofrer e para nos porem à prova a paciência.

A vida é difícil, bem sei. Compõe-se de mil nadas, que são outras tantas picadas de alfinetes, mas que acabam por ferir. Se, porém, atentarmos nos deveres que nos são impostos, nas consolações e compensações que, por outro lado, recebemos, havemos de reconhecer que são as bênçãos muito mais numerosas do que as dores. O fardo parece menos pesado, quando se olha para o alto, do que quando se curva para a terra a fronte.

Coragem, amigos! Tendes no Cristo o vosso modelo. Mais sofreu Ele do que qualquer de vós e nada tinha de que se penitenciar, ao passo que vos tendes de expiar o vosso passado e de vos fortalecer para o futuro. Sede, pois, pacientes, sede cristãos. Esta palavra resume tudo. Um espírito amigo (Havre, 1862)".

A lição fora certeira, atingindo as mais internas fibras do coração de Lise, que recebeu o reconforto de Anita e Suzette. Todas soluçavam envoltas numa área de luz, ampliada pela fronte de Anita. Ao lado delas, Wagner ouvira a leitura prestimosa, que soara qual prece a aliviar o sofrimento.

Atônito, Wagner pôde ver negros espectros que eram afastados dali por espíritos iluminados, seus amigos protetores. O desencarnado pôde ouvir blasfêmias e roucas vozes.

— Betsaida Júlia, tu mereces sofrer muito mais, pelo mal que fizeste a nós, nunca esqueceremos tua vingança em Roma; fugiste, mas estamos aqui para nos vingar.

Wagner sentiu todo o passado revolver, lembrava-se da história de sua avó paterna. Lise seria Betsaida? Que fizera ela antes de fugir com Wagner de Roma? Seria ele, Wagner, por duas vezes?

— Por tua culpa, meus filhos duelaram até a morte. Estamos aqui para levar-te.

— Betsaida foi antes vítima nas tuas mãos. Foi tirada da terra natal para servir de escrava para teus filhos, numa época em que se tornou inadmissível o suplício de cristãos e judeus. Nosso Pai Eterno é um só e não encobre o perjúrio, a hipocrisia, a falsidade e a maldade. Sois caluniadores e blasfemos de qualquer fé, estão perdidos e mais cegos do que esta pobre mulher. Chegou a hora de largarem este pecado nefando de vingança. Aproveitai a chance de alcançar vida melhor.

Estupefato e admirado, Wagner ouviu seu protetor que combatia os três obsessores; curioso, aproximou-se e, vendo-os ajoelhados, iniciou fervorosa oração.

— Estou envergonhado e meus filho também. Durante todos estes anos estamos vagando com falanges sombrias, contemplando guerras sem escárnio e alimentando nossas paixões. Imploro-te, clemência para meus filhos e eu.

— Sou irmão de vós e as glórias vêm do Altíssimo, em nome d'Ele rogo aos céus que envie ajuda, pois as ovelhas perdidas deixaram a vida de lobo.

Imediatamente luzes caíram sobre os espíritos repugnantes e doentes, lavando pastos de fluidos negativos impregnados no períspirito pesado. Amparados, todos seguiram rumo ao lar espiritual, onde seriam curados.

— Avia-te, Wagner, este lar está bem amparado, partamos já.

— Tem coragem, Lise, meu amor! Vamos, querido protetor.

Anita não presenciara a pequena luta, mas sentira que o ambiente antes pesado fora varrido. Leve brisa renovava o ar balsâmico e perfumoso. Lise adormecera e, ao seu lado, também Suzette aconchegou-se na cama. Guardou o Evangelho no criado e apagou os lampiões, reconhecendo quanto bem podia-se transmitir com força de bons conhecimentos e a prece, que busca no limiar as luzes além, a proteção da providência divina, que nunca desampara os sofredores.

Estávamos nos idos de 1924.

Quatro anos romperam difíceis para Lise; aceitar a inesperada cegueira fizera dela uma pessoa ainda mais sensível, no entanto, desconfiada. Sem a orientação de Anita e a proteção de Suzette, não seria capaz de suportar. Sentia que Andresa afastara-se, dedicando-se exclusivamente aos filhos. Contava, então, 54 anos bem sofridos.

Magra, mas conservando com a mesma serenidade de sempre; os olhos azuis qual órbitas mortas procuravam sons e vultos. Deixada no banco do jardim, donde podia sentir o perfume das rosas, o cantar dos canarinhos e sabiás, o murmúrio do vento nos pinheiros; sentia o tempo passar para ouvi-lo, ouvindo sons nunca reparados. Aguardava a carruagem que traria a neta. Sentiu a aproximação de alguém.

— Anita, és tu? — Dirigiu a cabeça a indagar.

— Sou eu, mamãe, Andresa.

— Senta-te ao meu lado, querida!

— Espera, Suzette?

— Sim, a alguns minutos ela chegará. Onde disse que André está?

— Foi com o pai fazer compras na cidade.

— Vilma está brincando por aí?

— Com sete anos, ela aprecia a culinária, está sob os cuidados de Madalena na cozinha.

— Anita já terminou a limpeza da biblioteca?

— Quando saí de lá faltava pouco. A senhora está sabendo do novo negócio de Tarso?

— Corrida de cavalos!

— Ele desistiu, pretende abrir uma filial da fábrica de móveis; Euclides entrará como sócio.

— Sempre tem sociedade nessa família!

— Mamãe, estive olhando tuas joias, é previdente guardá-las num cofre.

— Toma as providências que achares necessárias; Anita poderá ajudar-te.

Anita trazia a sobrinha pelas mãos ao encontro das duas que dialogavam.

— Andresa, sua filha precisa de ti.

— Vem, Vilma, mamãe está conversando com a vovó, vem querida.

— Preciso da senhora — pediu a menina puxando a saia de Andresa.

— Deixa-me ir, mamãe.

— Ficarei com Anita, filha.

— Tudo em ordem na biblioteca?

— Preciso saber onde guardar os dois diários do vovô, achei-os empoeirados.

— Guarda-os com teus livros na sala secreta, agora cinco sabem dela.

— Euclides nem pode sonhar.

— Seria bom lugar para guardar as joias, Andresa esteve falando que poderia ser no banco. O que achas, filha?

— A senhora decide, mamãe.

— Guarda-as lá juntamente àquela tela inacabada. Ouve, Anita, uma carruagem e outro barulho estranho.

— Ouviste antes de mim, mamãe!

Na carruagem vinha Suzette e o cocheiro, logo atrás numa baratinha vinha um rapaz bem vestido, que seguia o antigo veículo, boquiaberto perante a beleza de Suzette.

— Um automóvel, mamãe! Suzette chegou!

— No automóvel?

— Não, na carruagem da senhora.

Parou a baratinha e o rapaz galante correu a descer a jovem da carruagem.

— Bom dia, senhorita! — Disse erguendo-a pela cintura e colocando-a no chão.

— Por acaso nos conhecemos de algum lugar?

— Infelizmente não. Estou aqui para visitar a senhora Lise Cristina.

— Minha avó! Ela está logo ao lado de mamãe, vem senhor.

— Senhor não, apenas Contardo.

— Vem, Contardo, estou curiosa!

Aqueles olhos entrechocaram-se intensamente a brilhar, Suzette não conteve o sorriso.

— Sabes que tem um belo sorriso?

— Obrigada, Contardo! Estás gostando de nossa terra e nossa gente?

— Parece-me um pedaço da Europa, minha mãe era natural daqui. Estou admirado e cada vez mais me sinto em casa, senhorita...

— Desculpa-me, meu nome é Suzette.

— Sugestivo tal qual a dona!

— Vovó, tem aqui um rapaz querendo conhecer-te.

— Aproximai-vos, estou curiosa!

Contardo logo viu que se tratava de uma cega, com o olhar percebeu a bondade no semblante de Anita, sorriu então.

— Senhora Lise, é com imenso prazer que venho a conhecer-te; sou Contardo, filho de Luiza.

— Meu Deus, o filho de minha inesquecível Luiza! Vem rapaz, quero segurar tuas mãos.

Timidamente, Contardo estendeu as mãos, deixando Lise acariciá-las como fazem as mães.

— Senta-te a meu lado, filho, dá-me notícias de Luiza e Norberto.

— Eu nasci um ano após a partida de meus pais e completei 24 anos recentemente. Ambos já se foram, senhora! Meu pai de ataque cardíaco e minha mãe de aneurisma cerebral. Meu meio-irmão Fabiano se casou e tem um casal de filhos.

Toda a euforia esmoreceu e as lágrimas preencheram a euforia nos olhos de Lise; Contardo sentiu profunda emoção e foi conquistado pelo calor humano daquela pessoa sofrida e marcada.

— Todos se vão e eu ainda estou aqui!

— És nova, senhora!

— Já vivi demais. Contardo, e tua mãe foi uma de minhas melhores amigas.

— Ela sempre se referiu à senhora e sonhava em tornar a ver-te. Disse-me no leito, enferma, que viesse visitar-te um dia. Terminei meu curso de advocacia e aqui estou, satisfeito por conhecer pessoas tão boas, num lugar tão bonito.

Suzette olhava-o embevecida na voz agradável e no olhar fixo, como a olhar pequena esfera de mel. Porte esguio e cabelos negros e brilhantes, barba cerrada e curta. Dentes de marfim!

— Estou orgulhosa de ti, filho; Luiza daria tudo para ver o filho tão bem e talvez esteja vendo. Não é mesmo, Anita?

— Pode ser muito bem, mamãe!

Soou o sininho da cozinha:

— Ajuda-me, Contardo, o almoço está servido.

— Estou mesmo com fome.

— Parece-me alto! Ele é alto Suzette?

— Sim, vovó, ele é alto.

— Mais bonito que os rapazes comuns?

A moça ficou vermelha e olhou Anita que sorriu.

— Responde, Suzette, tu podes responder.

— Sim, vovó, ele é mais bonito que os rapazes comuns!

Contardo suspirou fundo, Suzette estava ao lado dele. Sorriram ambos.

— Suspira bastante, Contardo; nesta família as moças são mesmo de estourar corações. Não é mesmo, Anita?

— A senhora é quem sabe, mamãe!

Meses após a chegada de Contardo, que instalara um escritório de advocacia na cidade, a baratinha era vista na curva da estrada. Daquele lugar montanhoso, do pequeno carro, Contardo e Suzette podiam vislumbrar a imensidão do relevo, revestido de colinas e serras, que encontravam as nuvens cirros do entardecer. A brisa falava de paz e tranquilidade. E as araucárias reinando soberanas.

— Queria ter o poder de parar o tempo e ficar aqui a olhar-te horas sem fim, Suzette. Acredita em mim, amo-te, foi um raio que me atingiu no primeiro olhar, como se nos conhecêssemos há tempos atrás.

— Mamãe explica tudo isto com clareza, ela garante termos estado juntos em outra vida e agora nos encontramos novamente.

— Pode ser, quem sou eu para discutir?

Acariciando as faces de Suzette, Contardo foi chegando cada vez mais perto.

— Poderei ajudar-te no escritório.

— Tua avó não gostará. Esquece o trabalho, este momento nos pertence, Suzette.

— Eu te amo, Contardo!

Fechando os olhos, Suzette deixou-se beijar demoradamente.

— Daria tudo para permanecermos aqui, onde a natureza parece cantar glórias ao nosso amor e embelezar-se para agradar nossas procuras. Diz que estaremos sempre juntos.

— Suzette, tenhas a certeza de que jamais sonharei em deixar-te. Meus dias agora clamam por tua companhia e ao deitar-me clamo por teus carinhos. Em breve, estaremos eternamente juntos, será maravilhoso nosso casamento no próximo ano!

Amanhecera o ano de 1927.

Da janela de seu quarto, Lise descobrira que, para cada estação, o vento tinha nova melodia e renováveis essências; mudavam também os pássaros. A escuridão não mais amedrontava seus caminhos, parecia sempre encontrar viva chama entre as trevas. Os momentos de meditação traziam-lhe as recordações; quantos partiam e ela permanecia notando o acréscimo da família, vozes sempre modificando. Sabia que era inverno e o vento gélido tocava a cabeleira prateada. Tarde calma e monótona. Passos delicados, abriu-se a porta e Lise permanecia inerte.

— Anita, minha filha, já nasceu teu neto?

— O mais lindo menino que já vi mamãe!

Abraçaram-se ternamente.

— Suzette tão nova, nem completou dezenove anos!

— É a quarta geração mamãe, aos cinquenta e sete anos, és bisavó mais nova e bela de Campos do Jordão!

— Leva-me até Suzette, preciso estar com ela.

A jovem mãezinha admirava o filho e a seu lado Contardo sorria sem parar. Euclides conversava com o médico. Logo entraram Lise e Anita, para a euforia de Suzette.

— Vem ver teu bisneto, vovó Lise! Nosso Yuri é um belo garoto!

— Estou chegando, filha, senta-me Anita.

Em seguida, Anita tirou o neto dos braços da mãe e depositou-o no colo de Lise, que o segurou firme e acariciou de leve seus poucos e finos cabelos. Lágrimas indescritíveis de emoção rolaram quentes dos olhos de Lise, sentia ela uma emoção nunca experimentada.

— Como sou feliz, meu Deus! Agora, sinto-me realizada, tenho minha família que a cada dia alcança maior prosperidade. Afinal, poderei partir feliz e confiante. Sinto não poder abençoar com os olhos a figura da nova geração.

— Tuas mãos o abençoam, mamãe!

— Estão ouvindo, meus filhos?

— Que dizes, vovó?

— Suzette, não ouves a Sonata ao Luar de Debussy? Aquela que aprendeste tão rapidamente!

— Não posso ouvir, vovó. A senhora ouve, mamãe?

— Sim, eu posso ouvir, Suzette, suave e comovedora sonata!

— Já se foi o médico, Anita.

Com um sinal Contardo pediu silêncio a Euclides e assim permaneceram todos, respeitando a ilusão de Lise. Ao lado de Lise, Luiza, a avó, ali estava para abençoar o neto, seu filho Contardo e toda a família.

— Querida amiga, Lise Cristina, que em breve possamos nos ver numa das Moradas de Nosso Pai Celestial.

E o quarto se inundou com uma chuva de pétalas de flores azuis e de luz.

Dia comum no escritório de Contardo; em seu gabinete o jovem advogado assinava alguns papéis. A secretária entrou para anunciar alguém.

— Está aí o senhor Tarso. O senhor irá recebê-lo?

— Sim, manda-o entrar, Sônia.

Tarso tinha olheiras como se não dormisse há alguns dias. Contardo estendeu-lhe a mão, em seguida sentaram-se.

— Em que posso ajudar-te, tio?

— Estou em grandes apuros, Contardo, e preciso de teu serviço. Estão culpando-me de um desfalque na empresa e sumiram todos os documentos de um empréstimo que eu mesmo executei, de maneira que precisa dispor de parte de minhas terras para sanar a dívida.

— E o senhor Euclides?

— Depois que tu deixaste a casa da Colina, ele parece estranho e anda discutindo comigo. Culpando-me arbitrário.

— Suzette não gostará de saber do comportamento do pai.

— Nem precisa; estou com dó é de Anita e da pobre Lise, que tem piorado a cada dia. Andresa está desesperada, parece que perde a confiança em mim e exige providência.

— Farei o possível, mas preciso saber de tudo nos mínimos detalhes.

Anita olhava a mãe enferma, que demonstrava tremenda apatia, como a querer deixar o corpo velho e cansado, sentia-se uma estátua e o sinônimo de uma prisão de carne.

Madalena, a criada fiel e amiga, anunciou-se.

— Entra, Madalena, Euclides já chegou?

— Está na biblioteca, Anita.

— Fica com mamãe, tenta conversar com ela.

Nervoso, Euclides foliava a esmo as páginas de um livro, ao que Anita adentrou-se no recinto:

— Foi bom encontrar-te, Euclides, precisamos conversar seriamente.

— Vai falando, tenho pressa.

— Aqui nesta casa, eles pensam que ainda estamos no amor de antes, não sabem de tua mudança radical para pior e nem imaginam tua ausência por noites seguidas. Não desconfiam sequer de teu comportamento e tuas acusações a Tarso, mas tu não podes me enganar.

— Escolheste tua doutrina e faz tuas caridades, rompemos nossos laços amorosos e nada tenho a dizer de meus problemas financeiros.

— Os homens mudam, é verdade, mas tu mudaste demais e quer aniquilar-me com tuas exigências. Continuarei minha missão e aumentarei meus cuidados para com mamãe. Peço-lhe apenas que nos deixe em paz, não suje e nem modifique a reputação de minha família.

— Tua formalidade irrita-me, Anita, sinto-me mal a cada revelação. Que santa és tu, que ampara os desvalidos e ignora-me?

— Estás enganado, Euclides, nunca deixei de pensar em ti, meu amor é o mesmo de vinte anos atrás. Teu egoísmo e ciúme é que modificaram nossas relações e emudeceram as carícias de amor.

— Não posso ouvir asneiras, preciso ir.

Deixada sozinha, Anita relutou alguns segundos, deteve as lágrimas, que não mereciam cair e voltou ao quarto de Lise, onde a cega sentada chamava pela filha.

— De que necessitas, mamãe?

— Novos ensinamentos, filha!

— Madalena, por favor, desce e daqui a uma hora traz a canja de mamãe.

— Obrigada, Madalena!

— Não foi nada, senhora.

— Lembrei-me de teu avô Valério, antes de partir começou a interessar-se mais pelo Evangelho, mas não este que usamos.

— Sente a diferença, mamãe?

— As parábolas são as mesmas, mas o estudo é bem mais satisfatório. Penso que Allan Kardec foi um escolhido por Jesus para nos trazer o Consolador.

— Está certa, mamãe, ele é mesmo o pai da doutrina reveladora. Os escolhidos de hoje são os cativos de ontem.

— Abre o Evangelho, Anita.

Concentrou-se Anita descerrando as célebres páginas da formidável fonte de ensinamentos de Allan Kardec.

— "Dever-se-á por termos às provas do Próximo? Pergunta 27. Deve alguém pôr termo às provas do seu próximo quando possa, ou deve, para respeitar os desígnios de Deus, deixar que sigam seu curso? Deus, deixar que sigam seu curso?

R – Já vos temos dito e repetido muitíssimas vezes que estais nesta terra de expiação para concluirdes as vossas provas e que tudo que vos sucede é consequência das vossas existências anteriores, os juros da dívida que tendes de pagar. Esse pensamento, porém, provoca em certas pessoas reflexos que devem ser combatidos, devido aos funestes efeitos que poderiam determinar.

Pensam alguns que estando-se na Terra para expiar, cumpre que as provas sigam seu curso. Outros há mesmo, que vão até o ponto de julgar que, não só nada devem fazer para as atenuar, mas que, ao contrário, devem contribuir para que elas sejam mais proveitosas, tornando-as mais vivas. Grande erro. É certo que as vossas provas têm de seguir o curso que lhes traçou Deus; dar-se-á, porém, conheçais esse curso? Sabeis até onde tem elas de ir e se vosso Pai misericordioso não terá dito ao sofrimento de tal ou tal dos vossos irmãos: "Não irás mais longe?" Sabeis se a providência não vos escolheu não como instrumento de suplício para agravar os sofrimentos do culpado, mas como o bálsamo da consolação para fazer cicatrizar as chagas que a sua justiça abrirá...?".

Prestando atenção enorme, Lise deixava-lhe cair as lágrimas da redenção, podia ver luzes entre as trevas abomináveis; eram chamas vivazes a envolver seu coração. Raios luminosos saíam do peito de Anita, envolvendo a mãe doente. Do além, chegaram espíritos amigos e iluminados para amparar aquela casa.

Entre os pinheiros, o dia dava lugar à noite, o sol rutilante, qual rubi do criador, desapareceu nas sombras do horizonte aurifulgente. Grande paz adormeceu sobre a Colina do Alborecer.

Osculando as faces de Lise, Suzette transmitia sua jovial e saudável companhia.

— Onde está Yuri, Suzette?

— Lá embaixo com o pai.

— Desçamos então, ajudai-me as duas.

Amparada entre a filha e a neta, Lise desceu a escadaria de mármore, ouvindo os passinhos de Yuri pela casa. Os gritinhos infantis.

— Este menino é mesmo precoce, Suzette! Com um ano apenas faz coisas demais.

— Vem com a mamãe, Yuri!

— Vai, Yuri, papai fica te esperando.

— Senta-te, vovó, Yuri vai brincar com a senhora.

Retirou-se Anita para a cozinha, as criadas levavam os pratos e talheres para a mesa.

Madalena dirigiu-se à dona de casa substituta:

— Mamãe jantará conosco, traz a canja para a mesa. Precisa dizer-me algo?

— Dr. Euclides não vem jantar.

— Já esperava por isto.

Suzette e Lise entretinham o menino, que pulava no estofado.

— Vovó Lise, é verdade que chegará um carro para esta casa? — Indagou Contardo.

— Resolvi, meu caro, são as necessidades, não quero que me chamem de antiquada.

— Fico feliz, vovó.

— Ouço o som de um carro.

— Sim, vovó, está chegando alguém.

Contardo foi abrir a porta, por onde entraram Andresa e as crianças para alegrar o ambiente. A mesa estava pronta, mas Anita voltou para pedir novos talheres e pratos e recebia os beijos dos netos.

— André está um rapazinho pelo que me parece!

— Concordo, mamãe, e Vilma está bem grandinha.

— Não ouço, Tarso! Onde está este homem?

— Ele não veio, mamãe, viajou a negócios.

— Estou sabendo, ele me avisou — confirmou Contardo.

— Vinde todos, vamos jantar.

— Anita, as crianças e eu já jantamos, ficarei só olhando e elas ficarão brincando na sala.

— Deixa-me ajudar-te, vovó Lise.

— Gosto de braços fortes, Contardo. Como é bom estarmos reunidos aqui, não é Suzette!

— Muito bom, vovó, como a senhora gosta!

— Anita, precisamos conversar depois.

— Também previ que tocasses no assunto.

— Estou preocupada, para não dizer desesperada — acentuou Andresa a baixo tom.

Mais tarde na biblioteca, as duas irmãs se encontravam a sós, Anita trancou a porta. Dando uma volta, Andresa colocou a mão na cabeça.

— Confesso-te, Anita, nunca estive tão desorientada. Estão tachando Tarso de ladrão e ele não pode provar o contrário, tramaram um golpe contra ele.

— Tentei interrogar Euclides, mas nada consegui. Estou igualmente desorientada, Andresa, tenhamos calma para conseguir resolver a situação sem envolver mamãe.

— Concordo plenamente, mamãe não tem estrutura, a angina ataca-lhe o coração fraco.

— Eles hão de colocar tudo a limpo. Temo apenas por nossa amizade e tranquilidade.

Amparando-se em Anita ao segurar-lhe as mãos, Andresa continuou suas indagações:

— Acredita mesmo que nossa família esteja correndo algum risco?

— Lamento que sim. Estávamos tão compenetradas com nossos filhos, o lar e obrigações, que não descobrimos a súbita mudança no ego de nossos maridos. Aguentemos aquilo que a nós está confiado e cabe a nós resolvermos ou apaziguarmos com bom grado. Acha que conseguiremos?

— Tenho fé que sim, Anita!

— Sinto apenas que a verdadeira fé não é deste mundo. Estamos sujeitas a provações ocultas no circunlóquio das existências.

— Devo ir, as crianças precisam deitar-se cedo. Nos comunicaremos assim que os novos acontecimentos projetarem suas consequências.

Deixaram o recinto e uniram-se ao resto dos familiares, ouvia-se bem alto a algazarra das crianças.

Após as despedidas, Anita subiu a escadaria amparando a mãe cansada com extremada paciência e carinho. Lise logo acomodada estava no leito confortável e macio.

— Anita, minha filha, sinto-te cansada e preocupada.

— É impressão tua, mamãe, vamos orar.

— Podes não querer contar-me, mas tenho certeza de que algo acontece, vi as mesmas mudanças em Andresa. Outro que me deixa preocupada é Euclides. Como um homem pode mudar tanto! Hoje, depois que assinei aqueles documentos...

— Documentos, mamãe? A senhora assinou-os?

— Alguns são da fábrica, que está em má situação. Por que este susto?

— Não é nada, mamãe, tudo há de correr por caminhos certos. Podemos ler o Evangelho.

— Preciso dizer-lhe algo antes. Sinto esgotar-me os dias e fiz meu testamento, que está no cofre da biblioteca. Sei que em tuas mãos tudo estará bem.

— Nada de pensar nestas coisas, mamãe, vamos orar, abre o Evangelho.

E tomando o livro nas mãos, Lise descerrou-lhe as páginas entregando-o a filha.

— "Não saiba a vossa mão esquerda o que dê a vossa mão direita.

13. Chamo-me Caridade; sigo o caminho principal que conduz a Deus. Acompanha-me, pois conheço a meta a que deveis todos visar.

Dei esta manhã o meu giro habitual e com o coração amargurado, venho dizer-vos: Oh! Meus amigos, que de misérias, que de lágrimas, quanto tendes de fazer para secá-las todas! Em vão, procurei consolar algumas pobres mães, dizendo-lhes ao ouvido: coragem! Há corações bons que velam por vós, não sereis abandonadas; paciência! Deus lá está; sois dele amadas, sois suas eleitas...".

Prometia a noite sobre a Colina, horas de sereno repasso, no qual o espaço cobria-se de incontáveis astros luminosos e a lua nova timidamente parecia vagar entre as nuvens sombrias. Silêncio profundo.

No amanhecer, ouvia-se trovoadas ao longe, em contraste com o sol que pretendia aquecer cada colina, os pinheiros e o mais ínfimo ser da natureza.

Anita trazia Lise para a amena brisa, que refazia os aromas do jardim.

— Senta-te, mamãe, e sinta o frescor da manhã. Vou à cozinha e não demoro.

— Não mereço um beijo de despedida?

— Mamãe e tuas brincadeiras!

Osculou Anita as faces de Lise.

— Deus a abençoe, filha querida, és a única a entender-me plenamente.

Solitária, Lise ouviu o João-de-barro no prenúncio da chuva, ventava e as ramagens baixavam agitadas. Levantou-se Lise e, apoiando-se nas pilastras, alcançou a grama do jardim. Forte bramia o vento, fazendo esvoaçar o vestido e os cabelos esbranquiçados da cega mãe da aceitação. A curtos passos, Lise foi atravessando o jardim, como sendo guiada pelo instinto que governa igualmente alguns animais.

Não pôde ver Lise a imensa e arrebatadora cortina que chegava varrendo o relevo verdejante e montanhoso. Embora brilhasse o sol, fez-se chuva de verão e Lise recebia agradecida as graças dos elementares seres do Senhor. Grande alegria invadiu aquela alma no momento da plena libertação, afinal, chegava defronte à paisagem dos arredores. Estendendo as mãos aos céus, Lise deixava a chuva chicotear-lhe o corpo debilitado.

Declinando-se na pedra, pôde sentir e depois deitar na brutalidade do ser inerte e frio. Incessante, a chuva caía sobre a figura da mulher esquecida.

Em seguida, os gritos aflitos de Anita chamando pela mãe. Vendo Lise entregue ao desalento, Anita correu a abraçá-la, erguendo o corpo sem vida. Então, Anita chorou copiosamente, não importando o sol e a chuva. Lise estava novamente livre e amparada na casa do Pai amoroso e verdadeiro.

Luiza, então, abraçou a amiga e irmã de coração, subindo aos céus num aurifulgente facho de luz, como se fossem dois anjos redimidos.

12
TELA DO PASSADO

Lise acordou com um sonho maravilhoso e abrindo os olhos sentiu luzes intensas ameaçando sua retina. Como podia ser? Lembrava-se de um breve retrospecto de sua vida, a figura magnânima de Wagner a chamá-la. Era cega e podia ver luzes, temia abrir os olhos de repente. Envolvida pela paz local e pelo ambiente memorável, sentiu o alívio que traduzia aquelas palavras de outra mulher.

— Mantenha-te calma, Lise Cristina, recobraste tua visão, não tenha medo de enxergar. Sou tua amiga e amparar-te-ei.

Devagar, Lise descerrou os olhos, deslumbrando-se ao ver, principalmente por vislumbrar a meiga figura da inesquecível amiga.

— Luiza, és tu?

— Estou feliz por receber-te, Lise Cristina. Tiveste a sorte de ser amparada em Nosso Lar, que agora será tua residência

— A morte, bem me disse, Anita, é uma libertação! Deus seja louvado!

— Isso não ocorre com todos, muitos encontram prisões infernais nas sombras de suas desilusões.

— Que lugar é este? Onde estão minhas filhas?

— Estás num hospital de recuperação, onde trabalho.

— Luiza, minha amiga, quanta bondade em receber-me no amparo de teu carinho. Estou confusa, minha cabeça é um tumulto de acontecimentos e vozes.

— É a transição; ficaste seis meses envolvida pelo passado, visitaste bons e maus lugares, vindo a ser amparada e tratada.

— Poder ver novamente é maravilhoso! Mas eu gostarei de sair daqui e interrogar-te.

— Contenta-te com interrogações, ainda não podes deixar o hospital.

— Nosso Lar é uma colônia espiritual?

— Certamente que sim; Nosso Lar é exemplo de colônia bem amparada e orientada.

— Aqui poderei encontrar Wagner?

— Receio que não, Lise!

— Luiza, tu estás sozinha?

— Não, eu moro com Norberto em nossa casa.

— Por que não posso encontrar Wagner?

— Ele já nasceu, reencarnou há quase dois anos, Lise.

— Ficarei sozinha?

— Ficarás comigo e amanhã poderemos visitar lugares bonitos.

— Tens um filho maravilhoso, Luiza. Suzette é feliz com Contardo!

— Tenho uma boa novidade para ti.

— Diz-me, estou impaciente.

— Suzette é a reencarnação de Laurita, sua mãe, e Contardo é de Adolfo, o médico que seu pai eliminou.

— Meu Deus, quanta bondade! Aí está a razão da felicidade deles, que sobrepujaram a infelicidade da renúncia. Por isso, sentia-me tão apegada ao amparo de minha neta.

— Estas e outras revelações serão esclarecidas na tela do passado.

— Tela do passado?

— Lá tu verás os acontecimentos passados e poderá adquirir ânimo para tua nova vida.

— E o Barão Valério?

— Ele está ótimo e ansioso por rever-te.

— Quando será?

— Muito em breve. Acredite, Lise!

— Estou muito agradecida por voltar a enxergar e ter novas oportunidades de renascimento em todos os sentidos.

— Yuri é seu bisneto e meu neto, temos muito que comemorar!

Ergueu-se a recém-chegada e, abraçando a amiga, apresentava-se jubilosa e agradecida pela paz daquele ambiente e o reconforto daquelas palavras consoladoras.

Na manhã seguinte, saíram as duas amigas a passear pelos jardins imensos, onde frondosas árvores mantinham espessas folhagens entre as quais cálices perfumosos aromatizavam o ar matinal. O morno sol aquecia aquelas almas libertas e Lise encantava-se com a boa vista de pessoas que se recuperavam como ela; cheias de interrogações e o coração clamando pela estabilidade de forças harmoniosas.

— Sinto-me jovem e fortalecida, Luiza: seria capaz de enfrentar as revelações de minha vida.

— Tudo tem seu tempo! Vê quem espera próximo daqueles canteiros de lírios!

— Seria possível? Seria ele?

Lise reconhecia, na figura paterna daquele homem, o perfil reconstruído do Barão Valério. Aproximou-se trêmula de emoção e jogou-se nos braços do bondoso homem, naquele momento com as feições de quando possuía rosto e corpo no auge de sua beleza.

— Que saudades, senhor Barão! Como é bom ver-te tão belo e irradiando sempre tanta luz!

— Lise querida, bem dizem que o sofrimento enobrece e cura o espírito e aqui estou, perfeito a amparar aqueles que ainda sofrem.

— Não compreendo, porque Wagner, que chegou depois, desencarnou depois e voltou antes do senhor.

— Felizmente não necessito voltar à terra por esses anos e espero por Rosalva na figura de Anita.

— Anita, minha filha? Que acontecerá a Euclides?

— Anita e eu representamos o mesmo amor de Wagner por ti, ela apenas está ao lado de Euclides por dívidas de vida anterior.

— Novas revelações, Luiza!

— Deixar-vos-ei à vontade, tenho vários afazeres nas Câmaras de Retificação.

Pelas alamedas caminharam na eloquência do grande encontro, sentiam-se vigorosos e, entre o vislumbre do lugar, reataram o passado de boas lembranças e animavam as esperanças no interior de suas consciências. Muita luz, flores mil; almas a caminho da decisão no progresso da redenção.

Saboreavam apetitosas e doces frutas pela manhã, semelhantes às nectarinas e uvas da Terra. Olhando Luiza e Norberto, Lise pensava na companhia tão esperada de Wagner. Tudo se revelava em novo esplendor, lembrava-se do Evangelho — "Há muitas moradas na casa do Pai". Nosso Lar acomodava o aprimoramento de milhares de espíritos, esclarecidos ou não. Aquela era uma das moradas do pai, entre os céus do Rio de Janeiro, divisa com o estado de São Paulo.

— Em que pensas, Lise? Estás calada, parece triste!

— O novo ambiente doméstico é confortador, Luiza, vós sois maravilhosos, mas existe a tormentosa curiosidade de saber notícias dos meus e o paradeiro de Wagner. Peço forças para aguentar a espera, recuperar meu lugar ao sol e aprender mais aqui em Nosso Lar.

— É lícito esclarecer, Lise — acentuou Norberto. — Nós aqui estamos provisoriamente, em breve descerei ao mundo da terra, a fim de ajudar minha primeira família e daqui alguns anos Luiza também partirá. Nosso Lar anima e revigora nossos ânimos, ensina-nos a vencer deleites viciosos e prepara-nos para a reencarnação, tudo isto amparado no nosso trabalho.

— Anima-te, Lise, somos nós amigos devotados e fiéis. Antes da partida de Wagner, ele chamou-me por temer as fraquezas da carne. Tudo programado e ele teve que descer ao resgate, que beneficiará a todos. É claro que o livre-arbítrio atuará no meio, envolvendo sucessos e desgostos até as decisões da nova vida.

— Será que demoro a reencarnar?

— Teus serviços são necessários aqui, tu saberás o porquê e entenderás os desígnios do Senhor, que lentamente esclarece os novos rumos das nossas vidas, segundo nossos merecimentos. É melhor descobrir por tua própria capacidade, a sensação é maravilhosa e tudo se esclarecerá.

— Tenho encontro marcado com o Barão, após as revelações da tela, conhecerei a casa dele.

— O Barão sofreu muito com a trágica morte de Wagner, removeu esforços para recuperar o colapso sentimental do filho, que não aceitava a ideia da morte. Além do mais, estava coberto de nuvens sombrias de paixões desvairadas. Cuidou de amparar o filho assim que se reencontraram aqui na colônia.

— Precisamos ser rápidos. Luiza, esqueceste do nosso horário?

— Tens toda razão, Norberto. Vamos Lise, que novas revelações te aguardam na Tela do Passado.

Amparada por simpática senhora de sua idade mais ou menos, Lise encontrou na ampla sala um senhor de branca cabeleira, que veio recebê-la sorridente. Vestia uma túnica muito alva com um tecido semelhante à seda.

— Sou Lúcio, teu instrutor, Lise. Não temas as lembranças passadas, a tua vida passada e as revelações instrutivas.

— Confio na tua demonstração de hospitalidade. Confesso estar ansiosa, senhor Lúcio.

— Que o Senhor ampare teus caminhos, Lise Cristina, há enigmas e verdades na tela.

— Assim seja! Estou muito ansiosa, caro amigo Lúcio!

Sentando-se corajosa e apreensiva, Lise deixou-se relaxar; só aí a tela iluminou-se e entre as luzes uma imagem surgiu. Via-se Lise, na vitalidade de sua adolescência, o dia célebre da chegada de Wagner à fazenda de seus pais. Daí para frente a lembrança se fez mais viva e eloquente fulgor de emoção tomou posse do coração da mulher, que despertara do holocausto da cegueira.

Rever o início da vida conjugal, os encantos de um homem que despertava o amor em Lise num lugar magnífico, anos felizes. A Sonata ao Luar acompanhava como fundo musical de um amor inquebrantável e eterno. Lágrimas de emoção pendiam a cintilar no rosto envelhecido. A experiência do Barão e a chegada das filhas animava-lhe a alma inexperiente, graças ao milagre do amor. A renúncia da mãe, as maldades de Marconi chocavam visões e causavam o ridículo contraste. Lise sentia-se marcada a sofrer pelos erros alheios.

Lorena transformara-lhe a vida e fora capaz de trair sua amizade pela paixão de viver bem e amar Wagner. O auge aproximava-se, o trágico acontecimento voltava tormentoso. Um grito de Lise fez com que a tela apagasse e a luz voltou ao ambiente.

— Senhor Lúcio, perdoa-me, preciso ter notícias de Wagner.

— A reencarnação é programada segundo as necessidades, Lise. No caso de Jurema, havia necessidade de envolvê-la no halo do amor da família de tal modo a reatar a amizade dela por ti e diminuir o sentimento de culpa. Nasceu Andresa.

— Andresa é Jurema, jamais poderia imaginar, senhor Lúcio!

— Quanto aos outros, Laurita e Adolfo, já sabes que Suzette e Contardo revivem na plenitude do amor. Rosalva como Anita, resgata em favor de Euclides. Tarso é sustentado na escalada pelo vulto de Andresa. Loreta, Lorena e Marcelo; retornaram igualmente no remorso de suas culpas. Todos retornam ao seio da nobre escola da vida, que lapida o homem até que ele brilhe livre de impureza. Jurema, no corpo de Andresa, recebeu Loreta como filha no corpo de Vilma e também o cigano Marcelo no corpo de André; todos seus netos.

— Continuaremos amanhã, mas antes gostaria de saber onde nasceu Wagner.

— Teu bisneto, Yuri, poderá responder-te melhor e acertadamente.

— Meu Deus! Estão voltando todos no mesmo grupo familiar para que os resgates tenham continuidade!

— Em Nosso Lar os anos produzirão reconforto, Lise, e tuas forças renovar-se-ão.

— Devo ir, obrigada por tudo. Em breve quero trabalhar e prosperar. Sonho em adquirir permissão para visitar minha família.

— Deus te ampare, Lise Cristina!

— Mais uma pergunta, senhor Lúcio?

— Tentarei responder, minha querida!

— E meu pai, onde está?

— Infelizmente, no Umbral. Marconi se perdeu, mas ainda há esperanças de ser socorrido em breve.

— A colônia de espíritos das sombras! Pobre papai, quanta ambição e maldade!

— Deus é justiça e amor, Lise! Vai confiante.

Em Lise despertava, além da confiança, a fé de vencer e o bem de servir acima de tudo.

Caminhando ao lado do Barão Valério, atingiram imensa praça de extensos jardins, onde se aquietavam flores singelas e bailavam árvores frondosas. Tanta luz, imensa sensação de deleite e a nobre figura amiga. Lise olhou surpresa o belíssimo palácio com torres que pareciam beijar o céu.

— A cada passo vejo maravilhas nunca sonhadas e ao mesmo tempo não estranho tanto.

— Nesta praça, os seis ministérios se encontram na Governadoria, o centro de encontro e decisões onde há mais de um século o Governador trabalha em prol da colônia, incansavelmente.

— Luiza explicou-me, são os ministérios do Auxílio, da Regeneração, da Comunicação, do Esclarecimento, que nos aproximam da terra e os Ministérios da União Divina e da Elevação, que nos aproximam das esferas superiores.

— Estás bem disposta, Lise Cristina?

— Após saber das reencarnações, que se sucedem para melhorar nossa evolução, estou convicta de suportar melhor tudo que convir ao meu aprimoramento espiritual. Devo grande parte de minha compreensão a Anita, que abraçou a renovadora doutrina do Espiritismo e ampliou minha visão. Hoje, sei que todo sofrimento tem sua razão de ser. Agrada-me muitíssimo esta eterna primavera de Nosso Lar e o tom divino da nova vida, sinto-me mais jovem e bela, agradeço sem descanso a volta de minha visão.

— Logo que passares pela fase de ajustamento, novos horizontes de esclarecimentos abrir-se-ão à tua frente e serás ainda mais grata.

Passos calmos e diálogo por demais edificante, trocavam ambos o realce de nobre amizade, na verdade uma relação de outras vidas juntas.

Com o entardecer, chegaram à simples e bela casa de Valério que ostentava delicado jardim, onde rosas abriam-se perfumosas.

A um canto da sala Lise observou maravilhada, ali estava a magnífica harpa, que muito traduzia sua vida passada e a sensação de inspiração.

— Tens a harpa, senhor Barão?

— Tais objetos que só podem melhorar nosso estado espiritual são bem-vindos em Nosso Lar. Afinal a música revigora as vibrações mentais, harmonizando consideravelmente nosso estado psíquico e aumentando nosso campo de recordações: gostaria muito de ouvir-te, Lise.

Tomada de indescritível emoção, Lise abraçou a harpa, concentrou seu pensamento aos áureos anos de sua felicidade na Colina do Alborecer, onde Wagner, belo e saudável, dava-lhe o lar promissor e sonhado, onde sua inspiração renovável enchia de magia a muralha de grande amor, erguida nas mais íntimas fibras de seus corações.

Nunca soaram tão magnânimas as finíssimas cordas que os delicados dedos tocaram. A Sonata ao Luar, ou Clair de Lune, de Debussy representava o encanto místico de primorosos casos de amor. Toda a melodia conseguia percorrer grande extensão da colônia, fazendo com que muitos se beneficiassem. Tênue luz envolveu todo o corpo de Lise, deixando Valério extasiado e feliz. Durante o tempo que durou a sublime interpretação, uma mudança atingiu o velho corpo cansado da mulher. Terminando, Lise tinha o sinal das lágrimas num rosto novo.

— Que se passa, senhor Barão?

— Alcançaste sublime graça, tens a aparência da adolescente que pela primeira vez pisou na Colina do Alborecer.

E, olhando-se num grande espelho perto dali, Lise constatou que tinha dezessete anos, estava linda e seus olhos azuis brilhavam intensamente em contraste com o castanho brilho dos cabelos.

— Senhor Barão, não sabia ser possível!

— Adquirimos em Nosso Lar a aparência que mais expressa a condição do espírito. Também alcancei essa graça e aqui estou como prova.

Correndo, Lise abraçou o amigo, pai de coração.

— Não sei se mereço tanto, meu pai!

— Se não mereces, quem merece?

— Estou feliz, preciso encontrar Luiza e dizer-lhe quanto bem sinto ao lado de todos estes amigos da colônia.

— Acompanhar-te-ei, Lise Cristina, minha filha de coração!

No dia seguinte, Lúcio, surpreso, recebeu Lise, ao que a jovem lhe sorriu encantadora.

— Acredito que tenha explicação, Lise!

— Fui alvo de uma graça divina, senhor!

— Fico feliz por ti; daqui em diante, novo ânimo animar-te-á as horas, tens a beleza da Lise que encantou a todos com seus olhos turquesa.

— Estou preparada para as novas revelações. Que Deus me ajude!

— Acompanha-me, por favor.

Como por encanto, iluminou-se a tela e Lise pôde ver novamente as desventuras dos anos que sucederam a morte de Wagner. Abraçara a primorosa arte da pintura, encontrando inspiração nos quadros belos da natureza. As filhas precisam partir e nesses momentos de solidão, nos quais por uma luz que iluminasse seu caminho e ajudasse a suportar a torturante saudade. Tão rápido os anos trouxeram a insistente perseguição de Rodrigo e ela achava graça das frustradas conquistas daquele homem.

Anita trouxera o futuro esposo Euclides e Andresa enamorara-se de Tarso; tão rápido, casaram-se e vieram os netos. Finalmente tinha Lise a companhia de Madalena e a arte por ampará-la nas cores da natureza morta, falando dos encantos da colina.

A cegueira fez dela um templo de sombras e contemplação do passado e as mãos de Suzette guiavam-na pelos jardins. Anita animava-lhe as noites com os ditos proveitosos e venturosos do Evangelho. Em meio à escuridão, uma centelha de esperança erguia-lhe a exaustão.

Contardo, o filho inesquecível da amiga, encontrara o amor na neta Suzette que se transformara em bela mulher. Sentir apenas não ver a formosura do casal que iniciaria a nova geração, que nasceu com Yuri; Wagner renascera. Finalmente a libertação e os meses de recordações, ainda nas trevas do abandono.

Ao abrir os olhos e recuperar a visão, não possuía palavras que expressassem seu agradecimento e felicidade. Estava amparada em lugar ditoso e rejubilava-se num triste sorriso de própria compaixão.

A tela do passado se apagou e voltou a luz ambiente. Lúcio viu estampado no níveo rosto de Lise as marcas de um pranto silencioso.

— Chegou a hora de tuas últimas interrogações.

Olhando-o com significante olhar súplice, Lise sentada suspirou profundamente.

— Sim, eu tive meu bisneto Yuri nos braços e estava cega sem poder ver sua beleza, mas hoje eu sei que ele é a reencarnação de Wagner, meu grande amor. Assim continuamos separados e eu achei que iríamos ser felizes aqui.

— Em breve anos se unirá a ele, minha querida pupila!

— Que fiz eu para sofrer, já que pouco fiz de ruim na minha última reencarnação?

— Esperava que tocasses neste assunto primordial. Como sabes, não sofremos sem razão e cada reencarnação é chance de pagarmos os juros dos erros, nas dívidas passadas.

— Devo ter sido má na outra vida.

— Não propriamente má, mas cega perante o relacionamento humano. Foste fria, calculista e materialista, por sentir remorsos e culpas, que anterior sofrimento lhe causara na mais tenra idade. Juntamente a Wagner ergueram um lar egoísta, onde só prevaleciam suas ambições; ignoravam o bem comum da comunidade e atravessavam anos a erguer um patrimônio, em cujo alicerce estavam as riquezas e não o amor.

— Quem fui eu, podes dizer-me?

— Foste Betsaida Júlia, a esposa de Wagner; os pais de Valério.

— Por isso o Barão estima-me tanto! Meu Deus, fui mãe também do barão Valério e ele soube guardar o segredo!

— De outro modo não poderia, Valério tem por ti um amor infinito!

— Conheço toda a história de Betsaida e Wagner. A judia comercializada e escravizada numa época em que os povos passaram pela transição do mundo moderno; sei da perseguição sofrida em Roma pelo maldoso pai e seus dois filhos, que disputavam a posse da fugitiva e se mataram num duelo os dois irmãos.

— E nesta disputa ambos desencarnaram enlouquecidos por você. Mais tarde o pai foi assassinado e juntou-se a eles, que começaram a perseguir-te sempre que possível. Há alguns anos tu estavas doente e eles queriam possuir-te, mas as preces de Anita trouxeram o auxílio para os pobres sofredores, que hoje passam por lento processo de melhora nas câmaras da retificação.

— Agradeço ao senhor por tais esclarecimentos e congratulo-me com aqueles irmãos que tantos benefícios proporcionaram aos espíritos sofredores. Sei que devo abraçar trabalho proveitoso e só assim amparar-me-ei na correção dos meus atos. Sinto em mim grande força, quero ajudar como fazem Luiza, Norberto e o Barão Valério.

— Sei de tuas boas intenções, Lise Cristina, e farei o possível para atender-te, mas para isto é preciso melhor preparo. Vai e estuda, interroga, prepara-te para servir. Amar ao próximo como a ti mesma!

— Pretendo acompanhar meus amigos nos seus trabalhos, para assim adquirir bons conhecimentos.

— Estimo sua boa vontade, vai e sê feliz, Lise Cristina!

Erguendo a mão a jovem despediu-se de Lúcio e retirou-se encontrando Valério à sua espera com sorriso aberto de satisfação.

— Tudo acabado, senhor, inicia-se hoje nova fase em minha vida e estou muito feliz.

— Temos de conversar, Lise, e discutir tua posição de aprender, tua nova missão.

— Como chamar meu sogro de filho! Nossa estou muito emocionada em saber que nosso amor tem a ver com a maternidade tão sagrada!

Envolvendo o ombro da jovem como pai amoroso, Valério a abraçou ternamente e choraram ambos de emoção e felicidade. Em seguida, conduziu Lise pelos corredores do prédio, onde vários companheiros transitavam animados à procura de seus destinos.

Tomaram a via de alamedas, onde o movimento intensificava-se. Amena brisa renovava ânimos e os raios solares vigoravam as energias nas câmaras e retificação.

— Serei cooperadora de Luiza nas câmaras de retificação. Que acha o senhor?

— Todo trabalho é válido e proveitoso, ajuda-nos a passar o tempo e educa-nos com experiências formidáveis. Confio em ti, no teu talento de cooperadora.

— Tudo farei para conseguir rever minha família e merecer a confiança de todos aqui. Reconheço ser melindroso, mas todo esforço me fará bem.

A arquitetura moderna dos prédios encantava Lise; também as naves que muito estavam à frente dos helicópteros da Terra e flutuavam no espaço como discos voadores, os aeróbus, que podiam levar até doze espíritos de uma colônia para outra. Perderam-se na via pública, entre as sombras de copadas árvores. O Barão Valério e a bela cooperadora de Nosso Lar.

13
TRABALHO E HARMONIA

Nas câmaras de retificação, havia intensos e laboriosos trabalhos, onde os espíritos acolhidos nos traumas de seus sofrimentos eram amparados na calma dos cooperados, que na infinita paciência conseguiam conquistar os irmãos perdidos no labirinto das paixões devastadoras. Almas fechadas, inertes, de inverossímil transtorno íntimo.

O exemplo de Luiza explicava o belo trabalho de Lise, que humildemente limpava substâncias perniciosas regurgitadas pelos doentes em estados lamentáveis, ali prostrados em semblantes cadavéricos de olhares encovados de sofrimentos inenarráveis.

Incansavelmente trabalhavam os amigos. No decorrer de seis meses, Lise apresentava-se a Lúcio com grande comoção íntima.

— Sei que fui precipitada, mas gostaria de continuar nas câmaras de retificação, onde tenho trabalhado com zelo e carinho.

— Tenho relatório completo de tuas tarefas e deve considerar em teu favor que permaneças nas câmaras de retificação, Lise.

— Farei o possível para não decepcionar o senhor. Devo ir, tenho importante compromisso em casa.

— Vai com Deus, minha filha!

Sentindo intensa renovação, Lise adentrou-se na casa de Luiza, de onde vinham vozes. Antes de entrar, olhou o jardim, namorou por segundos os lírios brancos balançando com a brisa do entardecer, recebendo os raios crepusculares do sol dourado.

Os amigos de Norberto ali estavam para despedirem-se, Luiza mostrava-se comovida e conformada. O Barão Valério pediu a palavra, e Lise, ao lado da amiga, ouviu atenta.

— Meus amigos, meus irmãos. É com imenso pesar que nos despedimos de Norberto, pronto para descer à terra, onde reencarna no amor do filho Fabiano. Novamente, a chance de renascer e conquistar novos tributos para a evolução, que sabemos feita de sofrimentos e alegrias, tortuosos e certos caminhos. Sei que muitos aqui aguardam igual chance de progresso, para que no futuro venhamos a ser uma única família, filhos de Deus único e cristãos de boa sorte.

Sabemos que o mundo vive dias de crise, que tendem a aumentar os sofrimentos humanos, temos muito trabalho pela frente, mas só com fé e caridade alcançaremos os pórticos iluminados da verdadeira sabedoria. Rendamos graças ao Divino Mestre que nos ampara neste degrau longínquo de tua altiva posição.

Lise embevecia-se com palavras tão sublimes e puras. Norberto assim partiu, deixando Luiza bem amparada.

As duas amigas caminhavam pelo verdejante lugar que formava o Bosque das Águas, por onde corria o Rio Azul, fonte vital do abastecimento de água em Nosso Lar. Lise jamais deslumbrara lugar de tal beleza. Contemplava a floração das árvores, que produziam balsamizantes perfumes; a grama limpa a formar imenso tapete. As águas tinham a cristalinidade de um manto turquesa a cintilar no reflexo do céu radioso de luz. Sentaram-se em bancos por demais confortáveis sob a sombra de frondosa árvore, em cujas galhas pendiam flores lilases.

— Sinto-me no seio do paraíso, Luiza!

— Realmente, o Bosque das Águas é um dos melhores recantos de Nosso Lar, onde podemos nos completar com a perfeição da natureza Divina.

— Necessito passar para a tela toda a formosura do lugar.

— Ajudar-te-ei com o material.

Logo Lise pintava pela primeira vez, após alguns anos retidos de sua arte, enquanto Luiza iludia a visão com pássaros mansos e coloridos, que pousavam em suas mãos. De certo Luiza pensava em Norberto e sua reencarnação promissora. Eram os eleitos e viviam o sabor de consagrada existência. O saber esperar e trabalhar eram-lhe o marco de grande aprimoramento.

De volta às câmaras de retificação, muito trabalho as esperava. Os meses passavam apressadamente e ambas suportavam sem reclames a missão exaustiva de cuidar e acalmar aquelas mulheres debilitadas. Esgotava-se o tempo para Luiza. Em prosa no ambiente sério, discutiam o caso de uma senhora idosa que gritava.

— Devo voltar à fazenda, onde mais escravos necessitam castigos maiores, devo mandar chicoteá-los por agredirem-me daquela maneira.

— Luiza, de que fala esta senhora?

— Foi recolhida no umbral em péssimas condições, acho que foi assassinada por um grupo de escravos há uns sessenta anos, antes da abolição.

— Tanto tempo! Por que não foi assistida antes?

— Assim que desencarnou, foi levada por espíritos de escravos, os quais mandou chicotear até a morte. E assim sofreu o martírio de sua maldade, que até hoje produz tais efeitos. Sabemos que com poucos anos, pelo bem, conseguiremos desfrutes incontáveis, mas incontáveis anos de sofrimento quando há resgates por lapidar o espírito.

Aproximando-se da mulher, Lise notou-lhe a melhora súbita e o silêncio repentino.

— Tem calma, minha senhora, faremos tudo para ajudar-te. De que tens medo?

— Elas podem voltar, querem esfaquear-me.

— Aqui há muita proteção. Não te preocupes, a escravidão acabou e elas não mais te perseguirão.

— Tem certeza, moça?

— Absoluta, agora tudo está em paz e a senhora precisa melhorar para ajudar-nos a cuidar das outras; a senhora não está doente.

— Tenho medo de sair daqui.

— Medo? Neste lugar tudo é iluminado e belo! A senhora não gosta de jardins?

— Sim, eu gosto, adoro as flores.

— Assim que a senhora melhorar, levar-te-ei para conhecer as flores de nossos jardins, são as mais belas do mundo.

— Eu adorarei, mas quero novo vestido.

— Nós lhe daremos novo vestido, tenha calma.

Assim, contornando a situação, Lise levava seus dias de cooperadora.

Certa feita, Luiza foi chamada ao Ministério do Auxílio, a fim de programarem sua reencarnação. Lise ficou na expectativa da espera, quando a amiga chegou, preparava delicioso lanche com frutas diversas.

— Senta-te, Lise, tenho ótimas notícias para ti.

— Estou esperando tuas ponderações a respeito da esperada partida.

— Partirei dentro de um mês, devo completar uma família maravilhosa.

— Por acaso eu conheço teus futuros pais?

— Se conheces! Até melhor do que eu. Serei filha de Suzette e Contardo, irmã de Yuri. Serei filha de meu filho, Deus seja louvado!

— Serás a irmã de Wagner então!

— Não é maravilhoso?

Sem conter a emoção, Lise levantou-se a abraçar a amiga num belo sorriso.

— Sentirei tua falta, não sei que farei sem tua companhia insubstituível. Interessante, serás minha bisneta!

— Tens o Barão, é melhor que vá morar com ele.

— Sim, é o que eu farei, fica tranquila. O importante é a tua felicidade. Vamos lanchar? E preparar-nos para a despedida.

Em momentos de repasso, o Barão lia livros de elevados conhecimentos e Lise olhava-o ternamente, mantinham a nobre amizade, já que eram ligados pelos laços do passado, haviam sido mãe e filho, quando Betsaida Júlia se casou com o primeiro Wagner da família.

— Em que pensas, Lise?

— Já se completaram quatro anos da partida de Luiza e estou ansiosa por uma resposta do Ministério do Auxílio. Se for permitida a volta à terra, o senhor me fará companhia? Yuri já está um rapazinho!

— É evidente, estou igualmente ansioso por retornar à Colina do Alborecer.

Foi dado à Lise retornar em visita aos lares que abrigavam sua família. Valério acompanhou-a satisfeito, amparando-a nas menores circunstâncias.

O caminho às vezes assustava com regiões sombrias a emitir energias negativas, ao mesmo tempo que se deparavam com fortes energias de intenso magnetismo benigno. A cada nova esfera, os fluidos organizavam-se, para melhor transmitir mensagens e alimentar a vida do invisível. Finalmente, a atmosfera pesava, deslizavam Valério e Lise, qual aves a trazer paz e reconforto. As luzes celestiais da aurora anunciavam aquele dia primaveril.

Desceram no jardim da mansão. Entristeceram-se ambos. A grama crescera e as flores pendiam a esmo. Ouvia-se apenas o cantar dos pássaros, que farreavam no pomar deserto. Resolveram entrar na casa, onde viram os móveis cobertos com lençóis brancos.

— Onde estarão todos, Barão? Estou apavorada com este silêncio e abandono.

— De certo ocorreram desavenças após teu desencarne, precisamos visitar outra casa.

— Deixei meu testamento, de certo não concordaram com as condições.

— Não te lastimes, visitaremos tua filha Andresa.

Mas não encontraram Andresa na casa que lhe pertencia, e sim uma outra família.

— Vê, Barão, Andresa se mudou também. Como fazemos para achá-los?

— Pensa nelas, que teu coração nos conduzirá ao lugar mais apropriado.

Momentos depois encontravam-se defronte a outra casa, onde hortênsias matizavam enorme canteiro. Ouviram vozes e resolveram entrar. Na sala, duas encantadoras crianças brincavam sobre o tapete, folheando livrinhos infantis; eram Yuri e Bianca. Contardo folheava o jornal do dia com as pernas cruzadas. Lise olhava-os ternamente. Continuaram e foram encontrar duas mulheres no quarto.

Suzette amparava a mãe no leito enferma.

— Trabalhaste muito, mamãe, ontem temi pela chuva e, quando chegaste exausta e molhada, receei por tua saúde.

— Em breve estarei bem, Suzette, sei que fui precipitada, mas debalde não poderia deixar aquele parto difícil.

— Sei da tua dedicação pelos sofredores, no entanto, sabes a senhora que teu estado de saúde é precário.

— Alguém telefonou ontem?

— Papai telefonou, antes de partir para o Rio de Janeiro, parecia-me abatido.

— Além de aguentar a separação, tenho que suportar a inimizade entre Tarso e Euclides.

Apreensiva, Lise dirigiu-se ao Barão com olhar indagador, ao que ele iniciou as explicações.

— Não penses que estou fora de campo, sei de todos os problemas da família e tenho auxiliado Anita em seu progresso. Só não te comuniquei por achar indevido o momento. Euclides abandonou Anita após cortar relações com Tarso, a posse da mansão da colina é impossível com tanta discórdia, resolveram abandonar o local e esperar. Receio que a falta de escrúpulos de Tarso e Euclides nos negócios tenha jogado fora grande parte da fortuna e pior seria se Contardo não os tivesse ajudado imparcial.

— Minha família desunida!

— Como podes ver, e de outro modo não poderia, Anita dedica-se aos pobres, faz da caridade seu bem-estar, sem esquecer da família. Expliquei-te que, de fato, Anita voltou para melhorar-se e amparar Euclides, percebemos, no entanto, que Euclides não admitiu o zeloso amparo da esposa e abandonou-a pela fome de liberdade e dinheiro.

— Estou triste, senhor Barão, não esperava jamais esta afronta em minha família; gostaria de ajudar. Uni-los novamente.

— Ora por ela, a tua família; quando passar a enchente de discórdia, o rio voltará ao leito tranquilo de entendimento no lar.

Novas vozes chegaram ao quarto: eram Andresa, um pouco abatida, André que se transformara em um belo rapaz, e Vilma sempre desconfiada, escondendo sua tímida beleza. Anita revigorou-se com a chegada da irmã, que a abraçou, e dos sobrinhos que igualmente imitaram a mãe.

— Desculpa-me a demora, Anita. André trouxe-me no carro assim que pôde.

— Não há o que te desculpar, Andresa, fico feliz em rever-te após estes meses.

— Tem estudado muito, André?

— Até estou passando da conta, Suzette, em breve estarei em São Paulo.

— Vinde comigo, precisamos conversar e Contardo nos animará.

Atendendo ao pedido de Suzette, André e Vilma deixaram o quarto para as duas irmãs. Andresa sentou-se na cabeceira da cama, após abrir a janela, para que a luz da manhã penetrasse a penumbra e a brisa amena revigorasse as condições ambientais.

— Assim que soube, por intermédio de Suzette, de tua chegada naquela chuva, temi pelas consequências. Acredite, Anita, estou chateada com tantos desentendimentos familiares, mamãe não gostaria de presenciar tal fato, que vem abalando as estruturas. Tarso está irreconhecível, nervoso e agressivo. André e Vilma igualmente se modificaram com as atitudes do pai.

— Tudo precisa mudar, Andresa, e o futuro nos reserva maiores provações, contudo, acredito na harmonia que traz o amor e só ela poderá dar-nos paz. Creiamos, fervorosos de fé, no aprimoramento sempre atenuante de nossos atos e procuremos envolver nossos lares com preces de vigor amoroso.

— Não possuo tua capacidade, Anita, sempre foste mais equilibrada e otimista, sei que sofrerei demais se não alcançar um pouco deste teu equilíbrio emocional.

Valério resolveu por bem emitir raios magnéticos, que de suas mãos saíam luminosos, envolvendo Anita e Andresa. Lise apenas as olhava com o carinho de mãe compreensiva e paciente, pedindo forças para as adoráveis filhas. O diálogo prosseguia e então ocorreu o inesperado.

Doloroso gemido soou nos ouvidos de Lise e ela pode contemplar a figura abominável e sombria de um homem, que se aproximava. Pôde constatar então as queimaduras que tomavam todo o corpo do sofredor. Valério voltou ao lado de Lise, como a protegê-la. Voltando-se para Andresa, a figura queria tocá-la; Anita pôde perceber o mal-estar da irmã.

— Andresa, estás pálida e trêmula!

— Tenho sentido tais modificações, como se alguma coisa sugasse minhas energias, sinto-me esmorecer de fraqueza.

Erguendo-se do leito, Anita decidiu:

— Aplicarei um passe magnético.

Fugindo da intensa luz que partia de Anita, a fim de revigorar Andresa, o vulto começou a falar.

— Preciso de ti, Jurema, estou sozinho e quero levar-te comigo.

Lise reconheceu o pai naquela nefanda figura. Marconi, que andava perdido após quarenta e dois anos, estava ali como espírito das trevas.

— Papai, sou eu, tua filha Lise.

Cobrindo o rosto, como a evitar a claridade que podia abatê-lo, Marconi respondeu.

— Deixa-me, filha ingrata!

— Que fiz, papai? Foste tu o pai perverso. Por que me culpa assim?

— Preciso de Jurema.

— Jurema agora é Andresa, uma nova mulher, papai, e minha filha; não permitirei que a maltrate. Quero-te bem, papai, perdoo tudo que fizeste a nós.

— Não quero teu perdão, Lise. Estou furioso, pois nesta casa Laurita e Adolfo vivem felizes.

— Suzette e Contardo merecem a felicidade, foi por tua culpa que ambos renunciaram ao amor, papai; foste tu o assassino de Adolfo que padeceu nas bocarras de cachorros, e mamãe, coitada, sucumbiu por tuas traições.

— Se Jurema não vier, levarei Loreta.

— Loreta agora é Vilma, deixa-a em paz. Não permitirei a tua intromissão na vida da menina.

— Tenho poderes, Lise!

— Aqui estou, amigo Marconi. Lembras-te de mim? — O Barão deixou-se ver.

— Valério, que pretendes aqui?

— Fomos bons amigos e quero ajudar-te, Marconi. Sei que sofres a dor de teu louco suicídio e desde então depara-se com figuras horríveis a praticar o mal. Chegou o tempo de modificar-te e encarar a realidade do alto onde reinam as forças sublimes do bem; tua sentença esgotou e precisamos melhorar.

— Cansei de esperar as melhoras, sou o mais desgraçado dentre os desgraçados.

— Precisamos partir, Lise, e levá-lo conosco. Oremos por Marconi.

Ornado e caminhando ao encontro de Marconi, Valério e Lise envolveram-se num campo magnético de grande força, que acalmaram o pobre sofredor maledicente e ignorante. Partiram então rumo a Nosso Lar, onde Marconi foi acolhido sob os cuidados de Valério nas Câmaras de Retificação.

Conformada e esperançosa, Lise voltava com o Barão para casa naquela bela tarde refrescante e perfumosa, caminhavam solenes pelas alamedas verdejantes.

— Se não fosse Marconi, poderia orientar melhor Anita, mas sei que ela está preparada para os mais graves eventos.

— Senhor Lúcio proibiu-me de nova visita, por achar que meu concurso seria em vão.

— Assim será melhor, Lise, tudo é feito de acordo com as possibilidades.

— Não sei como explicar, mas sinto que o senhor esconde algo de mim.

— Nunca deixei de faltar com a verdade, Lise.

— Não falo de verdades, mas de surpresas.

Encontravam-se, afinal, no jardim e, como de costume, Lise vislumbrou os lírios na alva luz do entardecer. Entraram porta adentro e Lise maravilhou-se, como a esperar a surpresa. De pé, à sua frente, estava Anita de braços abertos, sorria-lhe lindamente e Lise correu a abraçá-la.

— Minha filha, nem posso acreditar!

— Vim para ficar, mamãe, e vejo em ti a figura de uma adolescente!

— Não sabes o porquê de minha mudança?

— Ela sabe, Lise, sabe de tudo.

— Que surpresa maravilhosa!

— Enquanto aqui vós estais felizes por minha chegada, na terra Suzette, Andresa e as crianças choram pela minha partida.

— O senhor sabia, Barão?

— Fui pessoalmente buscar Anita, ou melhor, Rosalva.

— Tem uma semana que cheguei e vi na tela do passado a confirmação de tudo.

Aproximando-se de Valério, Anita abraçou-o ternamente.

— Nada poderá afastar-nos agora, Valério, meu grande amor!

Tomada de inspiração, Lise correu à harpa, donde tirou o som mavioso da Sonata ao Luar. Eis que a noite ofuscante se fez e a lua mourejava por toda a colônia, das flores aos bosques, da governadoria aos lares mais humildes. A sublime melodia corria na brisa, indo longe aliviar as dores e beneficiar corações divididos como o de Lise. Intensa luz azul caiu como bênção do alto, transformando-se em estrelinhas que caíam sobre o casal. Pôde-se constatar, então, que Valério rejuvenescera e Anita se transformara em Rosalva, dando ênfase ao protótipo do verdadeiro amor, voltando o espírito de ambos à condição que os reunia pelos laços encantados da sublimação pelo amor.

— Afinal, a felicidade, Rosalva.

— Eis a nossa recompensa, Valério, conseguimos vencer a última barreira do amor.

Beijaram-se longamente e Lise emocionou-se ao finalizar a sonata perante tal cena. Valério e Rosalva caminharam ao encontro dela.

— Graças à tua inspiração nós nos reencontramos, Lise Cristina, e agradecemos de coração!

— Nada aconteceria sem o amor, capaz de transformar o mundo das aparências, pois vejo-vos jovens e saudáveis, felizes, bem sei. A reencarnação é a sublime benção do Pai!

— Mas nossa felicidade só se contemplará com a tua — considerou Rosalva. E devemos ainda amparar todos aqueles que padecem na terra.

— Muitos anos nascerão, Rosalva!

— Tenhamos fé de conseguir. Quando deixei meu lar, Andresa chorava pela morte de Tarso. O retorno se fez inesperadamente.

— Como pode ser? Estive tão cega assim?

— Teu trabalho nas Câmaras de Retificação é sempre segurança, Lise. Tarso padeceu de problemas cardíacos, o que era previsto — explicou Valério.

— Preciso então retornar a ver Andresa.

— Sei que Lúcio concordará. Continuaremos cuidando de Marconi.

— Quanto a mim, iniciarei amanhã meu trabalho no Ministério do Auxílio, onde iniciarei estudos, a fim de reunir aqueles que clamam por amparo e ajuda.

— Estou feliz em ver-vos assim tão resolutos, mas não posso esconder um fundo de tristeza; sinto-me na condição de amparar minha família. Será que Tarso demora a ser recolhido?

— É possível que sim, os últimos meses foram tormentosos para ele e tudo indica que ele passa pela fase do retrospecto — discerniu Valério claramente.

Voltando ao lar de Suzette, Lise e Lúcio constataram que a mulher reagia bem pela falta da mãe, deixando escapar os profundos suspiros que batiam no peito de Contardo. Ali, abraçados no sofá, estavam em silêncio, quando Yuri aproximou-se correndo arfante e suado.

— Mamãe, consegui escapar.

— Escapar de que, Yuri?

— Dos bandidos, mamãe! Agora preciso voltar e salvar Bianca.

— Onde está tua irmã, filho?

— Foi raptada, papai, vem ver.

Seguiram o menino de oito anos e ele apontou o jardim, entre uma moita de palmeiras.

— Quem são eles?

— Os filhos do vizinho, são três ao todo, mas eu vou matá-los.

— Socorro, Yuri! — Gritava Bianca nas mãos de duas meninas do seu tamanho e um menino maior.

— Estas crianças inventam cada uma! Vinde, crianças, tem bolo de chocolate esperando por vós.

Esqueceram a brincadeira e jogaram Bianca na grama, que se levantou e também correu ao encontro de Suzette.

— A senhora estragou nossa brincadeira, mamãe!

— Não precisa comer o bolo, Yuri!

— Eu mereço mais do que eles!

— Dona Suzette, é verdade?

— Sim, Fernando, fiz um gostoso bolo de chocolate, mas vós precisais lavar as mãos.

Correram todos para o banheiro, Bianca chegou cansada e Contardo ergueu-a.

— Onde vai a senhorita?

— Comer o bolo, papai!

— Já cansou de ser arrastada pelo jardim?

— Da próxima eu serei bandida.

O pai sorriu e carregou a menina; de dentro, ouvia-se gritinhos de crianças pedindo bolo.

Lise achou graça em tudo e, olhando Lúcio, resolveu:

— Eles estão bem, visitemos a casa de Andresa.

As coisas modificaram-se e foram encontrar Andresa chorando nos braços de André, enquanto Vilma abria a cortina para apreciar o dia.

— Achas mesmo necessário partir, André?

— Tenho que estudar e garantir meu futuro, mamãe!

— Sem a presença de teu pai e a tua, nossa casa ficará triste e vazia.

—Visitar-te-ei sempre. Vilma não a deixará sozinha e Suzette é boa amiga.

— Suzette está abatida pela morte de Anita. É demais suportar a partida de minha irmã quando clamava a ela o ocorrido com teu pai. Estou desacreditada de muitas revelações de Anita, que Suzette teima em conceber. Preciso de tua presença nesta casa.

— Sinto, mamãe, nada fará mudar minha decisão, dentro de um mês ingressarei na Universidade, são apenas quatro anos.

— Mamãe, teu médico chegou.

— Manda-o entrar, Vilma.

Lise e Lúcio presenciavam o lastimável, mas necessário evento, já que o curso da vida responde a ideais ocultos e caminhos incertos. O sofrimento e desencontros se faziam imprescindíveis e Lise sabia que dentro em breve teria ela que retornar ao seio daquela família. Esperar novamente era preciso e ainda tinha muito trabalho em Nosso Lar, antes de chegar a hora sonhada, o chamado para renascer.

Entrementes, a Terra era palco do início da Segunda Grande Guerra. Falanges das trevas se reuniam de um lado e falanges de luz acima das nuvens planejavam receber milhares de espíritos, para iniciar a separação do joio e do trigo. De 1937 à 1945, infelizmente teríamos desencarnes coletivos em grandes proporções; graças à mente doentia de Adolfo Hitler.

Numa tarde primorosa Lise foi chamada a receber uma visita inusitada. Era Rodrigo refeito e belo que adentrou na casa com ares preocupados como nos velhos tempos em Campos do Jordão.

— Que surpresa, amigo Rodrigo!

— Lise Cristina, quero você ao meu lado. Tarso acordou e acha que está num hospital da Terra.

Imediatamente seguiram para o hospital e Lise entrou no quarto, onde seu genro contemplava as belezas de um jardim repleto de rosas brancas. Ao deparar-se com a bela jovem, Tarso então desconfiou da jovem tão parecida com a sogra quando jovem, mas que lembrava um anjo de tão bela.

— Bom dia, caro amigo Tarso!

— Bom dia, bela senhorita! Sei que és enfermeira, por favor, quero rever minha família imediatamente e tenho compromisso na madeireira.

— Meu querido Tarso, depois de se lembrar de mim, talvez entenda.

Lise segurou nas mãos do homem já grisalho e sentou-o na cama ao lado da janela.

— Estou aqui para te fazer uma revelação.

— Sou todo ouvidos, bela mocinha!

— Olhe nos meus olhos!

— Muito lindos, azuis como o firmamento.

— Meu nome é Lise Cristina, sou tua sogra!

Tarso arregalou os olhos, levantou-se como a ver um fantasma e gritou.

— Estás louca, bela jovem?!

— Tarso, a morte não existe! Aqui podemos até nos rejuvenescer por merecimento.

E Lise o abraçou ternamente, sussurrando ao seu ouvido que Rodrigo estava ali para visitá-lo.

— Teu pai, Rodrigo, estava aqui. E você dormiu alguns meses, meu genro querido.

Lá estava Rodrigo de braços abertos e Tarso se jogou nos braços de seu genitor, chorando copiosamente.

— Meu pai, então é verdade, morremos todos?

— Não, meu filho, retornamos todos à verdadeira moradia de nosso verdadeiro Pai celestial.

— Jesus amado, quanto tempo e desperdício, quantos pecados e falta de amor!

— Não somos perfeitos, filho, somos espíritos em ascensão.

Entre lágrimas, Lise enlaçou os amigos, pai e filho, naquele reencontro repleto de belas considerações de agradecimento e por reconhecerem que a justiça divina tarda, mas jamais falha.

Para Rodrigo e Tarso, os anos seguintes seriam de intenso aprendizado, pai e filho em reajustes comuns a todos nós quando alcançamos o outro lado da vida. E assim seremos o fruto de nosso livre-arbítrio e colheremos nossas missões de acordo com o trabalho realizado nas colônias espirituais, onde a vida brilha eternamente como as estrelas.

14
TESTAMENTO

Retornaremos ao presente, onde encontraremos nossas personagens no quadro reconfortante de reencontros e revelações, na encantadora cidade de Campos do Jordão, às vésperas do Natal de 1955.

No dia vinte, como combinado, Yuri levou Aline a conhecer a Colina do Alborecer, do carro conversível a jovem parecia atônita e maravilhada com a esplêndida beleza do lugar. Sobre todos os arredores, o céu anilado doía as vistas com sua claridade, a amena brisa fazia esvoaçar as cabeleiras despreocupadas e as essências abraçavam os halos da natureza primaveril. Parou o veículo e Yuri deu a volta, Aline saiu emudecida a contemplar o jardim mal cuidado e a mansão adormecida. Lentamente a caminhar, Aline parou defronte à fonte, olhando-se no espelho cristalino da água que luzia sob a luz do sol.

— Vê algo interessante na água? — Indagou Yuri, chegando bem pertinho.

E fixando-o expressivamente nos olhos de mel, Aline deixou duas estrelas cintilarem no enigmático azul de seus grandes olhos.

— Sinto-me bem, Yuri, como se estivesse aqui por muitas vezes, quando olhei as águas pareceram refletir outra pessoa.

— Interessante, aconteceu o mesmo comigo, quando da primeira vez que aqui estive.

Virando-se aos arredores, Aline pronunciou:

— A mansão da colina é exatamente o que vovó Lise pintou, talvez seja por isso. A fonte, o jardim, os pinheiros, as rosas; no entanto, reconheço detalhadamente cada lugar, cada árvore.

O carro da polícia e do advogado da família chegavam; Contardo abriu a porta do carro para que Suzette saísse.

— Lá estão eles, querido — disse Suzette apontando o filho e a prima.

— Podemos ir, senhor guarda?

Juntamente ao guarda, Contardo tomou a iniciativa, seguiram outros dois e três faxineiras que passariam o dia na casa.

Aline e Yuri foram os primeiros a chegar na varanda, logo todos estavam ali e Contardo retirou a chave do bolso, mas, ao tentar abrir, a chave enguiçou.

— Não entendo, nunca aconteceu isto!

— Deixa-me tentar, Contardo — pediu Aline animada.

— Tenta, Aline, mas não acredito...

— Abriu, podemos entrar.

Ao abrir a pesada porta almofadada em jacarandá, Aline sentiu calor abrasador evolver-lhe o peito, sentia uma emoção indefinível. Caminhou serena e Yuri a seguiu; parecia anestesiada ao reparar os detalhes da antiga construção, que se assemelhava a um palácio. Os móveis cobertos, as faxineiras começavam a tirar os lençóis e a limpar a poeira, Aline parou abaixo do grande lustre de cristal e olhou-o demoradamente, quando deu por si estava sendo observada pelos três primos.

— É mesmo lindo, Aline!

— Incrível, Suzette.

— A que te referes, Aline?

— Já estive nesta casa, nada me parece estranho!

— Muitos da nossa família repetem o mesmo. Tua mãe, por exemplo, Magdala, chegou e afirmou conhecer toda a casa. Para mim e Contardo que somos espíritas é facilmente compreensível.

— Como assim?

— Papai e mamãe acreditam em reencarnação.

— Voltar à carne! Já ouvi vovó Andresa e tia Vilma conversarem sobre isto, ainda pretendo estudar sobre tal assunto.

— Vem, Aline, mostrar-te-ei toda a casa.

E, puxando a prima pela mão, Yuri conduziu-a ao andar de cima. Visitaram os quartos, Aline debruçava-se em todas as janelas para contemplar os pinheiros e o pomar. Entraram no último quarto. Yuri abriu a janela e Aline sentou-se na grande cama torneada.

— Daria tudo para dormir nesta cama!

— Pertenceu aos nossos bisavós, Lise e Wagner.

— Quanto luxo, que beleza!

— És uma sonhadora, Aline!

— Afinal, por que há tanta confusão em torno do testamento?

— Não acharam a metade final do testamento e assim, entre intrigas, as investigações paralisaram. Só espero que agora nós nos reunamos para decidir se vendemos tudo e dividimos o dinheiro.

— Estás louco, não podemos vender tal lugar!

— Uma família pode comprar a parte da outra e permanecer.

— Vovó Andresa não tem condições, teu pai, sim, poderia.

— Em breve tudo estará resolvido.

— Gostaria de bancar a detetive e descobrir a segunda parte do testamento. Quem poderia ter feito uma maldade destas?

— De certo alguém que não se beneficiaria com os desejos de nossa bisavó Lise. Mãe desconfia do próprio vovô Euclides e de teu avô Tarso.

— Sei que ambos tinham condições de fazê-lo, vovó Andresa já levantou este ponto várias vezes, interrogando o porquê da decadência da nossa fortuna.

— Não resta a menor dúvida que vovô Euclides, após abandonar o lar, desviou tudo que possuíamos, mas depois vovó Anita se foi e vovô voltou na miséria.

— E Suzette perdoou-o, cuidando dele até a morte levá-lo. Vovó contou-me tudo.

— Desçamos, mamãe tem algo interessante a mostrar-nos na biblioteca.

Novamente de mãos dadas, desceram a escadaria, ao que encontraram as faxineiras subindo com enormes espanadores. Aline resolveu deslizar pelo corrimão da escada.

— Estás louca, Aline?

— Não vejo nada demais, caro primo.

Mas Aline foi parar nos braços de um guarda.

— Desculpa-me, senhor guarda, não pude resistir.

— Vem, Aline! — Disse Yuri puxando-a pela mão.

Adentrando-se com o jovem casal no recinto, Suzette resolveu fechar a porta.

— Para que fechar, mamãe?

— Tenho uma surpresa para vós.

— A passagem secreta!

— Como sabe, Aline?

— Vovó Andresa contou-me, Suzette, só não me explicou como abrir.

— É simples, vinde ver. Apenas empurramos a estante como uma porta de correr, aí está a escada que leva ao quarto do Barão Valério, bisavô meu e tataravô de vós.

Subiram pela escadaria pouco iluminada e o cheiro de mofo dominava, alcançaram logo o compartimento secreto.

— Abre a janela, Yuri!

— Sim, papai.

— Livros, vários deles.

— São os livros de tua tia-avó; mamãe e seus livros espíritas, pois papai a proibia de tê-los e ela trancava-se aqui para estudá-los. Quando deixamos a casa, mamãe resolveu deixá-los por motivos que ainda não compreendo. São ao todo cem exemplares, alguns em francês.

— O quarto do solitário Barão Valério! Vovó Andresa contou-me todo o sofrimento dele e como Lise amparou-o até o final.

— Vejam só, o diário do Barão!

— Deixa-me ver, Yuri!

— Foi com este livro que vovó Lise achou a passagem secreta e o quarto do Barão. Naquela noite, vovô Wagner havia viajado e a harpa tocou suavemente, vovó seguiu o som e encontrou o Barão deslizando os dedos no belo instrumento — explicou Suzette.

— Como num conto de fadas! Será que posso levar o diário e trazer no próximo mês?

— Guarda-o, não deixe que os guardas vejam, Aline; não há mal que o leia — retrucou Contardo.

Véspera de Natal e André recebia agradável visita de Andresa, Vilma e Aline. No mesmo lugar de sempre, sob um flamboyant verdejante, o pobre homem abraçou-as friamente, olhando um ponto indefinível no espaço do céu.

— Feliz Natal, papai! Aqui está o nosso presente.

E apertando o embrulho ao peito, André refletiu alguns segundos.

— Natal! Onde?

— No mundo inteiro, não te lembras?

Na memória de André, entre sombras, via-se ele no jardim; Aline tinha uns dez anos e foi ao encontro dele, recebendo um presente; ambos sorriam jovialmente.

— Presente, Natal, boneca! Quero ir para casa, eles estão me perseguindo.

— Quem são eles, papai?

— Meus inimigos.

— Aqui só há amigos.

— Vós não podeis vê-los, só eu posso.

— André, querido, ouve tua mãe. Estou feliz de rever-te mais saudável.

— Gostas de mim?

— Gosto, mamãe.

Suavemente, André passou a mão no rosto de Andresa, que se aproximara; em seguida, fez sinal para Vilma chegar mais perto e acariciou também o rosto da irmã.

— Gosto de ti, mana.

— Eu também gosto de ti, André — respondeu Vilma, igualmente acariciando o rosto do irmão.

Andresa e Aline sorriram ao notar a melhora de André, que iniciou a abrir o presente à maneira de criança curiosa.

Graciosamente vestida de rosa, deixando ver-se a escultural forma de seu corpo, Aline passeava pelo jardim ao entardecer, lembrando-se da visita que fizera ao pai pela manhã. Vislumbrou, entre os pinheiros no alto dos montes, o sol radioso que se despedia intensamente rubro. Ouviu-se então uma buzina e a moça deixou escapar lindo sorriso. Yuri parou a seu lado, no carro conversível.

— Que faz a princesinha no jardim?

— Vim respirar melhor os ares da tardinha e contemplar o poente.

— Estás deslumbrante neste vestido rosa!

— Obrigada; vem, vamos passear um pouco.

Assim, Aline segurou o braço direito de Yuri e caminharam pelo jardim respirando firme e forte as fragrâncias de flores diversas

— Terminaste de catalogar as peças?

— Terminei e iniciei a pesquisa, mas o pior está por vir. Precisarei de ti na próxima semana.

— Não faltarei. Sabe o que comprei ontem na cidade?

— Presentes, ora!

— Além de presentes, comprei novas telas, pincéis e tinta. Animei-me ao ver as pinturas de nossa bisavó Lise.

— Fico feliz por ver-te tão animada, logo precisaremos de ânimo para a ceia.

— Disseste muito bem. Hoje fomos visitar papai e sempre é difícil levar o dia após a visita. Vovó e tia Vilma estão na cozinha ainda e assim esquecem um pouco.

— Quero levar-te para conhecer a cascata das cores, bem na serra.

— Estive lá quando pequena e é maravilhosa, gostaria muito. Sabe, Yuri, é difícil encontrar um primo como tu, desde pequena tenho tua companhia; não esquecendo dos últimos cinco anos que nos separaram.

— Não sei por que tenho a impressão de estar falando com outra pessoa, como se nós não fossemos Yuri e Aline. Livre de nossos laços familiares.

— Compreendo perfeitamente, sinto da mesma forma.

— Quando parti, deixei a criança, e quando voltei, encontro-a mulher.

Pararam nas sombras da hora crepuscular, frente a frente entreolharam-se, Yuri acariciou os castanhos cabelos de Aline e delicadamente beijou-lhe os lábios. Tomada de encanto, Aline fechou os olhos e, quando passou, sentiu o mundo revirar.

— Nunca fui beijada assim, por favor, Yuri, repete.

Só que desta vez eles se abraçaram fervorosos e, acabando, Yuri parecia pálido.

— Desculpa-me, Aline, não sei como explicar.

— Desculpas devo-te eu, confesso nunca ter sentido algo assim, Yuri, com sinceridade, diz-me: estás gostando de mim?

— Aline, tua simplicidade e ternura me comovem; não posso enganar-te. No entanto, sinto-me reprimido.

— São treze anos nossa diferença de idade!

— Não é por isso, acredita. Nossos laços são muito fortes!

— Esqueçamos tudo, entremos que teus pais acabam de chegar.

Segurando-a pelo braço, Yuri hesita num momento em que a consciência o agredia brutalmente. "Por que tem que ser assim, meu Deus!". Interrogava seu íntimo. "Que chances terei eu no futuro?". Ele que havia sido amante de Magdala. Mas tomado de ímpeto retrucou.

— Gostas de mim, Aline?

— Sim, eu gosto e após o beijo receio não aceitar mais a tua proposta de emprego.

— Como assim?

— Ficarei com encargo de consciência.

— Quer namorar comigo, Aline?

— Fala sério, Yuri? Tão de repente! Estou indecisa!

— Entremos e deixemos o tempo resolver. Mas aguardarei ansioso a sua resposta.

Caminharam como se nada tivesse acontecido e logo toda a família estava reunida na grande mesa da sala de jantar. Bianca e o noivo sentaram-se por último. Aline procurava evitar os olhares de Yuri que a fitava perplexo. Andresa, como dona da casa, dirigiu-se à Contardo:

— Queira, Contardo, proceder à prece da noite.

Suzette sorriu, reconfortando o marido, enquanto Vilma atônita fitava os candelabros da lareira.

— "Jesus amado, mestre querido, hoje comemoraremos teu aniversário e por isto estamos aqui reunidos após vinte anos, para pedir-te bênçãos e luz que alimentem a busca da felicidade. Se devemos amar o próximo como a ti mesmo e perdoar sempre, dai-nos força de suportar o caos de nossas paixões, sublimando-nos na graça do Cristianismo, que paz há de trazer ao mundo. Rejubilam-se os céus de teu infinito comando, paz na terra aos homens de boa vontade. Que perpetuamente tua imagem seja o símbolo atenuante da glória de viver e sentir teu renascimento todos os dias do ano. Assim seja".

A comoção e a profunda emoção reuniram toda a família naquela noite inesquecível; Aline sentia-se transbordar grande sensação do corpo inteiro e, refletindo-se qual espelho nos olhos de Yuri, sentiu uma chama abrasar-lhe o coração.

Valério e Rosalva ali estavam muito felizes a contemplar a ocasião meritória do grande encontro familiar, em noite tão bela. Enquanto ceavam harmoniosos e contentes, o casal da espiritualidade maior derramava, sobre os entes queridos e os pratos, fluidos indeléveis e radiosos do mais puro amor.

Ao término da ceia, trocaram presentes, abraços e beijos; mesmo Vilma parecia tomada de novas forças e sorria como há muito tempo não fazia.

— Teu sorriso melhorou meu Natal, Vilma.

— Obrigada, mamãe!

Aline encontrou Andresa.

— Vovó, como é bom abraçar-te com toda força!

— Yuri, meu filho, vejo mais brilho em teu olhar.

— É o espírito de natal, mamãe. Feliz aniversário.

— Bianca, minha amiga, desejo-te toda a felicidade do mundo.

— Estou tão emocionada, Aline! Levy, dá-me teu lenço.

— Suzette querida, imagina se Anita estivesse aqui.

— Talvez esteja, tia Andresa, nunca se sabe.

— Trata de criar sempre mais juízo, Yuri.

— Confia em mim, papai.

— Tia Vilma, tudo de bom, eu te gosto muito.

— Acho que vou chorar — respondeu Vilma baixinho.

— Prima Suzette, meus parabéns.

— Tenho em ti uma filha, Aline!

— Gostaria de ter esta honra. Hei, pessoal, esqueceram-se do aniversário de Suzette!

Todos se reuniram em torno da aniversariante e, aproveitando a confusão, Yuri tomou Aline entre os braços e abraçou-a fortemente.

— Feliz Natal, Aline!

— Igualmente, primo, feliz Natal. Eu te adoro!

E seus olhares encontrados ficaram perdidos na noite, repleta de luzes e sons.

Passara o Natal que tanto bem fizera a toda a família. Aline tentava concentrar-se na pintura e Yuri tentava concentrar-se na máquina de escrever. Deixando a mesa, Yuri foi a janela e contemplou o dia radiante; não resistindo, resolveu sair com o carro. Da mesma forma procede Aline, que deixou a tela na varanda e saiu pelo jardim.

Vendo chegar o conversível de Yuri, a moça delirou de contentamento. O carro parou à sua frente.

— Gostaria a mocinha de visitar a cascata das cores? — Interrogou Yuri jovial.

— Tenho que avisar vovó.

Neste momento, Andresa chegou no alpendre.

— Desça, Yuri, vamos entrar.

— Obrigado, tia.

— Vovó, eu vou com Yuri à cascata das cores.

— Não demoreis, não esqueçais o almoço.

— Almoçaremos fora, tia — retrucou Yuri.

— Como quiserem, bom passeio.

— Mamãe, a senhora por acaso viu...

— Que foi, filha?

— Onde vai, Aline?

— Vai com Yuri visitar a cascata das cores.

— Não me agrada nem um pouco este fascínio de Aline por Yuri. Se André estivesse sadio, sei que não permitiria.

— Bobagens, eles são bons amigos, Yuri sempre adorou Aline.

O vento ameno do verão tomava os cabelos do casal, o sorriso de Aline magnetizava Yuri.

— Sinto ter dezoito anos.

— Acredito, Yuri, mais depressa.

Começaram a subir a serra, uma vista maravilhosa dobrava-se em intenso verde, tudo era reclames de bem viver. A cascata caía espumante e o beijo do sol fazia nascer o arco-íris, que produzia as cores vivas e tênues. Sentados na pedra, Yuri e Aline calaram-se para sentir os encantos da natureza, a água bater nas rochas gastas e lodadas, donde pendiam parasitas e samambaias.

Instintivamente, Yuri abraçou o ombro de Aline.

— Quero namorar contigo.

— De verdade?

— Porém, tenho uma condição: exijo segredo por enquanto.

— Adoro segredos, mas não vejo o porquê.

— Tia Andresa é formidável, mas é difícil aceitar um namoro assim. Ainda mais que teu pai não gosta de mim. Compreende agora?

— Assim será o nosso segredo. Estive pensando...

— Pode falar, minha querida!

— Já namoraste muito, não é verdade?

— Sim, é verdade. Já sou um homem experiente!

— E eu nunca namorei, só flertei alguns rapazes.

— Não te sentes bem?

— É como se algo quisesse impedir-me, mas eu me sinto maravilhosa perto de ti.

— Também sinto a mesma sensação, Aline. Confiemos nossa sorte ao tempo.

Beijaram-se novamente. Precipitava-se a cascata sem nunca parar, impune ao grande sublime momento do grande amor que renascia.

Almoçaram num restaurante ao ar livre, a conversar animadamente, esquecendo as horas e os compromissos. Aline foi deixada em casa pela tardinha e tinha no corpo a leveza de uma lebre e a alegria de um passarinho.

Andresa e Vilma jantavam, Aline iniciou a subir a escada, quando foi chamada.

— Onde pensas que vai, garota?

— Banhar-me, vovó.

— Porque demoraste tanto?

— Fomos a vários lugares e esquecemos do tempo. Imagina, vovó, vou com Yuri ao baile de *réveillon*.

Preocupada, Andresa abaixou a cabeça, Aline então aproximou-se dela.

— Achas ter algo demais ir ao baile com Yuri?

— Hoje tuas amigas telefonaram e um tal de...

— Hamilton — confirmou Vilma.

— Não te preocupes, encontrarei as meninas e este chato do Hamilton no baile. Amanhã será um grande dia, vovó.

Osculando a testa da avó, Aline subiu correndo.

— Eu te disse, mamãe, Aline mudou e graças a Yuri; ele não é companhia para ela.

— Confio em Aline, deixa-a divertir-se. Vilma, ela estará protegida!

Bela noite abarrotada de estrelas, defronte ao clube de bailes, Yuri abriu a porta do carro e de lá Aline ergueu-se elegante, num vestido da cor de seus olhos, os cabelos castanhos lindamente cacheados. O namorado deu-lhe o braço, entraram elegantes no grande salão, ao que foram imediatamente reparados. Bianca e o noivo vieram ao encontro do casal.

— Aline, que surpresa! Yuri falou-me da nova conquista, mas eu não esperava, fico contente por meu irmão.

— O namoro deve ficar entre nós – pediu Aline.

— Vamos dançar, Bianca. Até logo, Yuri, aproveita, Aline; a festa será ótima — falou Levy.

— Yuri, veja só, é Ângela que se aproxima com o namorado.

— Aline, quero apresentar-te Wilson.

— Muito prazer, Wilson! Este é Yuri.

— Encantado. São namorados?

— Ora, Wilson, que pergunta! Yuri e Aline são primos!

— Primos de terceiro grau e namorados.

Ângela sentiu cair-lhe o chão, ficou vermelha de vergonha.

— Desculpai-me, eu não sabia, vamos Wilson.

— Yuri, não entendo tua situação!

— Deixa estar, Aline, dancemos a partir de agora. Oficialmente somos um casal.

Dançaram valsas, boleros, *twist*, rumba e no final pularam carnaval, ignoravam tudo e a todos, eram os mais alegres, os donos da grande festa. No momento exato da passagem do ano, beijaram-se na sacada, iluminados pelo teto infinito das estrelas da noite. Tudo para Aline era um sonho embriagado e magnífico. Foguetes iluminaram os céus com flores de fogo. Muitas luzes, promessas de felicidade e muitos beijos. Afinal, amanhecera 1956.

Nas teclas da máquina de escrever, Yuri iniciava a pesquisa do dia com muita disposição.

— Campos do Jordão, 5 de janeiro de 1956 — pronunciou ele em voz alta.

Adentrou-se Aline, afobada, trazendo velho livro nas mãos.

— Tão cedo, Aline?

— Preciso do teu favor, Yuri.

— Primeiro o beijo.

Rapidamente Aline beijou os lábios do namorado.

— Que favor é este?

— Leva-me à mansão da Colina.

— Estamos longe do dia vinte.

— Vou ler para ti um trecho do diário do Barão.

— "Lembro-me saudoso daquele dia, juntamente com Rosalva, coloquei a graciosa escultura oca na fonte de nosso jardim".

— Não vejo nada demais.

— Yuri, escultura oca! Tenho que olhar dentro desta escultura ou não dormirei esta noite. Intuição de mulher.

— Está bem, vamos visitar a mansão da Colina. Precisamos ser rápidos, está armando um temporal.

Quando atingiram o topo da Colina, o vento bramia anunciando a tempestade e agitando os pinheiros, flores e o casal. Aline começou a mexer na escultura de mulher da fonte, de cujos pés a água descia em dois pequenos jatos.

— Nas costas eu não alcanço. Tenta, Yuri.

Yuri retirou com relativa facilidade parte das costas da escultura e de dentro um papel enrolado.

— Achamos! — Gritou o homem, ao que ergueu Aline no ar.

— Abra-o, pode ser outro documento.

— Não restam dúvidas, Aline, pode montar uma agência de detetives, acabas de desvendar um mistério.

— Segundo minha intuição, o autor do roubo, descobrindo o esconderijo pela leitura do diário, achou por bem esconder o testamento, deixando-o esquecido pela falta de conveniências.

Caiu arrebatadora chuva, Yuri e Aline correram para o carro, contentes e vibrantes com o grande achado. Pela noite, Contardo resolveu por bem reunir a família, ainda chovia e do telhado ouvia-se sons compassivos de gotas fortes.

Sentados, na grande sala e em expectativa, toda família ouvia atenta o pronunciamento de Contardo.

— "Para finalizar, minha querida família, se o imprevisto das intrigas abater-se sobre a mansão da Colina, exijo que não toquem em nada até os preparos da quinta geração. Tudo pertencerá ao casal genitor da quinta geração..."

Bianca sorriu e abraçou o noivo.

— Que modos são estes, Bianca, ainda não terminou, por favor.

— Nossos filhos serão a quinta geração, papai!

— Esqueceste de teu irmão e tua prima.

— Mas papai, eu já sou noiva, e eles...

— Há um engano, Bianca! Aline e eu não estamos sozinhos.

— Então apresente-me tua namorada, mano!

Puxando as mãos de Aline, que também se levantou, Yuri pronunciou!

— Para aqueles que não sabem, Aline e eu estamos namorando.

— Impossível — gritou Vilma em tom acelerado de voz. — André jamais permitirá.

— Tia Vilma!

— Acalma-te, filha. Aline, é verdade?

— Sim, vovó, começamos a namorar na noite de Natal e Bianca sabia, só falou assim para que revelássemos nosso segredo.

— Assim é melhor, prima. Desculpa-me.

— Tudo bem, Bianca.

— Vamos, sentai-vos todos, devo continuar. "Tudo pertencerá ao casal genitor da quinta geração, tendo preferência se houver a relação do grau de sangue".

— Lise quis dizer que terá preferência o casamento entre primos; sinto muito, Bianca.

— Eles não podem se casar — aludiu Vilma.

— Tia Vilma, tem calma, nós estamos apenas namorando.

— Aprovo inteiramente o namoro, Yuri.

— Obrigado, mamãe.

— Foi ótimo que começassem antes da leitura do testamento. Não achas, Contardo?

— Concordo plenamente, Suzette! Tenho dito!

— Aline, devias ter contado à tua avó.

— Estava esperando uma oportunidade, vovó Andresa!

— Com licença, vou dormir — pediu Vilma, que não conseguia esconder sua nervosia.

— Confesso não entender tia Vilma.

— Deixa-a, Aline, ela acaba acostumando-se com a nova situação.

— Vamos, papai!

— Precisamos, Bianca. Boa noite, Andresa.

— Boa noite, Contardo.

Suzette abraçou Aline carinhosamente.

— Gostaria de tê-la como filha.

— Já és muito querida, prima, obrigada.

Trocaram beijos.

— Devo ir, Aline, espero-te amanhã no escritório.

— Lá estarei, querido primo.

Os lábios tocaram-se rapidamente num beijo.

— Não me leve a mal, Aline.

— Não te preocupes, Bianca.

Saíram todos e Aline abraçou Andresa, parecia trêmula, a velha afagou-lhe os cabelos macios e brilhosos.

— Que sentes, minha filha?

— Estou amando, vovó, e tenho medo.

Afastando a neta, Andresa acariciou-lhe as faces quentes e vermelhas.

— Não há o que temer, só queremos que sejas feliz. Vilma está precisando de um analista, a solidão faz com que ela se concentre na doença do irmão, nosso André.

— Papai não pode saber de nada. Ele detesta Yuri!

— Teu pai, coitado, infelizmente não poderá optar. Não devemos aborrecê-lo, no entanto.

— Yuri é formidável e não parece ter a idade que tem.

— Ele também é jovem, minha querida.

— Não é fácil amar um primo professor, as pessoas nos criticam. Mas pior é conviver com um ódio que ainda não entendo.

— Subamos para dormir, já fizeste muito por hoje, descobrindo como perita o valioso testamento de Lise Cristina.

— Só espero que nosso futuro seja cada vez mais harmonioso, vovó, nossa família perece voltar aos bons tempos. Como gostaria de ter mamãe e papai, vivos e perfeitos, a desfrutar de minha felicidade!

Subiram a escada para dormir ao som da chuva no telhado. Chovia copiosamente em Campos do Jordão.

15
PINTURAS E ANTIGUIDADES

Em Campos do Jordão os ventos eram gélidos.

Rigoroso inverno de agosto, silenciosa a natureza traduzia profundo adormecimento, os pinheiros eram marcos inquebrantáveis de rusticidade, empedernidos.

Concentrado, Yuri datilografava as últimas páginas de sua pesquisa e Aline arquivava tudo com esmero. Terminando sua tarefa, Aline passou a contemplar o namorado e ele a olhou sorridente.

— Cada dia que passa vejo-te mais bela!

— Cada dia que passa eu gosto mais de ti, meu querido!

— Logo terei de partir para São Paulo.

— Gostaria de acompanhar-te.

— Cansei, vamos caminhar um pouco pelo jardim, depois, levar-te-ei em casa.

Saíram abraçados encontrando Suzette lendo um romance na sala. Aline aproximou-se e osculou-lhe a face, carinhosa.

— Preciso ir, prima.

— Fica mais, Aline, logo Contardo chegará, janta conosco. Ou estás cansada?

— Jantarei outro dia, vovó me espera.

— Bianca disse que será fácil expor tuas pinturas com as de vovó Lise. Levy tem facilidade em alugar recintos para tal fim.

— Precisamos visitá-los, Yuri; casaram-se há um mês e ainda não conhecemos a casa deles. Levy já nos ligou várias vezes.

— No fim de semana apareceremos por lá.

— São quantos quadros ao todo, Aline?

— Trinta da vovó e dez meus.

— Uma boa quantidade! Pretende vender os teus?

— Na medida do possível, Suzette. Até amanhã.

— Até amanhã, minha filha!

— Não sei que horas voltarei, mamãe.

Voltou Suzette ao deleite da boa leitura, extremamente concentrada; tinha no semblante a ternura e no olhar a simpatia, transmitia grande paz interior. Ao chegar, Contardo beijou-lhe os lábios e sentou-se exausto.

— Parece-me preocupado, querido.

— Tento compreender certos clientes, mas confesso ser quase impossível. Agora é outro caso de separação e o marido quer deixar o mínimo para a esposa; não pude aceitar, afinal, há três crianças envolvidas.

— Fizeste muito bem. "Dai a César o que é de César".

— Tenho visto tantos casais separados e brigando, e estive pensando: por que nós nunca brigamos?

— Isto mesmo, sempre estamos juntos e não cansamos um do outro.

— É a serenidade do verdadeiro amor, conhecemo-nos há quase trinta anos e vivemos bem todos estes anos. Quem sabe será a última vez!

— Ainda somos imperfeitos, Suzette!

— Eu te amo, Contardo, e não poderia deixar-te jamais.

Contardo foi chegando de mansinho e beijou-a ardentemente.

— Como há trinta anos atrás, quem sabe muito mais; amo-te, Suzette.

Assim enamorados, continuaram longo e demorado beijo, que se repetia no carro de Yuri; quando fitavam o poente para iniciar nova vida.

— Sei de teu emprego garantido no Colégio, serás o meu professor de Química Orgânica e Inorgânica.

— Nada de marmeladas durante as provas.

— Prometo que serei a melhor de tuas alunas.

— Quanto a isto eu não tenho a menor dúvida. Bem, vamos embora ou tia Andresa ralhará conosco e eu não gosto de puxões de orelhas nesta idade.

Roncou o motor do carro e Yuri deu partida rumo à casa de Aline.

No dia seguinte, Vilma deixava a sobrinha na porta do Colégio.

— Estarei aqui às onze e meia.

— Sim, senhora, obrigada!

Aline reuniu-se com as amigas de sempre, mas antes de entrar percebeu um olhar estranho e virando-se encontrou Hamilton em sua lambreta, trajando calça faroeste, blusão de couro preto, mascava chiclete e tinha os cabelos penteados com brilhantina.

— Não é possível, Hamilton, não cansa de perseguir-me! Sou uma garota comprometida.

— Ele gosta de ti, Aline.

— Não é justificativa, Kátia, vamos entrar. Já disse que gosto de outra pessoa!

Terminada a aula era uma correria danada, as moças encontravam-se com os namorados e saíam abraçadinhos. Aline aguardava a tia que se atrasara, olhava o relógio e as ruas.

— Posso ajudar-te, Aline?

— Agradeço, Hamilton, estou esperando minha tia que está atrasada quinze minutos.

— Talvez, não venha mais, posso levar-te na lambreta.

— Ela não me deixaria aqui...

— Se nos encontrarmos com ela no caminho, eu volto. Não vai recusar o pedido de um cavalheiro, vai?

— Por favor, não insista, prefiro esperar.

— Nunca recusaram um pedido meu.

— Não te acho fatídico como quer mostrar-se para as outras garotas.

— Vem, vamos passear... — respondeu o rapaz segurando no pulso da moça.

— Atrevido, prefiro ir a pé.

Buzinou um carro, era Yuri, que resolveu descer.

— Que se passa aqui, Aline?

— Nada, Yuri, Hamilton queria levar-me para casa e eu recusei.

— Então, este é o almofadinha que te namora?

— Saia daqui, rapaz.

— É bravo! Vem tirar-me, maricas.

— Não, Yuri!

Pegando Hamilton pelo colarinho, o homem sentenciou:

— Costumo bater em homens, garoto; sai daqui atrevido, e deixe Aline em paz.

Impulsivo, Yuri jogou o rapaz no chão, que se levantou fulminante de raiva. O conversível se foi.

— Ele não perde por esperar, pagar-me-á por esta humilhação.

No carro, Yuri explicou a situação à namorada ofegante.

— Tua tia teve uma crise de apendicite e foi operada às pressas, Tia Andresa telefonou-me para buscar-te.

— Lamento o imprevisto e agradeço a proteção. Algo mais te preocupa?

— Sumiu do cofre aquele valioso medalhão egípcio e sem ele não poderei viajar. O que me intriga é que só eu e papai sabemos a combinação do cofre.

— E agora, aquele medalhão vale uma fortuna!

— Visitemos Vilma, tem no banco de trás um buquê de rosas.

— Quanta gentileza! Ela irá adorar e não o demonstrará por ser contra nosso namoro.

— Tenhamos paciência, Aline.

Com frouxo sorriso, Vilma aceitou as rosas.

— Ela não pode falar direito — retrucou o médico, Vilma necessita de repouso.

Retiraram-se todos e Andresa voltou-se para a neta.

— Precisarei dormir uma semana no hospital, neste meio tempo terás que ficar na casa de Suzette.

— Posso dormir também, vovó Andresa?

— Não te preocupes, sou mãe e posso aguentar. Agora acho melhor almoçarem. Suzette está esperando com um belo estrogonofe.

Durante a refeição, Contardo parecia nervoso e nada falava; Suzette notou-lhe a modificação.

— Algo preocupante, Contardo?

— É o medalhão, Suzette, um verdadeiro mistério.

— De nada adiantará tua preocupação, papai, terei que pensar calmamente na solução deste problema.

— Que é estranho, não resta a dúvida, Yuri!

— Adorei teu estrogonofe, prima.

— Posso ensinar-te depois, Aline.

Mais tarde, os quatro ouviam um disco de Glenn Miller. Suzette e Contardo liam, Yuri e Aline namoravam na varanda de mãos dadas a olhar o céu da noite fria.

— Já reparaste que as noites no inverno são mais belas, querida?

— Quanto mais alto estivermos, melhor poderemos vislumbrar a noite. Já pensou se estivéssemos no topo da Colina do Alborecer!

— Gostaria de morar lá?

— Muitíssimo. É o lugar mais belo do mundo!

— Será que daria certo o casamento entre nós? Sem querer passar por pessimista.

— Que pergunta sem razão! Não vejo nada que possa atrapalhar. Por acaso percebeste algo que não pude perceber?

— Se existe, só o tempo poderá revelar-nos.

— Não temo o tempo e nem as pessoas, confio em ti, na tua sinceridade, meu amado.

— Isto não é bom, Aline, sou um homem imperfeito e comum, tenho erros e falhas.

— Todos nós temos ou não estaríamos aqui.

— És como a primavera que nos envolve e parece nunca acabar, enche meu coração de nova vida, cultivando flores que eu imaginava mortas e esquecidas. Tinha por ti amor de pai, de irmão e agora novo amor revela-se com maior vigor.

— Se sou primavera, és o verão! Se sou a cascata, és o sol! Já refletiste a agradecer por mais este momento? Agora somos felizes, amanhã só o tempo nos dirá, é bem verdade; no entanto, quero viver o presente e imaginar-me eterna, como se eterno fosse o nosso amor. Yuri, penso em ti o tempo todo!

— Tão jovem e com pensamentos amadurecidos. Amo-te, Aline, sei que tua falta poderá aniquilar-me os dias.

— Yuri, eu te amo. Não deixe tua imaginação vagar pelo desconhecido.

Apaixonadamente beijaram-se a ignorar o tempo, o frio e mesmo a noite ofuscante no limiar. Da sala vinha o som nostálgico de melodia romântica e na varanda o amor falava mais alto.

No decorrer de uma semana, Vilma voltou para Casa e Andresa dedicava-lhe todos os dias. Descerrando a cortina, a velha olhava a neta pintando mais uma tela no jardim. Mais corada, Vilma parecia voltar ao normal.

— Ajuda-me, mamãe, preciso levantar-me.

— Não te esforces, filha!

— Estou preocupada com André.

— Aline foi visitá-lo e ele está bem.

— Não acredito; sinto que André precisa de mim.

Com pouco esforço, Vilma caminhou amparada na mãe e debruçou-se na janela, olhando a sobrinha fixamente com desprezo.

— Tenho pena de Aline, ela jamais será feliz ao lado de Yuri, ele pensa apenas na mansão da Colina.

— Não diga isto, eles já namoravam antes de anunciar o testamento e Aline não é boba.

— Quem que garante que eles não tramaram esta situação para tomar posse da mansão?

— Vilma, por favor! Que pensamento mais frio.

— Pobre André, ficou louco por amar Magdala e os outros motivos haverei de descobrir. Uma coisa eu garanto, Yuri está bem no meio do mistério.

— Estou estranhando-te, filha, nunca falaste assim tão rancorosa. É melhor deixar adormecer a desgraça, teu irmão só poderá recuperar-se com amor.

— Desculpa-me, mamãe, tenho andado esgotada, prometo não tocar mais neste assunto.

Ao anoitecer, Yuri chegou e Andresa recebeu-o gentil; entraram, encontrando Vilma na sala, bem disposta, que até sorriu.

— Que surpresa, Vilma! Já podes andar?

— Ainda sinto um pouco, Yuri, fico sentada como podes ver.

— E Aline, onde está?

— Aprontando-se em seu quarto.

— Subirei para fazer surpresa.

Sorrateiro, Yuri foi chegando, abrindo devagar a porta do quarto. Mas o que viu deixou-o profundamente chocado. Linda como nunca, Aline acabara de pentear-se e, iluminada apenas pela frouxa luz de dois abajures, envolvia no pescoço o precioso medalhão egípcio, que rutilante refletiu-se no espelho. Aline estava irreconhecível e seus olhos ofuscavam intensamente. Yuri bateu no interruptor e todo o quarto se iluminou; assustada, a moça virou-se a levantar.

— Yuri, que fazes aqui?

— Pretendia fazer-te uma surpresa, mas percebo que a tua surpresa para mim é bem maior. Que fazes com o medalhão?

— Encontrei-o na minha caixa de joias e resolvi experimentá-lo.

Perplexo, Yuri acercou-se da namorada.

— És digna de usá-lo; mas por que praticaste um ato tão mesquinho?

Aline estava trêmula e mal podia manter-se de pé, sua voz parecia presa.

— Não posso explicar-te, este medalhão apareceu, resolvi usá-lo.

— Dá-me, estou atrasado quinze dias, só faltava recuperar o medalhão: partirei amanhã para São Paulo. Confesso ser difícil de acreditar no que me dizes.

— Nunca subiste ao meu quarto e justamente hoje assusta-me, acusando-me de roubo. Acredite, não sei como este medalhão foi parar ali.

— Deixa-me ver tua caixa de joias.

Erguendo a pequena caixa. Aline entregou-a. Yuri pôde perceber o nervosismo da moça.

— Tenho poucas joias, pertenceram à minha mãe. Acredita em mim, Yuri.

— Acreditar? Que me dizes destes números?

— Números? Nunca vi este papel!

— É a combinação do meu cofre. Como provar tua inocência?

— Estou igualmente atônita, não imagino quem poderia realizar tal trama.

— Viajarei depois de amanhã, levar-te-ei ao analista pela manhã.

— Yuri não posso compreender tua atitude.

— Este anel de brilhantes pode ajudar-te?

— Nunca vi este anel, Yuri!

— É de minha mãe, e venho encontrá-lo aqui. Desde quando usa abotoaduras?

— Abotoaduras? Não pode ser.

— São minhas, Aline. És cleptomaníaca!

— Não posso compreender como estes objetos vieram parar aí. Acredite-me. Yuri!

Abraçando-se ao namorado, Aline tremia de medo e quase chorava.

— Não te preocupes, não pretendo castigar-te, quero apenas livrar-te desta doença psíquica e tornar-te sã novamente.

— Estou confusa, desnorteada. Ajuda-me, por favor, não sou uma ladra!

Aflito, Yuri aguardava no consultório o resultado do analista, que não tardou a chamá-lo. Aline deitada no divã parecia alheia ao ambiente. O homem interrogou o médico com o jogo dos olhos.

— Tua namorada está sob transe hipnótico. Podemos conversar normalmente.

— Descobriste algo, doutor?

— Aline vive uma difícil fase em sua vida. Foi ela realmente a autora dos roubos, um caso típico de ações que são esquecidas, não deixa de ter uma dupla personalidade.

— Cleptomaníaca!

— Exatamente. Mas os motivos das mudanças de Aline têm sido outros, telefonei e conversei com Andresa. Infelizmente, Aline tem tido pesadelos que relembram a trágica noite em que Magdala foi assassinada.

Yuri estremeceu ao lembrar-se daquele dia trágico, do qual foi protagonista.

— Na adolescência, trazemos à tona os acontecimentos adormecidos na infância e as forças psíquicas e espirituais revelam-se mais intensamente. Aline precisa livrar-se do passado e para isto deve comparecer ao meu consultório duas vezes por semana.

— Então, o problema é mais sério!

— Sorte começarmos a remediar antes que o delírio agrave ao insuportável.

— Ela nunca me falou de seus pesadelos.

— Para não te magoar, já que tu estás neles.

— Estou nos pesadelos? Meu Deus!

— Segundo Andresa, depois que começaram a namorar, Aline te vê nos pesadelos.

— Deve ser porque estive a brincar com ela naquele dia traumático.

— Está explicado; só poderei ajudá-la se souber detalhadamente os acontecimentos daquele dia. Agora vou tirá-la do transe hipnótico.

— Quase ia esquecendo-me. Mamãe convida-te para almoçar em nossa casa, no domingo próximo. Já se conhecem há tempos, não é?

— Frequentamos o mesmo Centro.

— O doutor é espírita?

— O Espiritismo ajudar-me-á muitíssimo no caso de Aline, Yuri.

— Assim espero, Dr. Roscoe. Estou muito preocupado com Aline.

Na rodoviária, Aline e Yuri se despediam, enquanto Contardo e Suzette traziam as malas, ajudados por Levy e Bianca, que traziam caixas com antiguidades.

— Apenas duas vezes por semana, querida. Teu tratamento inspira cuidados.

— Apresentar-me-ei direitinho, gostei muito do Dr. Roscoe.

— Será difícil acostumar-me sem a tua presença, Aline.

— Volte antes da abertura da exposição, minhas pinturas perderão a graça sem a tua presença. Promete que estará aqui na segunda quinzena de outubro?

— Prometo, dou minha palavra.

Estavam abraçados, o ônibus buzinou.

— Chegou a hora, Aline.

— Yuri, prometo que vou melhorar.

— Apressamo-nos, Yuri.

Afastou-se Aline, para que Contardo abraçasse o filho que partia.

— Boa viagem, filho, não te preocupes, Aline está em boas mãos.

— Obrigado, papai.

— Mano, não te esqueças da minha encomenda.

— Fica tranquila, Bianca.

— Regressa logo — disse Levy apertando a mão do cunhado.

Entrando no ônibus, Yuri abriu a janela e segurou a mão de Aline.

— Escreverei contando tudo.

— E o medalhão?

— Está bem guardado no meu bolso do paletó.

Roncou o motor e Yuri acenou aos familiares e à graciosa Aline; partia apreensivo e emocionado. Intuitivamente sentiu imensa tristeza pela separação. Aline já chorava nos ombros de Suzette.

Suzette e Contardo receberam o Dr. Roscoe para almoçar no domingo. Cumprimentaram-se e dirigiram-se imediatamente à sala de jantar, onde bem guarnecida mesa esperava-os.

— Gostas de Chopin, Dr. Roscoe?

— Eu o consagro sempre, caro Contardo.

— Tenho um disco, sempre gosto de fazer minhas refeições com fundo musical.

— Tem bom gosto, Contardo. Confesso estar cansado desta onda de *twist*.

— É a revolução dos jovens, Dr. Roscoe!

— Concordo contigo, Suzette. Os jovens estão explodindo numa crise social, que ainda se agravará nos anos sessenta.

— Também pudera, os americanos a tudo influenciam; as roupas, os carros, os filmes as músicas e até mesmo o vocabulário — considerou Contardo.

Calmamente almoçaram num elevado ambiente de diálogos sadios e bem feitos. Alguns minutos depois sentaram-se no estofado da sala; Dr. Roscoe transmitia segurança e responsabilidade, mexeu o bigode grisalho e iniciou novo assunto.

— Presumo que pretendem auxiliar-me no caso de Aline.

— Seria para mim uma ótima oportunidade, Dr. Roscoe. Tenho andado muito preocupada com meu filho e Aline, sei que eles se amam, mas pelo futuro que poderá separá-los.

— O inevitável é incompatível. Há certos sofrimentos e provações que não podemos cortar, mas amenizar, Suzette. Farei todo o possível para aliviar o trauma de Aline; mas a mediunidade, cedo ou tarde, fará estourar as correntes que aprisionam o subconsciente e nesta fase as consequências poderão ser trágicas. Devemos orar e vigiar sem o menor descuido.

— Existe o perigo da obsessão? — Indagou Contardo.

— A obsessão já ocorre, precisamos convencer Aline a desenvolver sua mentalidade para fortalecê-la.

— Conversarei com ela, resta saber se Andresa permitirá, ela sempre temeu nossa ajuda.

— Posso conversar com Andresa. Temos outra na família que precisa dos nossos recursos.

— A quem te referes, Dr. Roscoe?

— Refiro-me à Vilma, Contardo. Também ela começará a ser tratada.

De grande importância a pequena reunião seria. Precisavam reunir as forças para a profilaxia do mal ameaçador.

Sentindo falta do pai, Aline resolveu fazer-lhe uma visita e foi acompanhada de Suzette, já que Andresa cuidava de Vilma. Foram encontrá-lo deitado na verde grama, próximo a um canteiro de bocas-de-leão em variados tons. André parecia anestesiado e sem forças, apertava algumas flores na mão e seus olhos abertos recebiam a intensa claridade do céu anilado. Aline, acostumada, abraçou-o de mansinho e, ajoelhada, fê-lo sentar-se.

— Papai, que fazes aqui?

— Estou namorando o céu e as flores.

— Olha para mim — pediu a filha preocupada, virando o rosto barbado de André.

— André, lembras-te de mim?

— Vê, papai, Suzette está aqui.

Triste olhar caiu sobre Suzette; André revistou-a dos pés à cabeça.

— Suzette! — Exclamando assim, André ergueu-se e abraçou a prima.

— Vamos, vamos André, passaremos toda a manhã ao teu lado. Trouxemos frutas e doces.

Mais tarde, Aline fazia a barba do pai num quarto arejado e Suzette arrumava algumas roupas na gaveta. Mostrando o espelho após terminado o trabalho, Aline sorriu satisfeita.

— O senhor está lindo, papai, parece um artista de cinema, não é, Suzette?

— Ficou ótimo, André!

— Quero os doces, agora.

Suzette imediatamente atendeu trazendo uma caixinha que André tomou de arranco e abriu, como fazem as crianças afoitas.

— Pode comer tudo, papai, tem mais guardado e a enfermeira trará depois.

— Gosto muito dos doces da mamãe — disse o doente estampando grande satisfação para a alegria de suas adoráveis visitantes.

Voltou Vilma aos dias normais, levando e buscando Aline no Colégio. Naquele dia, Ângela, Kátia e Vera resolveram almoçar na casa da amiga. Andresa recebeu-as com bons grados, oferecendo-lhes ótima refeição.

Pela tarde as jovens andaram pelo jardim, conversaram animadas e dançaram *twist*; Aline divertiu-se como há muito não acontecia. Dançaram, dançando a girar, e seus gritinhos enchiam a casa. Andresa e Vilma bordavam na varanda, tentando suportar o barulho. Little Richard comandava seus sonhos adolescentes cantando "Long Tall Sally". Em seguida "Crazy Love", com Paul Anka, "Who's Sorry Now", com Connie Francis.

— Como são folionas estas moças, sem elas Aline é uma santa!

— Deixa de reclamar, Vilma, esta perda de energia será boa para elas. Aline é muito jovem para ficar como nós. Eu, se fosse tu, estaria dançando no meio delas.

— Mamãe, onde já se viu! Prefiro Maysa com "Eu não existo sem você"!

— Lembras-te do analista falar que deves mudar de vida e divertir teus dias?

— Dr. Roscoe é alucinado!

— Solteirão simpático está ali.

— Mamãe, por favor! Vou tomar um copo d'água.

E, envergonhada, Vilma retirou-se.

Sempre gentil, Dr. Roscoe recebeu Vilma no dia seguinte; ela acanhada como de costume. Rosto rubro de vergonha.

— Se soubesses como é lindo teu sorriso, Vilma, não deixarias de sorrir!

— É exagerada tua lisonja, Dr. Roscoe!

— Senta-te; hoje iniciaremos algo inédito.

— Inédito? Como assim?

— Tenho a tarde livre, quero levar-te a um lugar que te fará bem.

Num afamado restaurante ao pé da serra, Roscoe levou Vilma a lanchar. Sentaram-se à mesa redonda de palhinha; na sacada ao ar livre, donde podiam ter memorável vista da natureza. A Serra da Mantiqueira bordada de araucárias.

— Por favor, garçom.

— Que desejas, senhor?

— Um lanche digno da beleza do dia, com chá, torradas, geleias de frutas e o que bem convir.

— Sim, senhor. Em breve estarei retornando.

— O doutor está muito estranho hoje, precisa de um analista.

— Estás com bom humor, Vilma; vejo que o passeio já fez efeito.

— Tens a capacidade de deixar-me à vontade, Dr. Roscoe, não posso negar.

— Daqui podemos ver uma incomparável paisagem, nossa terra abre as portas ao turismo. Ares refrescantes e puros.

Abrindo os braços, Roscoe desequilibrou-se e caiu com a cadeira num cômico gesto. Acudiram os garçons.

— O senhor está bem?

— Sim, estou ótimo, quero apenas lanchar.

Ao olhar Vilma, que deixou passar um grande sorriso, Roscoe animou-se.

— Que belos dentes, Vilma! Teu sorriso é lindo!

A música ambiente era Maysa, com "Eu não existo sem você".

Vilma desconcertou-se toda.

— Teu mal é não aceitares elogios de homens. Gostas dessa música da Maysa?

— Gosto muito! Dr. Roscoe, o meu mal é confiar nos homens!

Rápido, Roscoe segurou-lhe as mãos.

— Confia em mim, Vilma, não te decepcionarei. Acredita?

— Aqui está o lanche, senhor.

Vilma pôde, então, livrar-se de Roscoe. Começaram a lanchar.

— Tudo isto é uma brincadeira, doutor, ou é uma nova maneira de iludir teus pacientes?

— Enganaste duas vezes, Vilma. Quero apenas melhorar teus dias; também sou um solitário. Jamais ousei burlar a confiança de meus pacientes. É a primeira vez que me apaixono por um deles. Gosto muito de ti.

Nesse momento, Agostinho Santos cantava "Se todos fossem iguais a você".

Surpresa, Vilma fixou-se no olhar daquele homem maduro e atraente, inteligente e ousado. Seu mundo se sentiu revirar. Estava apaixonada.

— Dr. Roscoe, eu...

— Sei que precisamos um do outro, Vilma.

Ao segurar novamente as mãos da mulher, ela não relutou e assim ficou inerte a ouvir as declarações de seu genial analista. Iniciavam, assim, um belo romance. Roscoe beijou delicadamente suas mãos, o que a deixou encantada para sempre.

Na galeria de exposições, situada no Centro de Campos do Jordão, Aline e Bianca distribuíram a bela coleção de telas. Realizava a jovem pintora um dos seus maiores sonhos, teria que escolher o devido lugar para cada obra. Muito movimento, homens indo e vindo, sendo vigiados por alguns seguranças contratados.

— Ajuda-me com este, Bianca.

— Bem que estes seguranças podiam ser mais gentis e ajudar, não aguento vê-los parados com a mão na cintura e a cara fechada.

— Podíamos lanchar agora. Que me dizes, Bianca?

— Estou faminta, prima!

Assim Lise Cristina e Luiza reatavam de vez a bela amizade construída na vida anterior e na Colônia Nosso Lar; uma afinidade incontestável.

Minutos depois, Aline e Bianca estavam numa lanchonete, tomando suco de laranja e comendo pão de ló e empadas.

— Vovó deveria estar aqui, para dar valor ao seu pão de ló.

— E as consultas com o analista?

— Estão deixando-me exausta, mas ele me garantiu que em breve obteremos os resultados. Agora tua mãe quer levar-me ao Centro Espírita.

— Tens medo, Aline?

— Não há o que temer, tudo é muito simples e bem dosado, os estudos vão interessar-te. Frequento desde minha adolescência.

— As meninas não agradaram da ideia.

— Desculpa-me, Aline, aquelas três desmioladas não têm condições de ajudar-te. É melhor não lhes contar o que se passa contigo. Amigos à parte.

— Talvez, tenha razão. Não imagina como estou feliz, Bianca! Amanhã Yuri chegará e estarei esperando-o de braços abertos. Ele vai delirar com o namoro de tia Vilma e o Dr. Roscoe, acredito que resultará em breve em casamento.

— Tua tia ganhou na loteria.

— E mudou da água para o vinho. Até que, enfim, ela me deixará em paz.

— Ela não aceita teu namoro?

— Ainda não, mas esta fase há de passar.

— Também estou muito feliz ao lado de Levy. Que homem maravilhoso! E precisa ver como o consultório dentário tem feito sucesso!

— Ele me parece calmo e seguro de si. Enfim, nossa família está numa ótima fase.

— Está sonhando com a chegada de nosso filho, mas ainda não tive a sorte de conceber.

— Pensas em morar na mansão da Colina?

— Sonho apenas. Esqueceste que tu és preferência? Basta que te cases com Yuri.

— Como eu gostaria, mas o futuro não nos pertence. Agora chegou a vez de expor minhas pinturas e esquecer minhas falhas, como ficam esquecidas as antiguidades do Egito no museu do Cairo.

Pequenos e poucos aviões aterrissavam no aeroporto de terra batida, onde Hamilton revisava seu aeroplano. Impaciente, sua namorada aguardava.

— Estou cansada de ficar parada, recebendo este sol forte, Hamilton.

— Está terminando, Vera, podemos nos refrescar agora na piscina lá de casa.

Deixando o trabalho que lhe sujou o macacão, Hamilton beijou a namorada.

— Estás precisando de um banho, querido.

— Hei, olha que beleza aquele avião! — Gritou o rapaz apontando no céu.

— Ele vai pousar por aqui.

— Quem será o dono dele? Vem, Vera, vamos lá.

Tomando seu carro, o rapaz aproximou-se do avião que acabara de aterrissar. Era um belo aeroplano, mais moderno e bonito que o avião de Hamilton. Apenas um homem desceu com um capacete vermelho, que parecia preso. Pulando do carro, Hamilton correu a ajudá-lo.

— Pode deixar que eu consigo arrancá-lo.

O impacto foi demais: Hamilton deparou-se com Yuri.

Vermelho de raiva, o rapaz não respondeu e Vera acercou-se deles.

— Yuri, que surpresa! Aline espera-o na rodoviária.

— Comprei este aeroplano e resolvi fazer uma surpresa. Pode dar-me carona, Hamilton?

— Não te quero mal, Yuri, com esta acho melhor fazermos as pazes.

— Assim é que se fala, Hamilton, seremos amigos.

Apertaram fortemente as mãos e Vera sorriu satisfeita por presenciar uma situação imprevista e quase absurda. Hamilton fora derrotado, mas não sentiu mais aquela raiva. Seguiram para a cidade, onde Aline aguardava na rodoviária.

O júbilo do reencontro encheu-lhes de extrema emotividade, no longo abraço e beijo; queriam matar a saudade.

— De onde vens, querido?

— Bem do alto, lá do céu.

— Avião de algum amigo?

— Não, o meu avião, um aeroplano.

— Agora eu entendo, encontraste Hamilton no aeroporto e ele o trouxe.

— Resolvi fazer as pazes, Aline, seremos bons amigos.

— Muito obrigada, Hamilton!

Assim agradecendo, Aline osculou o rosto do rapaz, que se sentiu constrangido e bem recompensado.

— Acho melhor chegarmos, Vera. Qualquer dia apareçam para nadar na piscina de minha casa.

— Nós estaremos lá, Hamilton.

— E a bagagem?

— No ônibus, após o desembarque, eu tomei o avião e aqui estou. Vem, vamos pegá-la, depois conseguiremos um táxi.

— Não será preciso, tenho uma surpresa para ti no estacionamento.

Na verdade, foi mais de uma surpresa, encontraram Roscoe e Vilma beijando-se apaixonadamente dentro do carro. Yuri resolveu tossir e eles pararam desconcertados.

— Vejo que o Cupido esteve fazendo milagres após minha viagem.

— Como vai, Yuri, foi bem de viagem?

— Meu avião está ótimo!

— Avião?

— Sim, tia Vilma, Yuri comprou um aeroplano e mandou as bagagens pelo ônibus.

— Estás melhor, prima?

— Bem melhor, Yuri! Agora acho melhor andarmos depressa, pois Suzette espera-nos para almoçar. Mamãe já está em tua casa.

— Deixa-me ajudar — pronunciou Roscoe, saindo do volante de seu carro.

Na piscina da bela casa, tranquilamente nadavam Hamilton e Vera, divertiam-se como nunca. Após a brincadeira, o banho de sol nas espreguiçadeiras.

— Aceitas um suco de laranja, Hamilton?

— Serve-me, por favor.

Levantando-se, a moça dirigiu-se à mesa ao lado, onde serviu os copos e ofereceu ao namorado.

— O que te preocupa?

— Esta inesperada amizade. Jamais esperava algo tão repentino, tinha verdadeira raiva por Yuri e nunca pensei em atendê-lo e sim combatê-lo.

— Estou contente, afinal, sou amiga de Aline desde a infância e não gostaria desta inimizade, pois no futuro nossos filhos deverão ser amigos.

— Meus pais chegam amanhã, mamãe não quer perder a abertura da exposição. Que tal se tu passasses a noite aqui em casa?

— Para o meu pai me matar?

— Teu pai passa a noite bebendo, Vera!

— Ainda não tenho coragem e Rogério está aí.

— Meu irmãozinho dorme cedo. Que tal um beijo?

— Vem pegar-me se for capaz.

Vera saiu a correr dando a volta na piscina com Hamilton atrás, a moça pulou e o rapaz também.

Quando iam beijar-se, ouviram gritos de crianças, Rogério trouxera cinco amigos de sua idade e pularam na azul água aureolada pelo sol.

— Que significa isto, Rogério?

— São meus amigos, Hamilton!

— Moleque, pagar-me-ás.

— Se os nossos direitos são iguais, eu posso ficar com meus amigos.

— Deixa-o, querido, não há nada demais.

— Vamos sair daqui, Vera.

E quando Vera deixou a piscina, os meninos começaram a assoviar; Hamilton ficou furioso.

— Seus moleques, mais respeito!

— Deixa-os brincar. Hamilton, vamos para dentro.

Uma multidão aguardava a abertura da exposição naquela noite amena de outubro. Andresa e Yuri estavam ao lado de Aline, naquele dia de grande importância na vida da jovem. O restante da família já olhava demoradamente cada tela. Finalmente começaram a entrar os visitantes, todos vinham prestigiar a nova pintora. Eram figuras da sociedade, o prefeito, jornalistas e críticos de arte. Aline mantinha cândido sorriso de conquista ao lado de Yuri, os fotógrafos já começavam a trabalhar no momento em que o prefeito e a esposa alcançavam a pintora.

Vilma transformara-se em outra mulher, bem vestida e sorridente nos braços de Roscoe, sempre bem humorado e disposto.

— Cheguei a uma conclusão, Vilma.

— Diz-me, Roscoe, estou atenta.

— Os estilos de Lise e Aline são bem semelhantes e isto me deixa intrigado.

— Realmente podemos encontrar grande semelhança na combinação de cores e no modo de escolher os lugares. Não há a menor dúvida, é uma esplêndida coincidência.

Os garçons começaram a servir um coquetel. Suzette e Contardo serviram-se e continuaram a apreciar, quando um casal de velhos amigos se aproximou. As mulheres trocaram beijos e os homens apertaram as mãos com firmeza.

— Estou encantada, Suzette, tua prima é mesmo uma pintora de futuro.

— Temos confiança na capacidade de Aline, Hortência.

— Até meu filho Hamilton está aqui com a namorada, Vera, que por coincidência é amiga de Aline.

— Yuri contou-me que eles se tornaram amigos.

— Estou satisfeitíssima, Suzette!

— As obras de Lise não podem ser vendidas, Armando, fazem parte do patrimônio da família.

— Realmente é uma pena, Contardo, gostaria de adquirir um quadro de cada uma das pintoras.

— A finalidade da exposição é a tentativa de consagrar o nome de Lise, já que ela nunca teve a oportunidade de expor suas telas.

— São estilos muito parecidos!

— Quase idênticos, é difícil dizer quem pintou se taparmos as assinaturas.

Os jornalistas acercaram-se de Aline e Yuri, com as mais variadas perguntas.

— Se for comprovado o sucesso da exposição, a senhorita pretende expor em São Paulo ou no Rio de Janeiro?

— A minha preocupação no momento é garantir o sucesso em Campos do Jordão; se for possível expor em outras cidades, pretendo fazê-lo só nas férias, já que ando atarefada com os estudos.

— O que levou alguém tão jovem a pintar tão bem como a desconhecida senhora Lise Cristina?

— Certas coisas nascem inexplicáveis, a arte faz o homem e o homem faz a arte.

— Ambas nunca tiveram aulas de pintura?

— Isto é verdade; fomos capazes de captar da natureza com certa facilidade. Não tenho capacidade para maiores detalhes.

— O casal pretende casar-se, para tomar posse da mansão da Colina?

— O futuro não nos pertence, mas seria maravilhoso, uma felicidade sem limites.

— E o nosso jovem estudioso de Arqueologia, divulgará nova pesquisa?

— Pretendo estabelecer-me nesta cidade, onde lecionarei Química; mas, como amante da arqueologia, estarei esperando novos convites para viagens ao exterior ou ao interior do Brasil.

A manchete do jornal versou dois temas: "Pinturas e Antiguidades — dois polos da cultura". Falando sobre a vida profissional e os projetos do casal, que se tornara conhecido em toda a cidade, fora comprovado o sucesso, e Aline recebeu convites para expor nas principais capitais do país. Uma nova vida de agitação aguardava os enamorados, que nos momentos de folga contemplavam o limiar, como a agradecer por momentos tão felizes. Entre eles crescia o verdadeiro sentimento inesgotável do amor, entre pinturas e antiguidades.

Pouco a pouco, nossos aventureiros do destino tinham suas vidas recuperadas e eram envolvidos na Terra de um pretérito, que transformaria o futuro numa escola de ensinamentos imprevistos.

O clamor por alguns anos ainda faria parte de suas ascensões na magnífica escola de nosso planeta Terra.

16
DESPERTAR DO AMOR

Campos do Jordão, dia 20 de dezembro de 1957.

Voar, que bela sensação de liberdade, sentir a magia inebriante que sentem as aves no céu. Como criança, Aline dissimulava seus gostos, que Yuri atendia com imensa satisfação. Naqueles momentos o espaço lhes pertencia e a glória de viver aumentava. Hamilton e Vera igualmente plainavam no alto, onde os ventos conduziam aves humanas.

Mais tarde, os quatro amigos nadavam na piscina do senhor Armando. As férias tinham chegado e a primavera findava naqueles meados de dezembro. Logo, queimavam-se nas espreguiçadeiras a se refrescarem com suco de frutas.

— Quer dizer que as exposições para São Paulo e Rio estão prontas, Aline?

— Tudo certinho, Hamilton. Em julho, talvez seja em Belo Horizonte e depois não sei. Consegui pintar cinco quadros nos dois últimos meses e mesmo aqueles que foram vendidos eu levarei comigo.

— Estou só pensando na copa. Se o Brasil for finalista será maravilhoso!

— Dizem que a surpresa deste ano próximo será a Argentina e o Uruguai.

— Uruguai? Tenho minhas dúvidas, Hamilton; o Brasil vai ganhar na Suécia.

— Vera, é verdade que Ângela ficou noiva?

— Parece que sim, Aline. Estou chateada por ela não nos ter anunciado.

— Talvez, o noivo não aprovou.

— Hamilton, resolvi treinar paraquedismo, acho que em poucos meses me sairei bem.

— Pode contar comigo, Yuri, eu adoro esportes perigosos, será muito legal. Vamos lá para dentro, quero mostrar o novo disco do Paul Anka.

— Yuri, não podemos demorar, vovó está nos esperando para almoçar.

Ergueram-se e seguiram prosas para o interior da grande casa. Hamilton mostrava-se um amigo atencioso e gentil para com Yuri e Aline. Confortavelmente sentados, começaram a ouvir os novos sucessos do cantor americano; Yuri perdia-se nos radiantes olhos azuis da namorada.

Suzette preparava a mala do filho, para que pudesse seguir viagem até São Paulo. Prestativa, Aline adentrou-se e notou a prima preocupada.

— Posso ajudar-te, Suzette?

— Pode ir dobrando as roupas.

— Estive conversando com Dr. Roscoe e estou a par de tua situação.

— Sem pesadelos, sem visões, estou ótima!

— Não seguiste o meu conselho; tens uma elevada mediunidade por desenvolver e não te dignaste a comparecer ao Centro.

— Nunca me senti tão bem, prima!

— Muitas vezes sucumbimos pelas aparências. Melhor é prevenir do que remediar. Teus problemas poderão despertar e a situação tornar-se-á bem mais laboriosa. Prontinho, vou fechar a mala.

— Nossas vidas estão muito agitadas!

— Teu pai está melhor?

— Muito agitado, tem tomado calmantes além do previsto, sinto que suas forças se esgotam.

— Visitá-lo-ei com Andresa, sempre que puder. Bem, a mala está pronta.

Segurando nos ombros de Suzette, qual filha carinhosa, Aline abraçou-a.

— Prometo acompanhar-te quando voltarmos. Dentro de um mês estaremos juntas.

— Teu bem-estar preocupa-me; és a minha segunda filha, Aline. Ficarei torcendo por teu sucesso e orando por tua saúde. Estou satisfeita de saber que Bianca te acompanhará.

— Levy é formidável, não é como muitos maridos possessivos que andam pelo mundo. Sinto segurança com Bianca ao meu lado.

Na despedida, toda a família e os amigos estavam na casa de Yuri. Resolveram viajar de carro e, naquela manhã ensolarada de domingo, todos mostravam seus interesses de amizade. Sempre unidos e solidários.

— Cuida-te bem, filha.

— Pode deixar, vovó, estou bem acompanhada.

— Se não fosse teu pai, acompanhar-te-ia.

Aline reconfortava a avó com um abraço.

— Cuida bem de meu aeroplano, Hamilton.

— Revisarei tudo, Yuri.

Desataram o aperto de mãos.

— Será bom sentir saudades, Bianca.

— És um marido sem igual, Levy.

— Vamos parar com estes beijos — pediu Yuri, batendo nas costas do cunhado.

— Aline, faz tudo para elevar o nome de nossa cidade.

— Espero conseguir, Dr. Armando.

— Rogério, sai do carro, menino — gritou Hortência puxando o filho.

— Cuida bem da tia Vilma, Dr. Roscoe.

— É a minha única preocupação, Aline.

— Que Deus a proteja.

— Obrigada, tia Vilma!

Ao término das despedidas, acenando sempre do conversível, os três se foram pelos caminhos da estrada, que prometia uma inesquecível viagem. Uma manhã radiante de luz e a brisa da Serra da Mantiqueira.

Pelo anoitecer, no mesmo restaurante da serra, Roscoe puxou a cadeira para que Vilma sentasse. Pediram o jantar e, durante aqueles agradáveis instantes, o homem maduro segurou a mão de Vilma.

— Que têm representado estes meses para ti?

— Tenho vivido momentos maravilhosos, ouvindo melhor as músicas que gosto e sentindo o encanto de viver. Consigo sorrir, não percebes?

— Nem imagina como é bom ver-te assim tão mudada, és uma nova mulher; parece que encontraste a fonte da juventude. Já amei uma vez, Vilma, mas as circunstâncias da guerra afastaram-me deste amor e ao voltar encontrei-a casada. Nunca mais tive olhos para outra mulher até que apareceste no meu consultório; triste, calada e irritada. Sabia que poderia encontrar a verdadeira mulher, a verdadeira Vilma.

— Fui ludibriada nesta vida, todos os homens que namorei nunca quiseram levar a sério minha pessoa, e de frustrações em frustrações, acabei no analista, que me curou de verdade.

— Chega a ser engraçado! Tenho algo para falar-te e sinto-me como um jovem envergonhado.

— Temos toda a noite, Roscoe.

— Vilma, quero que tu sejas minha mulher, minha esposa.

Desprevenida, Vilma, que calmamente levava uma taça de vinho aos lábios, engasgou e arregalou grandes olhos.

— Passas mal? — Indagou o médico levantando-se.

— Falas de casamento?

— Sim, é claro, precisamos nos casar.

— Ajuda-me a levantar.

Roscoe conduziu Vilma ao ar livre da noite refrescante e aromatizada.

— Repita, por favor, querido.

— Vilma, eu te amo, quero ser teu marido. Aceitas?

— É um sonho, quanta felicidade!

— Não chores querida, aqui está meu lenço.

— Obrigada!

— Não podes responder?

— Eu quero casar-me contigo — respondeu Vilma rapidamente, atirando-se nos braços do analista.

— Tem que ser o mais rápido possível, assim que Aline e os outros chegarem de viagem.

— Mamãe não irá acreditar. Roscoe, como eu te amo e te quero!

Furtivamente beijaram-se, provando que nunca é tarde para encontrar um grande amor.

Bem recebidos em São Paulo, iniciaram as montagens da exposição, que consumia grande número de mãos. Yuri, observando Aline e Bianca sempre juntas, como boas amigas, na mesma disposição de sempre:

— Posso convidá-las para um lanche na lanchonete mais próxima?

— Podemos ir, Aline?

— Deixemos terminar a colocação dos quadros, depois daremos um toque final.

Tendo uma de cada lado, Yuri conduziu-as ao carro.

Vestidos a rigor, os três receberam visitantes, o exigente público de São Paulo. Novas entrevistas, fotos e divulgações: coquetéis e congratulações. Aline conquistava todos com a jovialidade de seu sorriso e a amabilidade de suas palavras. Qual o incansável admirador, Yuri não se esgotava em apreciá-la. Na exposição, músicas como "All the way", com Frank Sinatra.

Visitaram os três os principais pontos de São Paulo, praças e monumentos: no entanto, aquele barulho da metrópole era por demais cansativo. Tiraram muitas fotos no Museu do Ipiranga antes de partir.

No Rio de Janeiro, sim, puderam expandir-se e Bianca fitava o mar, enquanto o casal corria pela praia na luz quente da manhã, quando o sol se refletia rubro nas rugas do mar inquieto. O monótono rumor do mar convidava ao repouso e à reflexão. Yuri erguia Aline, como a agradecer-lhe por momentos tão felizes. Estavam em Copacabana.

— Fomos os primeiros a chegar à praia.

— Como pode o mar atrair tanta vida!

— Yuri, o mar é símbolo de descoberta e segredos, mistério e morte, fascínio e lazer. Parece que as ondas podem atrair-nos no seu toque e acalmar-nos com seu murmúrio. Sinto na verdade uma grande disposição.

— Isto, como se o mar recuperasse nossas energias e diminuísse nossas fantasias. Acho que todos gostaríamos de conhecê-lo melhor. Já sobrevoei o Atlântico, já naveguei pelo Mediterrâneo e em cada local o fascínio parece crescer mais, dependendo de novo estado de espírito. Só posso garantir uma revelação.

— Diz-me, então, qual é?

— Perto de ti, não há mar que se manifeste mais belo e nem há ondas que murmurem tão afinadas!

— Quando se ama, tudo à nossa frente parece perfeito e não chegamos a notar os defeitos do mundo, somos um mundo à parte e nossa visão impedida está a quebrar a magia dos lugares, o encanto do mar.

— Não posso viver sem ti, Aline.

A jovem acariciava os cabelos castanhos do namorado, enquanto ele se perdia na profundidade daqueles olhos azuis. Além da fonte inspiradora, o mar serve como um protetor daqueles que amam, pelos tempos e gerações a prosperar indefinível nos poemas de conquista, no amor que desperta. As declarações, as juras parecem guardadas nas ondas e, assim retornando sempre, elas querem divulgar a procura em todas as praias da terra.

Os pés eram lambidos pelo sal das águas e, abraçado, o casal parecia perdido nos vultos do mundo exterior. Longo beijo arrematou as contínuas demonstrações de afeto e agradecimento.

Aline fora aclamada nas exposições e nos jornais, seus quadros foram todos vendidos e os de Lise foram elogiados e premiados. Eram as realizações, as glórias fortunáveis da arte de renome. O desconhecido que agradava, o colorido das telas que podia transportar as pessoas ao mundo inquebrantável de terna apreciação da natureza, que dignifica e leva o homem às suas origens.

Sempre solitário e no anonimato, André recebia os abraços da mãe e da irmã, juntamente a Roscoe, que analisava a situação ao desconfiado.

— Este é o meu noivo, André. Queres ir ao nosso casamento?

— Quero ir, Vilma. Também quero sair daqui. Tenho saudades de Aline.

— Filho querido, como falamos, nossa Aline ainda não chegou de viagem.

— Quando chega?

— Em poucos dias ela volta.

— Quero plantar novas flores no jardim, mamãe; Mágdala sempre gostou delas.

— Todos nós ajudaremos, André.

— O doutor é esquisito, tem olhos de fogo.

— Sou teu amigo, André, e moraremos juntos.

— Onde estão os doces, mamãe?

— Senta-te filho, aqui estão eles.

Obediente, o pobre homem sentou-se no rústico banco de madeira à sombra da copa da árvore e os visitantes ficaram a observá-lo comer como uma criança aflita e gulosa.

No aconchego do lar, pela noite, Roscoe estacionou sua xícara de café e as duas mulheres passaram a ouvi-lo atentas.

— André precisa do convívio nesta casa, a loucura acalmou-se segundo disseram-me. Precisamos levá-lo ao Centro, onde poderemos saber a causa de tal sofrimento.

— Desculpe-me, Roscoe, há muito que Suzette tenta convencer-nos, mas achamos infortúnio e desnecessário.

— Já frequentaram uma reunião, Andresa?

— Não, só fizemos cultos com minha irmã Anita e Suzette.

— Pretendo apenas ajudar André, não as forçarei a mudar suas crenças. Precisamos agir rapidamente, tudo está caminhando lento demais.

— André suportará as pressões?

— Por favor, Andresa, teu filho precisa libertar-se. Quanto ao futuro, confiemos nas determinações do Altíssimo. Somos simples instrumentos e cabe a nós modificarmos a situação.

— E o nosso casamento? Sempre sonhei em casar de noiva, num belo vestido branco e caminhar pela igreja, mas tu não aceitas, Roscoe.

— Não julgo necessário, Vilma, pois o casamento é consagrado em lugares abençoados, como templos católicos. No entanto, respeito-te e franquearei teus desejos, renunciando minha posição, mas não minha maneira de encarar a união conjugal à luz da Doutrina Espírita.

— E a lua de mel, minha filha?

— Passaremos cinco dias no Hotel da Serra e voltaremos em seguida, para tentarmos recuperar a saúde de André.

— Em quinze dias André estará conosco nesta casa e tudo faremos para beneficiá-lo.

Toda a igreja enfeitada naquela manhã de domingo, rosas amarelas e fitas brancas, grande concentração de pessoas na expectativa da grande hora. No altar, Aline e Yuri eram padrinhos, juntamente a Hortência e Armando, ao lado de vários outros. Roscoe constrangido ora olhava Suzette, que lhe sorria do banco, ora admirava a decoração. O órgão executou a Ave Maria de Gounot e da entrada Vilma veio caminhando, conduzida por Contardo, que não pudera recusar o pedido. Rejuvenescida e expressando terno sorriso de contagiante alegria, Vilma sentia-se explodir de contentamento, caminhando ao som da belíssima melodia.

Finalmente, Roscoe estendeu-lhe a mão e o padre iniciou a cerimônia, cheia de ênfase ao fator idade. Nunca seria tarde demais para a união conjugal, livre de falsas indumentárias de falso aprimoramento.

Receberam os cumprimentos na porta da igreja, tirando as fotos com os familiares. Quatro moças distribuíam bombons aos convidados.

Correram todos a jogar arroz no carro, que conduziria os noivos ao hotel não muito distante, onde poderiam desfrutar cinco dias de completa alusão ao mundo de problemas.

Refeita das viagens, Aline acompanhou Suzette e Contardo na primeira reunião do Centro Espírita. Conservando a calma, Aline adentrou-se na iluminada e confortável casinha, onde encontrou pessoas de variados níveis sociais. Alguns sempre cordiais a sorrir e outros tristes a esperar.

Sentaram-se aguardando no pequeno salão que o orador da noite começasse os estudos.

Um senhor de cabeça branquinha foi à frente, transmitindo extrema confiança. Notou Aline que algumas crianças aguardavam caladas e algumas mães embalavam seus bebês adormecidos.

— Iniciaremos, meus irmãos, a nossa noite de estudos, reservada à importante conceituação do que vem a ser a reencarnação; este tópico tão discutido, que para a doutrina é a perfeita maneira de evoluirmos neste planeta de expiações. Peço a Contardo que faça a prece inicial, para que possamos iniciar os estudos.

Todos concentrados esperaram que a voz de Contardo trouxesse melhores vibrações de paz e conforto aos corações aflitos. Aline fechou os olhos, pedindo pelo pai doente e pelo progresso de seu amor.

— "Mestre Jesus, que trouxeste ao mundo a verdadeira razão da vida e nos fortaleces com tuas lições de sabedoria, dá-nos a capacidade de caminhar ao Teu encontro e una-nos na fé do Cristianismo Consolador. A fé do tamanho de um grão de mostarda pode remover uma montanha e ainda não removemos um grão de areia. A caminhada é longa, mas nossa confiança em Ti há de tornar-nos os novos homens da terceira revelação. Iluminai, Senhor, esta casa de preces e rogativa; iluminai nossos lares, nossa pátria e a orla da noite, para sairmos animados dispostos. Obrigado, Senhor, por Teu sopro divino, que anima nossas existências. Assim seja".

A prece, por sua comoção e sinceridade, trouxe a maior proteção de mensageiros espirituais que ali estavam presentes. O orador via-os e sentiu indescritível emoção, enchendo-se de forças para realizar o importante estudo.

— Do livro dos Espíritos, de Allan Kardec; parte segunda, capítulo 55 – Da Encarnação dos Espíritos. Lerei o objetivo e depois faremos perguntas seguidas de respostas e discussões, que poderão detalhar-nos a revelação da alma e as causas do materialismo. O último tópico, estudaremos na próxima semana.

— Pergunta 132 — Qual o objetivo da encarnação dos Espíritos?

— "Deus lhes impõe a encarnação com o fim de fazê-los chegar à perfeição. Para uns, é expiação, para outros missão. Mas, para alcançarem essa perfeição, têm que sofrer todas as vicissitudes da existência corporal; nisso é que está a expiação. Visa ainda outro fim a encarnação: o de pôr o Espírito em condições de suportar a parte que lhe toca na obra da criação. Para executá-la, é que em cada mundo, toma o Espírito um instrumento de harmonia com a matéria essencial desse mundo, a fim de aí cumprir, daquele ponto de vista, as ordens de Deus. É assim que, concorrendo para a obra geral, ele próprio se adianta".

Suzette notou que os ensinamentos surtiam efeito na cabeça ávida de conhecimentos da jovem prima. Aline ouvia serena o estudo do velhinho, passando a ter respostas a certas indagações.

Ao chegar em sua casa, após quatro anos de manicômio, André sorria tristemente, amparado pela mãe e pela filha. Roscoe e Vilma traziam as bagagens. O infortunado homem contemplou seu jardim da varanda.

— Agora poderei cuidar de minhas flores. Estão tristes como eu estou.

— Vem, papai, arrumamos teu quarto, tenho certeza de que vais gostar.

— Prepararei hoje aquela macarronada de que tanto gostas, filho.

— Quero pudim de leite na sobremesa.

— Vou preparar agora mesmo, André — retrucou Vilma a sorrir.

— Que belo dia, não acha, mamãe?

— Sim, André, tudo está contente com a tua volta.

Ficaram admirados de ver André alimentar-se, quando todos tinham acabado ele continuava.

— Pronto, acabei, agora chegou a vez do pudim.

— Estás de parabéns, papai.

— Pode trazer o pudim — pediu Andresa à empregada que estava parada aguardando. Aline e Vilma começaram a retirar a mesa.

— Hoje é sábado, André, poderemos jogar damas.

— Acho que esqueci, Vilma.

— Posso ensinar-te.

— Prefiro ir ao jardim plantar novos miosótis, para embelezar o caminho de Aline.

Transcorreram os dias e Aline precisava andar um pouco mais para encontrar Yuri, já que este não podia ver-lhe o pai. Estacionando, o conversível vermelho brilhava ao sol e seu dono ouvia música do rádio, "Fascinação", com Gilberto Alves.

Cautelosa, Aline impediu-lhe as vistas com as mãos.

— Estas mãos, este perfume. Não sei quem é!

— Sem graça, assim não vale!

— Entra, vamos passear. O teu corpo é luz, sedução...

Fechando a porta, a moça beijou o namorado.

— Para onde vamos, querido? "Fascinação" realmente é inspiradora!

— Subir a colina, que tal?

— Adorarei, sinto falta da Colina do Alborecer.

Seguiu o carro veloz pelos caminhos encantados e bucólicos. Respiravam os ares refrescantes da bela manhã de fevereiro ao iniciarem a subida da Colina do Alborecer, onde os pinheiros guardavam serenos e as aves no céu festejavam o fulgor infindo do clima revigorante. A mansão adormecida refletiu-se em seu branco as cores do dia, rosas e palmas bailavam na brisa, borboletas multicores rodopiavam céleres. De mãos dadas, o casal de repente estava defronte à grande pedra, donde podiam vislumbrar as dimensões dos montes distantes e receber as carícias do vento. Estavam no ano de 1958.

— Por mais que indago não descubro o mistério da Colina. Sinto-me dono de tudo e meu coração dispara de emoção quando aqui piso.

— Se não combates tanto a doutrina de teus pais, poderias ver e sentir melhor o porquê das coisas, Yuri.

— Ainda não chegou o meu tempo, Aline.

— Dr. Roscoe disse-me que, lentamente, conseguirei encontrar-me, e aí meus pesadelos cessarão, pois conseguirei entender os problemas do mundo.

— Meu primeiro dia de aula está para chegar, fiz meu plano de curso e espero agradar meus alunos. Confesso sentir um pouco de insegurança.

— Prometo ser uma boa aluna e confio em tua capacidade didática, meu bem.

— É verdade que Hamilton fará parte da tua turma, Aline?

— Aquele malandro já foi reprovado dois anos e agora está conosco. Vera disse-me que estudarão juntos e dessa vez pegarão o diploma.

— Reparaste que por ti tornei-me um jovem? Tenho as suas amizades, sou o homem maduro no meio dos jovens. Às vezes, sinto-me deslocado.

— Todos gostam de ti. Tua presença é tão jovem quanto a nossa. Afinal, tens 29 anos?

— Durante três vezes por semana treinaremos paraquedismo, Hamilton está muito animado.

— Quisera eu acompanhar-te, mas necessito passar mais horas ao lado de papai.

— É bom saber que ele está se recuperando.

— Tarde demais, seu organismo está debilitado. Dr. Roscoe e o clínico geral nos preveniram.

— Sinto muito, Aline.

— Compreende por que não posso acompanhar-te?

— Sim, eu compreendo, minha bela!

Sentados na pedra, ficaram a visualizar o tempo nos contornos da vaidosa natureza, enquanto o vento açoitava seus cabelos. Assim, beijaram-se demoradamente.

André e Andresa despediam-se todas as manhãs daqueles que Vilma levaria à cidade para trabalhar e estudar. Aline estava radiante.

— Virei mais tarde vovó, almoçarei na casa de Bianca e em seguida Levy continuará meu tratamento dentário.

— Mando-lhe lembranças. Não te esqueças, hoje às vinte horas teremos reunião.

— Cuide bem das flores, papai. Os miosótis estão lindos!

— Estrelarei meu novo ancinho — respondeu André mais serenamente. Miosótis que fazem lembrar seus olhos, filha!

— Vamos para a cidade, mulher! — Gritou Roscoe animado.

Vilma sorriu e deu partida no motor, levaria o marido e a sobrinha.

Sério, querendo transmitir respeito, Yuri entrou na grande sala, onde quarenta alunos, entre homens e mulheres, aguardavam-no. Apagou o quadro e iniciou a chamada. Alguns riam disfarçadamente ou cochichavam. Vestia-se com uma jaqueta de couro negra, calça de linho cinza e camisa azul clara. A barba, negra e curta.

— Silêncio, por favor, o recreio acabou lá fora! Alba.

— Presente.

— Aline.

— Presente — respondeu a moça emocionada.

— Ângela.

— Presente.

Continuando, logo chegou a vez de Hamilton.

— Hamilton.

— Pre... sente.

— Acho melhor tirar os chicletes, caro amigo!

— Sim, senhor — responde o rapaz na esportiva, ao que piscou para Vera ao seu lado.

Terminada a chamada, o professor iniciou as apresentações.

— Alguns já me conhecem até demais, morei muitos anos fora, para concluir meus estudos superiores. Sou arqueólogo!

Todos riram e olharam para Aline, que enrubesceu.

— Exijo respeito e trabalho sério em minhas aulas, mas serei, se possível, o melhor amigo de todos.

Silêncio profundo.

— Aqui dentro sou o professor de Química Orgânica e Inorgânica, serei exigente e justo, portanto, tratem de estudar. Nada de cochichos, brincadeiras ou namoros. Amizades à parte, tentem esquecer-me como sou em minha vida livre e que sou o namorado de Aline. Este Colégio passa a ser misto a partir deste ano. É uma grande responsabilidade para os orientadores e professores. O mais novo aqui deve ter seus dezesseis anos, não há crianças, penso estar conversando com rapazes e moças de respeito. Vamos criar novos entretenimentos para todos, em breve, teremos os jogos estudantis e gincanas. Este é o último ano e em breve estareis formados, garanto que sentireis saudades; falo por experiência própria. Farei o possível para passar todos e fazer-vos conhecer as maravilhas da Química que tanto tem feito pelo progresso da humanidade. Alguma pergunta?

— Teremos muitas provas?

— Bem, Ângela, sei que muitos temem a Química e a Matemática, por exemplo. Adotarei o seguinte: faremos cinco provas e considerarei as quatro melhores notas.

— Isto é bom! — Retrucou a garota.

— E os treinamentos dos jogos, professor?

— Posso até servir de treinador, Hamilton, entendo um pouco de vôlei e basquete. Pessoal, como hoje é o primeiro dia, todos estão dispensados, mas amanhã começaremos firmes.

Levantaram-se todos entusiasmados e começaram a deixar a sala. Aline aguardou em sua carteira o recado de Hamilton, que estava abraçado com Vera.

— Gostei de ver-te, Yuri, com muita moral.

— Não te esqueças do paraquedismo, hoje às três horas.

— Estarei lá, caro professor!

— Tem mesmo experiência?

— Já disse que pulei duas vezes.

— Até mais, então. Tchau, Aline.

— Tchau, Hamilton.

Só restaram os dois na sala; Aline aproximou-se.

— Estás de parabéns, acho que vou gostar de Química.

— Tua presença deu-me segurança — respondeu Yuri beijando a mão direita da jovem.

— Vamos, então; chegaremos mais cedo à casa de Bianca.

Saíram abraçados com livros e cadernos nas mãos, caminhando à luz do sol. E logo estavam a percorrer o centro de Campos do Jordão.

Bianca tirou do forno uma bela lasanha e Aline trouxe para a mesa as travessas. Os homens conversavam na saleta da pequena e confortável casa, sentados a tomar aperitivos.

— Este negócio de consultório ser ao lado da casa não atrapalha um pouco?

— Às vezes, Bianca aparece por lá com uma dor de dente e eu esqueço dos clientes.

Entrementes, chegaram as mulheres e Bianca trazia a lasanha, toda feliz.

— Este homem deu para profetizar agora, Yuri! Sonhou com o jardim da Colina repleto de crianças.

— Explica-me este caso direito?

— Realmente vi todos nós cercados por crianças!

— Quando eu começo a cuidar dos dentes de Bianca, esqueço do mundo, mas amo as crianças.

Aline piscou para o namorado, sorridente.

— Vejo que estes dois ainda não acabaram a lua de mel.

— Contou-lhe a novidade, Bianca?

— Que novidade?

— Depois do almoço eu conto, Aline.

— Não tenha vergonha de dizer que vai ser mãe, querida!

— Levy e suas brincadeiras.

— Estou muito contente, Bianca — fez Aline abraçando a prima.

— É para quando, mana?

— Agosto, Yuri, comecei a fazer o enxoval e só hoje contarei à mamãe.

— A quinta geração que chega! — Exclamou Aline.

— Fica tranquila, a Colina será dos dois.

— Por favor, Bianca, não estamos pensando na Colina.

— Estou com uma fome danada e este cheiro de lasanha está delirante — retrucou Levy erguendo-se para mudar o assunto.

Hamilton pilotava o avião de Yuri e este estava prestes a lançar-se no espaço azul. Esperaram um lugar de campina e então Yuri saltou. Segundos depois o paraquedas se abriu todo amarelo e inflado; Hamilton vibrou do alto, logo chegaria a sua vez. Na campina, descendo gracioso, o conjunto voador caiu na maciez do capim verdejante.

Afinal, haviam se tornado grandes amigos e compartilhavam todas as suas aventuras. Dividiam confissões e projetos de vida como bons amigos que eram.

— Sabe, Yuri, sempre senti falta de um irmão mais velho.

— Está adotado, caro amigo!

Em horas do anoitecer, André parecia aflito e Roscoe tentava colocá-lo em transe hipnótico, finalmente conseguindo fazer o doente adormecer no divã da sala.

Vilma agradeceu-lhe satisfeita.

— Sinto-me nervosa, tenho medo.

— Não receies, querida, faremos o melhor para André.

Ouviram o motor de um carro e Aline desceu correndo as escadas, para atender os convidados. Andresa acompanhou-a esperançosa e aflita.

Contardo e Suzette conseguiram trazer Yuri, o que fez Aline empalidecer.

— Entrai, por favor — pediu Andresa.

Entraram na sala toda iluminada.

— Papai ficará irritado, Suzette.

— Eu tentei, Aline — retrucou o namorado.

— Tranquilizai-vos todos, coloquei André em transe hipnótico; podemos trabalhar normalmente.

Acomodaram-se todos na grande mesa, ficando André entre Roscoe e Contardo. Ao lado de Yuri, Aline fitava o pai paralisado, que parecia estar num outro mundo, sem conhecer a presença daqueles presentes.

— Antes de tudo, leiamos o Evangelho, para que tudo atraia a proteção dos mensageiros espirituais. Agradecemos por este momento de enlevo, no qual desfrutamos estes sublimes momentos de tão importante reunião. Que a proteção divina nos ampare hoje e sempre — assim falando, Roscoe pediu que Aline descerrasse as páginas do Evangelho.

— Posso ler?

E Roscoe respondeu afirmativo com a cabeça.

— "A Beneficência. A Beneficência, meus amigos, dar-vos-á nesse mundo os mais puros e suaves deleites, as alegrias do coração, que nem o remorso nem a indiferença perturbam. Oh! Pudésseis compreender tudo o que de grande e de agradável encerra a generosidade das almas belas, sentimento que faz olhe a criatura as outras como olha a si mesma, e se dispa, jubilosa, para vestir o seu irmão! Pudésseis, meus amigos, ter por única ocupação tornar felizes os outros. Quais as festas mundanas que podereis comparar as que celebrais quando, como representantes da Divindade, levais a alegria a essas famílias que da vida apenas conhecem as vicissitudes e as amarguras, quando vedes nelas os semblantes macerados refulgirem subitamente, por que faltos de pais, os desgraçados ouviam seus filhinhos ignorantes de que viver é sofrer, gritando repetidamente a chorar, estas palavras que, como agudo punhal, sê-lhes enterravam nos corações maternos: Estou com fome...! Oh! Compreendi quão deliciosas são as impressões que recebe aquele que vê renascer a alegria onde um momento antes, só havia desespero...!".

Entonando suave voz, como numa triste prerrogativa, Aline assustou-se ao ver o pai tremer; mas Roscoe pediu que continuasse e colocou a mão na cabeça do paciente. Ocorreu então um fato emocionante e impressionante, que só Roscoe com sua apurada vidência pôde observar atônito.

Abraçada ao corpo de André, estava Magdala, a vampirizar-lhe as forças vitais do corpo. Espessa massa escura envolvia o corpo daquela mulher abatida e de expressões grotescas. Magdala afastou-se assustada e aproximou-se de Yuri, olhando também a bela Aline, sua filha.

— Minha pobre filhinha, não permitirei jamais que permaneças ao lado dele; Yuri me pertence e não serve para ti.

As emoções negativas de Magdala envolviam Yuri, que começou a sentir mal-estar. Suzette logo percebeu e deixou seu pensamento no filho, formando tênue barreira magnética que impedia a atuação daqueles fluidos negativos da obsessora.

Só Roscoe pôde perceber a presença de dois espíritos iluminados acercando-se da pobre criatura. Valério e Rosalva (Anita) estavam presentes e precisavam auxiliar o grupo familiar. Enquanto Valério começou a orar com as mãos estendidas, Rosalva fez-se ver por Magdala, que se encontrava num padrão vibratório bem inferior.

— Magdala, ouça-me — pediu Rosalva com a voz cândida e angelical.

A luz irradiando daquele espírito incomodava Magdala, que tentou afastar-se.

— Não fujas, sou tua amiga.

— Que pretendes de mim?

— Magdala, por que persegues teu marido?

— Não sabes que este verme me assassinou brutalmente? Quero vingar-me de André e deixá-lo arrasado e louco.

— De que isto adiantará? Praticas o mal e és mesquinha. Acabaste de falar que não deixará tua filha ficar com Yuri, impedindo assim a felicidade dela.

— Aline poderá ser feliz com outro homem, não Yuri.

— Só por que usurpastes teu lar com a queda da sedução? Traindo o marido e a própria filha inocente? Esqueceste de tua ingratidão, para com André que sempre te amou e te tirou do submundo do escárnio e da vulgaridade? Tua morte foi um acidente que graças à tua obsessão levou André à loucura. Quer queiras, quer não, termina aqui tua vingança. Peço em nome de Jesus, nosso amado Mestre, que a luz da providência ilumine teu coração amargurado e sombrio.

— Não terminei minha vingança, chegou a vez de Yuri; que pretende Aline só para trair-me e viver na mansão da Colina.

— Eles se amam, Magdala. Quem és tu, mulher, para decidir o que está decidido pelos enviados de Cristo em torno da Terra? És a ovelha transformada em lobo, que desceu ao mais baixo degrau da intransigência, qual os sequazes perseguidores do amor, em nome do egoísmo maligno.

Das mãos de Valério partiam grandes raios de luz azul que envolviam a todos num misto de amor e merecimento. Magdala enraivecida tentava mexer-se, mas estava paralisada, graças às energias que mourejavam do seio de Rosalva, limpando os pesados fluidos da obsessora.

Em momento de vibrante força, Magdala ajoelhou-se vencida a chorar; tal era seu arrependimento e dor que Rosalva dignou-se a erguê-la.

— Levanta-te e segue-me, vieste ao mundo como cristã e como tal há de elevar-se; Jesus perdoa e admira aqueles pecadores que reconhecem seus erros.

— Não sou digna de tal compaixão.

— És uma pobre vítima da maledicência dos homens na terra e como vítima será tratada. Não penses, no entanto, que tuas maldades morrerão impunes; terás no futuro a colheita de tua invigilância.

Abraçando-se à Magdala, Rosalva desapareceu num imenso cosmo de luz, que deixou todos os presentes aliviados.

Roscoe deixava escapar-lhe algumas lágrimas de comoção; André parecia calmo como cordeiro e Yuri sentia-se flutuar, despertando de um pesadelo. As mulheres conservavam-se pacíficas e ternas.

Terminava Aline sua leitura, sem sonhar no que acabava de ocorrer.

— "...Quanto bem a fazer! Oh! Não vos queixais ao contrário, agradecei a Deus e prodigalizai a mancheias a vossa simpatia, o vosso amor, o vosso dinheiro por todos os que, deserdados dos bens desse mundo, enlanguescerem na dor e no insulamento. Colhereis nesse mundo bem doces alegrias e, mais tarde... só DEUS o sabe! Adolfo, bispo de Angel (Bordéus, 1861)".

— Aline leu as sábias palavras sobre a beneficência, o que nos mostra a grandeza de Deus, o sinônimo do amor e do perdão! Enquanto refletíamos nos ensinamentos, pude ver claramente a ajuda de nossos amados amigos espirituais, que hoje consumaram o mal de André; no entanto, André tem o cérebro tomado de demência e esta calma nos mostra o início de uma nova fase, espero libertá-lo.

Continuaram o culto no lar, que tanto bem trouxera àquele lar e pessoas, como se, após a tempestade, da dor voltasse a bonança do amor, extirpando o sofrimento abrasador de André.

Dias depois, numa manhã de incontestável paz e plenitude, na qual a claridade do céu fazia mais visível as árvores e as flores do jardim, Aline e Andresa apreciavam cuidadoso trabalho de André com a terra. Em pé, o homem mexia o esterco na terra, providenciando a matéria orgânica que faria tudo crescer e florir mais rápido. Ajoelhou-se André a tocar a terra fofa, resolvendo em seguida deitar-se para acariciá-la, agradecendo pelo milagre de ser a sementeira da vida. Ali ficou o simples jardineiro adormecido; debalde, a mãe e a filha o chamaram, pois seu espírito desligara-se da carne e, bem acompanhado por Valério, ergueu-se como os pássaros em voo de liberdade. O corpo ficara no consolo de duas mulheres entre lágrimas.

Afinal, livre, André, ou o cigano Marcelo, assassino de Wagner e Lorena, em breve seria tratado na colônia espiritual e prestaria contas de todos seus acertos e quedas, juntamente da sua companheira Magdala.

17
MIOSÓTIS NÃO TE ESQUEÇAS DE MIM

Vivendo pelos alunos e por Aline, Yuri dedicava-se ao trabalho, adquiria a amizade de todos. Naquele dia aplicava a sua primeira prova mensal, fitando o semblante triste e oprimido de Aline, que tentava concentrar-se em vão. Começaram a entregar as provas, uns sorridentes, outros acabrunhados por motivos diversos. Hamilton foi um dos primeiros.

— Saíste bem?

— Acho que sim, professor.

— Onde está Vera?

— Doente e de cama.

— Conversaremos depois, Hamilton.

Finalmente restaram Ângela e Aline.

— Sinto meninas, esgotou o prazo.

— Já terminei, Yuri — retrucou Ângela.

Entregando sua prova, Aline transpareceu desânimo.

— Não foi difícil a prova, mas acho que te decepcionarei, Yuri.

— Na próxima tu recuperas, espera-me na porta do Colégio, passarei na secretaria.

As amigas seguiram juntas e abraçadas pelo corredor.

— Imagino tua situação, Aline, não é qualquer pessoa que faz boas provas após um mês da morte de seu pai. Vamos, procura animar-te. Vamos visitar Vera depois do almoço?

— Que tem a Vera?

— Ela não fez a prova por estar doente.

— Sim, eu a visitarei.

Yuri encontrou Aline esperando encostada no carro, aproximou-se e beijou-a.

— Hoje pretendo levar-te para almoçar fora, já telefonei à tia Andresa.

— Estou precisando mesmo de quebrar minha rotina.

Acomodaram-se no conversível e o motorista deu partida, reparando a palidez da namorada.

— Dr. Roscoe recomendou-me o restaurante da serra, os pratos são requintados e gostosos.

O garçom reservou-lhes um lugar especial na sacada, cheia de palmeiras em grandes vasos, donde podiam apreciar a paisagem incansável e bela. Yuri fez o pedido e o garçom se retirou. Fitando Aline, que tinha os olhos perdidos na vista, Yuri segurou-lhe o queixo com delicadeza.

— Não falaste quase nada durante o percurso, Aline, queira presentear-me com teu sorriso. Por acaso esqueceste o nosso romance?

— Que dia do mês é hoje?

— Cinco de marco.

— Desculpa-me, amor, hoje é seu aniversário! — Exclamou a jovem segurando as mãos de Yuri.

— Tenho um presentinho para ti.

— Tu que mereces e eu que recebo?

— Lê, fiz para ti, espero que gostes.

Emocionada, Aline leu para si a poesia.

Segredos

Olhos de lapidada turquesa.
Meigo jeito moreno,
Rubros lábios, rubros
Faces rosadas,
Criança e mulher.

Assim idealizada...

Em sonhos de poeta,
Que percorre seu caminho...
A procura de desvios
Certo vazio residente,
No âmago esquecido...
De amor.
Simples expressão.
Franze a face a sorrir.
Contagiando o ser...
Habitado em mim.

Quisera compreender...
Mistérios da vida,
Talvez descobrisse...
Segredo atraente,
Habitado em ti
Gostar e amar;
Alguém amigo,
Amor de alguém.
Acredita...
Luta.
Permaneça.

Doce encantamento suave,
Tentador segredo desfrutado.
Ouça a voz das coisas...
No panorama natural —
(Essência de flores),
Melodia da brisa,
Pássaros a cantar;
Teu eterno despertar.
Mundo secreto,

Segredo íntimo...
Adormecido em ti.

 Espontâneo sorriso brotou do rosto triste e Aline beijou os quentes lábios de seu amor.
 — É mais do que mereço, meu amor!
 — Ver-te sorrindo novamente, não pode existir melhor presente, Aline!
 — Não sabia que escrevias poesias, Yuri!
 — Pretendo continuar, esta é a primeira de muitas que virão para tentar expressar-me.
 — Sinto-me feliz por estarmos cada vez mais juntos.
 — Esgotou-se o tempo, Aline, quero que sejas minha esposa e companheira.
 — Falas de nosso casamento?
 — Para que retardar algo tão bom! Precisamos formar nossa definitiva união.
 — Diz quando e onde, e estarei lá.
 — Nas férias de julho, após o justo final da Copa. Casados viajaremos para o Rio de Janeiro.
 — Eu te amo, Yuri, não te decepcionarei.
 — Basta que continuemos sempre assim.
 — Aqui está a refeição, senhor.
 — Justamente agora! Garçom, és a testemunha.
 E, tirando do bolso duas alianças, Yuri levantou-se sorridente.
 — És a prova de nosso compromisso, acabo de ficar noivo desta formosa moça.
 — Meus parabéns, senhor!
 Erguendo a mão direita de Aline, o homem colocou-lhe a aliança; em seguida, a noiva praticou o mesmo grande feito, levantando-se radiante de alegria. Beijaram-se ali mesmo.
 — Posso servir, senhor?
 — Sim, é claro, hoje é o mais lindo dia do ano!

Almoçaram sem tirar os olhos um do outro, como hipnotizados pela seta do amor.

— Vovó reprovar-me-à por não consultá-la.

— De qualquer forma, ficaríamos noivos.

— Isto é verdade, Yuri.

Comentou o garçom com seu companheiro:

— Bem, dizem que o amor embobece, naquela mesa temos um sintoma típico desta doença, de que poucos conseguem contagiar-se.

Quando Aline foi deixada próxima à casa de Vera, Ângela aguardava calmamente.

— Estarei no ginásio, treinando os rapazes do vôlei — falou Yuri.

— Às cinco horas te encontrarei lá.

— Que demora, Aline!

— Desculpa-me, Ângela, mas não é todo dia que ficamos noivas.

— Tchau, querida!

— Tchau, meu amor!

— Fala sério?

— Olha e comprova — disse Aline mostrando a mão.

— É linda, Aline!

— Pretendemos nos casar em julho.

— Por que será que o meu Carlos é tão indeciso?

— Não desanime, Ângela. Ele se forma em dezembro e tudo ficará mais fácil.

— Veremos se podemos ajudar a Vera.

A porta estava aberta e as moças resolveram entrar. Muito simples a casa, móveis pobres e velhos, nada de luxo. Ouviram gemidos e acudiram no quarto. Vera, febril, quase delirava. Aline procurou abrir a janela para arejar o quarto.

— Minhas amigas, como é bom revê-las!

— Estávamos preocupadas contigo — falou Aline, apreensiva e triste, que se sentou na cabeceira.

— Preciso tomar este comprimido do criado, Ângela.

Imediatamente a jovem providenciou a água e Vera pôde ingerir o remédio.

— Onde está teu pai, Vera?

— Foi comprar passagem, viajamos amanhã para o interior de Minas, onde passarei a morar com minha avó, que vive sozinha.

— Meu Deus, o que se passa? — Retrucou Aline.

— Hamilton e eu terminamos tudo.

— Como assim? Ontem pela manhã vós estivestes juntos na sala de aula.

— Ângela, não podes imaginar o que aconteceu de ontem até hoje!

Atentas, as amigas de Vera ouviram o drama da enferma.

— Não me sentia bem e a vizinha veio ver-me a noite retrasada, após nosso diálogo tudo mudou e fiquei abismada. Meu corpo indicava a gravidez. Criei coragem e após as aulas expliquei a situação a Hamilton, que empalideceu.

Relembrando:

— Absurdo, Vera, não pode ser verdade, precisamos descobrir.

— Podemos ir ao médico, Hamilton.

— Muito arriscado. A não ser que paguemos pelo sigilo do fato.

Comprovada a gravidez, Hamilton correu a relatar seu apuro ao pai, que o repreendeu.

— Não posso admitir um escândalo destes, tua mãe morrerá de paixão.

— Que devo fazer, então, papai?

— Pago qualquer quantia para ficarmos livres desta amolação. Conheço o médico que poderá fazer o serviço hoje mesmo.

— Tenho receio, papai.

— Não há o que recear, depois chama o pai desta moça aqui.

Hamilton explicou à Vera tudo que fariam.

— Isto não, Hamilton! Pensei que pudéssemos nos casar.

— Santa ingenuidade, Vera! Não posso casar-me contigo e perder tudo que tenho de liberdade, sou novo demais para tal. Papai já me deu o dinheiro e teu pai concordou em fazermos o aborto.

— Tão friamente assim! Hamilton, eu te amo, como pode consentir algo tão brutal?

— Esquece que fomos namorados, Vera; tudo termina aqui, nestas paredes de teu quarto.

— Usou-me e agora joga-me fora. Sinto nojo de ti, és desprezível e sujo como teu pai, e meu próprio pai, que garanto ter recebido dinheiro. Mas saiba, Hamilton, que este dinheiro sujo não te fará feliz.

Relutei contra minha sorte; fui conduzida por Hamilton e meu pai ao médico corrupto e lá retiraram o feto.

— Absurdo, Vera, não pode ter permitido!

— Não tive tempo, Aline.

— Fica conosco, Vera.

— Será um suplício voltar a ver Hamilton, nunca esperava ato tão covarde por parte dele.

— Teu pai também é culpado.

— Não posso negar, Aline, mas meu pai é alcoólatra e viverei longe dele.

— Hamilton, que decepção! Estou vendo que há muita sujeira encoberta entre alguns homens. Espero que nunca Yuri traia minha confiança.

— Lamentarei o resto de minha vida pela perda de meu filho, mas que poderia eu contra quatro homens?

— A febre está passando — considerou Aline passando a destra mão no rosto de Vera.

Agitação no ginásio, o time de Yuri acabara de vencer no treinamento e os rapazes pulavam para comemorar. Algumas alunas do colégio assoviavam fazendo torcida.

No grande banheiro, todos se despiam para se refrescarem com um banho de ducha.

— Tenho certeza de que ganharemos no domingo, Yuri.

— Procure dar mais impulso no saque, assim, Hamilton, garantiremos a vitória.

Cada qual em seu boxe, combinavam os lances do primeiro grande jogo, refazendo-se das energias perdidas e confiantes no sucesso.

— Vou desistir do paraquedismo, Yuri.

— Desistir, por quê?

— Falta-me tempo e a Química está me apertando.

— Se sentir dificuldades, apareça lá em casa.

— Espero não precisar.

— E os reservas, professor?

— Serão os de sempre, Marcos; o time tem que continuar como o de hoje.

Saíram juntos e Aline esperava próximo ao carro, chupando um sorvete. Do ginásio grande número de jovens ainda convergiam para direções diversas.

— Espera-me há muito tempo, querida?

— Quinze minutos, meu amor.

Trocaram um beijo e em seguida Yuri tirou um pedaço do sorvete. Hamilton os alcançou.

— Tudo bem, Aline?

— Tudo muito mal, quero pedir-te para não dirigir-me mais a palavra.

Assustado, Yuri considerou.

— Que se passa, Aline? Hamilton é nosso amigo.

— Teu amigo, eu sou amiga de Vera.

Hamilton deixou-os chocado e apreensivo.

— Vamos, Yuri, no caminho de casa contar-te-ei o absurdo que Hamilton cometeu, um verdadeiro crime.

Preocupado, Yuri abriu o carro, jogando sua mochila no banco de trás.

Chegando em casa, Aline desceu e bateu a porta do conversível após beijar o noivo.

— Amanhã nos veremos, preciso tomar um banho e descansar.

— Embora seja tarde, conversarei com Hamilton.

— Cortei relações com ele; quanto a ti, não exijo nada; bem sei que são amigos de verdade. Acho que não morrerei esta noite.

— Desça, Yuri, vem tomar um cafezinho ou jantar conosco — gritou Vilma que chegou à varanda acompanhada de Andresa.

— Outra hora, prima, estou apertado corrigindo provas. Até amanhã, tia Andresa.

— Até amanhã, Yuri.

— Telefonarei durante a noite, meu querido!

Aline abraçou a avó e a tia, enquanto Yuri desapareceu na estrada.

— Aconteceu algo, minha filha?

— Infelizmente sim, vovó, mas não foi conosco.

— Alguém que conheço?

— Minha amiga Vera. Vou subir e tomar um banho, depois nós conversamos.

Mãe e filha sentam-se no banco para contemplar a tarde, que prometia chuva. Nuvens de cor cinza acumulavam-se e ao longe ouvia-se trovoadas. O vento fortemente agitava as árvores, fazendo redemoinhos na estrada poeirenta.

— Vamos ver se hoje Roscoe chega antes da chuva.

— Teu marido está trabalhando demais, Vilma.

— Depois que passou a atender o manicômio e ter aquelas visões espirituais, ele se dedica ao máximo, mamãe.

— Estás gostando das reuniões no Centro?

— São ótimas, mamãe, precisa acompanhar-nos qualquer dia. É tudo tão claro como a água de um regato perto da nascente. Os estudos nos confirmam maravilhas de fé e esperança no porvir, seja qual for o sofrimento.

— Abandonei até minhas missas dos domingos!

— Mais um motivo, mamãe, a senhora precisa de uma nova luz; a mesma que fez de tia Anita a bondade palpável e sã. Precisamos ajudar os que estão na miséria física e moral.

— Penso tanto em André!

— Ele está bem assistido, mamãe, geralmente os que sofrem e retornam ao mundo dos desencarnados são acolhidos com zelo de carinho e amor.

— Tenho orado para que ele seja feliz, onde quer que ele esteja.

— Olha, mamãe, é Roscoe que retorna — disse Vilma com grande sorriso.

Copiosa chuva derramou-se sobre Campos do Jordão, matando a sede da terra e renovando o verde da natureza. Da janela de seu quarto, Aline estendia as mãos para olhá-la nas gotas frias e transparentes. Do solo volatilizava o odor agradável de umidade, pela constante renovação do ar atmosférico. A jovem inspirada debruçou-se pensativa no peitoril da janela, observando o dia partir sem nada reclamar. Eram aves que recolhiam e folhas que farfalhavam, falando do meio ambiente genial, criado a primor por mãos divinas. Naquele momento, a vida de Aline refletiu-se no tempo e no milagre da chuva. De sua mente nasceu uma prece de agradecimento por mais um dia de vida e reclames da existência. Gostaria de perdoar Hamilton e ter Yuri ao seu lado; confessando seu eterno e imenso amor.

Despediram-se de Vera na manhã seguinte, além de Aline e Yuri, só compareceram Ângela e Katia. Frio e de aparência lamentável, o pai de Vera ignorava a lamentosa separação, as quatro choravam tocadas de grande comoção. Logo o ônibus buzinou e tiveram de entrar. Chuviscava e todos vestiam capas. Acenaram sem parar e Vera pôde ver quando Hamilton chegou em sua lambreta, aproximando-se da turma.

— Chegaste tarde, Hamilton — considerou Yuri.

— Como pode ser tão fingido — replicou Ângela.

— Chega de canalhas, deixa-me ir — repreendeu Kátia.

— Vamos, Yuri, matamos as duas primeiras aulas, mas a sua não poderemos matar.

— Vem conosco, Hamilton?

— Hoje não, professor — respondeu Hamilton ríspido.

Domingo no ginásio de esportes, é o início dos jogos estudantis, muito movimento e grande torcida. Acompanhada pelas amigas de sempre, Aline torcia sentindo a falta da amiga que partira. Do seu banco de treinador, Yuri vibrava e tinha vontade de entrar no meio. Hamilton parecia abatido e jogava muito mal, mesmo assim ainda ganharam. No decorrer do tempo, a diferença era pouca, pediram tempo. O vôlei é sempre muito competitivo.

— Que está acontecendo, pessoal? Façam como no treinamento. Hamilton, estás me parecendo outro, vê se melhora.

— Estou exausto e tenho motivos.

— Por favor, acalma-te e garante o jogo de hoje, este time é canja para nós.

Venceram com pouca diferença, mas venceram e comemoraram; Hamilton saiu sem emotividade e Yuri pôde perceber, mas logo Aline estava em seus braços e terminou a cisma com o rapaz.

Pela noite, Yuri chegou à casa da amada e ela esperava-o na varanda, com delicado perfume. Antes de entrar, Yuri arrancou do jardim mimosos miosótis e ofertou-os à noiva com um beijo afetuoso.

— São lindas, obrigada!

Sentaram-se e trocaram longo olhar.

— Papai já começou a olhar os papéis do testamento, que passa toda a Colina em nosso nome no dia em que nos casarmos.

— Que notícia, não poderia ser melhor!

— Sabe o que significam os miosótis na França? Já lhe falei?

— Não, estou esperando.

— Uma simples e significativa frase: "Não te esqueças de mim".

— Jamais e em tempo algum te esquecerei.

— Trouxe outra de minhas poesias, fiz durante a noite de ontem, quando namorava a chuva.

— Dê-ma, Yuri, estou curiosa!

Tomando o papel nas mãos e deixando o buquê de miosótis ao seu lado, Aline devorou com os olhos a nova poesia.

"Cantiga da chuva

Chuva, quero sentir o teu murmurar...
E sentir meu corpo molhar...
Abraçar-te toda,
Como se eu fosse...
Gigante de forças...

Tua cantiga,
Que desperta os homens,
Será para sempre...
Promessa de cores,
Germinadas flores,
Tua atrocidade será esquecida,
Pois a humanidade...
Tem sustento...
De tua vinda.
Mas além dos ares,
Traze-me amor.

Sei que sem pesares,
Fecharás o tempo...
Das mutiladas existências,
Que habitam os homens.

Cada risco no meio,
Frio corte de pudor,
É o meio dos seres,
Que habitam a terra;
Esperando teus prazeres.
Em dia que declina,
Sem lamentos de cor."

"Fiz esta cantiga e a chuva ajudou-me com sua magia, mas foi pensando em ti que meus olhos enxergam os segredos destas águas que chegam do céu".

— Meu amor, estás de parabéns, agradeço de todo coração por tua sensibilidade.

Yuri enlaçou a amada num terno abraço, quando se beijaram num longo êxtase de recíproco agradecimento. Lisonjeiro para um e agradecimento para outro.

Neste momento, Roscoe e Vilma apareceram; o velho tossiu e o casal continuou.

— Bela noite, não, Vilma?

— Magnífica noite, querido!

Afinal, o casal parou e pareciam sorrir.

— Agora lerei para vós a nova poesia de Yuri, prestai bem atenção, meus tios.

As brisas outonais deixam cair as folhas amareladas de algumas árvores caducas. Cheios de aventuras e vitalidade, Yuri e Hamilton chegaram ao aeroporto naquela manhã de sábado de maio. O dia prometia voos geniais e eles ajeitavam seus equipamentos.

— Não será possível voarmos em teu aeroplano, não terminamos a revisão.

— Ajuda-me com o paraquedas, Hamilton.

— Ontem mamãe fez novo interrogatório?

— Ela me pareceu preocupada, falando de tuas noites mal dormidas e de tuas brigas com teu pai.

— Cansei daquela casa e, depois daquele crime que papai me forçou a fazer, não há condições de continuar.

— Mas que sentes tu por Vera?

— Antes de tudo acontecer, quase nada e agora não posso viver sem ela, que nunca me perdoará.

— É uma situação constrangedora, realmente!

— Aline e as outras têm toda razão, eu sou um canalha de marca maior.

— Deixa de culpar-te, tua vida não pode terminar assim. Erramos muito nesta faixa de idade, também cometi grande leviandade e se sentisse a culpa só em mim, teria enlouquecido e não estaria junto de Aline.

— Somos bem diferentes, Yuri, és mais forte!

— Depois conversaremos, chegou a hora de voar.

Levantando voo, o avião foi encontrar-se com os pássaros que plainavam no céu azul turquesa.

Numa pradaria não longe dali, Aline carregava a cesta de piquenique acompanhada de Bianca e Levy. O ventre da futura mãe avolumara-se e seu rosto transparecia imensa tranquilidade. Estenderam a toalha na relva. De quando em vez, Aline erguia os olhos ao alto, tentando visualizar o avião.

— Yuri não demora, descerá tranquilo em seu paraquedas amarelo.

— Está aí um esporte que eu nunca praticaria, acho adrenalina em demasia.

— Quem teme a altura, Levy, não conseguirá.

— Ora, Bianca, imagina o frio que dá na barriga!

— Ouço o roncar do motor, vou caminhar um pouco — saiu Aline apreensiva.

— Preparei as guloseimas, Levy.

— O ar puro do campo, estávamos precisando; sinto-me um novo homem.

— Livres da rotina e livres no campo.

Aline apanhava flores silvestres cheirando frágeis perfumes desconhecidos. Avistou, afinal, o avião e começou a acenar, não tardou que um homem precipitasse no espaço gravitacional, qual pássaro ferido a cair. Abriu-se então as abas amarelas, que deixaram Yuri pousar suavemente no tapete da campina.

Correndo ao encontro do amado, que se debatia, tentando recolher o paraquedas, Aline assemelhava-se a uma criança vivaz e sorridente. Abraçaram-se.

— Foi lindo, Yuri!

— Ajuda-me a enrolar. Não, espere!

— Que aconteceu, Yuri?

— Há algo no motor do avião, observa.

— Hamilton tem paraquedas.

— Não, ele prefere voar sem eles.

Escura fumaça começou a sair do avião, que a toda velocidade colidiu inesperadamente entre pinheiros esguios, numa grande explosão, que sucedeu a queda de algumas árvores e o início de um incêndio.

— Meu Deus! — Exclamou Yuri chocado.

— Hamilton, Hamilton — gritou Aline desesperada, ao que se abraçou ao noivo inconsolada.

Bianca igualmente lamentava o horrível acidente nos ombros do marido.

— Devemos pedir socorro, Bianca, alguém precisa apagar aquele incêndio, antes da ocorrência de novas vítimas.

— Vai, Levy, eu ficarei com Yuri e Aline.

Correndo em agitada respiração, Levy partiu rumo à cidade a procura de ajuda. Enquanto o avião estava consumado entre chamas e negra fumaça, os pinheiros queimavam facilmente numa gigantesca fogueira viva.

Horas depois, grande parte da cidade ali estava a lastimar e bombeiros e voluntários tentavam apagar o incêndio que tomava grandes proporções. Levy despediu-se do cunhado e levou a esposa para casa.

Hortência chorava inconsolada, Armando sentiu-se esmorecer e o pequeno Rogério abraçava-se a ele, como temendo a morte.

Não podendo esconder remorsos e deixar suas lágrimas presas, Aline abraçou a pobre no átrio da dor lancinante.

— Meu jovem e querido filho, como reparar a tua perda? Sou uma infeliz, Aline.

— Chora, dona Hortência, tua dor talvez remedeie algo para a alma de Hamilton. Só espero que tenha sido um acidente.

— Que me dizes, Aline! — Exclamou Hortência afastando o corpo.

— Nesta idade certas coisas marcam, principalmente as pressões e as injustiças, teu marido sabe muito bem do que falo.

— Vamos, Aline, tia Andresa e os outros devem estar preocupados. Dona Hortência, e senhor Armando: impossível definir minha tristeza, estou por demais inconsolado com a perda de nosso amigo.

— Tua noiva não parece sentir o mesmo — retrucou Armando.

— Apesar de minha mágoa, sempre gostei de Hamilton. Ao contrário de ti, que lhe arrasou a vida para evitar um escândalo.

— Por favor, Aline.

— Deixa-a falar, Yuri. Diz-me. Aline, que escândalo é esse?

— O escândalo da vida. Precisamos ir, com licença.

Sem entender, Hortência continuou lastimando-se, ao que agarrou fortemente o filho que restara.

Milagrosa nuvem de chuva derramou-se pela tarde, copiosa e rápida chuva, deixando o rastro desértico das cinzas. As pessoas jamais esqueceriam o fatídico acidente que encobria o inevitável desenlace de Hamilton, e sua consciência de jovem leviano no auge da procura de si. Nada de corpo para enterrar, apenas cinzas ao vento.

A sala de aula parecia sentir a falta dos que se foram para não mais voltar e, de todos os professores, Yuri era o que mais sentia; no gabinete, todos reparavam sua frustração como se ele fosse culpado de algo. Mas, uma vez dando aulas, tudo se perdia na rotina e, sob os olhos da amada, o consolo sorria.

Naquele dia saíram juntos como sempre, Yuri levaria Aline para casa. Pelo caminho os ventos indicavam o inverno, folhas secas esvoaçavam pelos arvoredos e impunes estavam os pinheiros no alto da Colina. Assim que o conversível chegou ao jardim, Vilma veio ao encontro deles, andando um pouco apressada.

— Aconteceu algo, tia Vilma?

— Chegaram duas cartas para ti.

— Cartas de onde?

— Aqui estão elas.

Atenciosa, Aline deu uma delas para que Yuri abrisse.

— Esta é de Porto Alegre, convidando-me para expor. Lembro-me que um rico senhor comprou uma de minhas telas em São Paulo e ele é gaúcho; deve ser ele mesmo.

— Outro convite, uma senhora de Belo Horizonte.

— Deixa-me ver o nome. Consuelo! Esta acho que estava no Rio, chegou tarde e não conseguiu comprar nada. Terei que escrever falando que só em janeiro poderei.

— Terá que trabalhar muito, Aline.

— Tenho só duas telas novas, sem contar as duas primeiras que não venderei jamais.

— Yuri, Roscoe disse-me que o time da escola foi desclassificado.

— É verdade, Vilma, na falta de Hamilton os rapazes perderam o ânimo, muitos estavam sempre com ele.

— Yuri, e os jogos da Copa?

— Iniciarão daqui a uma semana, estou muito confiante no Brasil.

— Vamos entrar, Yuri — gritou Andresa da varanda.

— Outra hora, tia; mamãe me espera e como sempre, tenho provas para corrigir.

Aline bateu a porta do carro após beijar o noivo.

— Telefonarei para programarmos o fim de semana.

— Vai devagar, Yuri.

As amigas caminharam animadamente, Andresa osculou a testa da neta.

— Bordei novos forros, teu enxoval está ficando bom, querida.

— Entremos, vovó, estou ansiosa por ver.

1958, garra e vitória na Suécia, os brasileiros ganharam a copa e o Brasil estava em festa, aguardando a chegada da seleção canarinho. Yuri e Aline saíram juntamente a outros carros pelas ruas da cidade, buzinando e gritando: "Viva o Brasil!". Quase de pé, a linda mocinha agitava a bandeira brasileira durante aquela manhã fria, ignorando o inverno acabrunhado de Campos do Jordão. Efusivos comentários, foguetes, confetes e serpentinas, novo carnaval de comemoração. As rádios pareciam roucas a exaltar o grande feito. Por horas, a cidade parou para o grande desfile de intensa alegria, esquecendo-se os dessabores do dia a dia. Vivas à seleção brasileira, bandeiras tremulantes de exortação e felicidade, incansáveis gritos de inesquecível vibração.

Findara-se dias após o período de aulas.

Esplendorosa tarde de julho. A mansão da Colina do Alborecer reluzia de vida e limpeza, os jardins bem cuidados, a fonte límpida a mourejar água, o crepúsculo sangrento entre os pinheiros falava do final daquele dia memorável. O salão estava repleto de convidados e toda a mansão perfumada estava com o colorido de rosas escarlates espalhadas pelos cantos. Paciente e elegante, Yuri aguardava no local da informal cerimônia; todos aguardavam a noiva.

Suzette e Contardo olhavam-se ternamente demonstrando grande felicidade. Levy abraçou a futura mamãe, que lhe sorriu encantadora. Amigos diversos, muitos jovens, alunos e professores, alguns se perdiam admirados com a beleza da mansão e a arte dos quadros de Lise. Andresa desceu a escadaria com pressa de juntar-se aos outros. Os músicos estavam a postos.

Impossível descrever a eloquência do momento. Aline surgiu no alto da escadaria, vestia finíssimo vestido azul, o mesmo azul turquesa de seus olhos fulgurantes, trazendo um colar e brincos de pérolas, semelhantes ao brilho de seus dentes. Os cabelos castanhos caíam nos ombros, ostentando gracioso laço de fita, jamais puderam ver mulher tão bela, os corações disparados e as respirações arquejavam. Do silêncio, a Sonata ao Luar se fez presente, a sublimar melodia de grandes amores, o que Beethoven fez de mais autêntico e genial. Piano, violinos a primor no grande desempenho do sublime momento. Com leveza, Aline foi descendo os degraus de mármore, tendo os olhos fixos em Yuri, todo de branco, trazendo minúsculo buquê de miosótis na lapela. Os brilhos do reflexo dos olhos se encontraram, agradecendo pela dádiva da união. A gravata, também azul, destacava-se. Os cabelos grisalhos de leve, a barba densa e curta a lhe dar masculinidade.

Mãos unidas, Yuri conduziu-a ao juiz. Suave e baixa a melodia continuou. No salão principal a rápida cerimônia foi vista a contento; as testemunhas assinaram afirmando o casamento civil e único. As alianças mudaram de mãos, em seguida Yuri beijou ardentemente a noiva; voltando-se, então, retirou da lapela os miosótis entregando-os comovido. Vibrante emoção envolveu-os, sorriram juntos e seus olhares se animaram como se estivessem apenas os dois, Lise Cristina e Wagner.

— Eis o símbolo de nosso amor, Aline.

— Não te esqueças de mim, Yuri!

— Cumprimentemos os noivos! — Gritou Contardo.

— Depois é a vez de dançarmos — aludiu Roscoe com voz alta.

Após as congratulações de todos, o casal foi visto valsando pela noite afora; valsas vienenses como a Valsa do Imperador, dos Bosque de Viena, Vozes da primavera, mas principalmente as valsas brasileiras de extremo requinte e apurado bom gosto de Chiquinha Gonzaga. Conseguiu o jovem casal chegar até o jardim, onde a noite se fazia alva e repleta de estrelas. Derramando sobre os pinheiros tênue claridade porfirina, a lua exaltava as graças do Criador nos halos da balsamizante brisa de inverno. Abraçados fitaram a lua e os arredores, a mansão, iluminada, habitada de rumores e valsas. Muitas vozes de tantos conhecidos da sociedade de Campos do Jordão.

— Tenho para ti um outro presente.

— Outro presente! Já não bastou o sacrifício de vender teu aeroplano e comprar aquele piano de cauda, que pouco uso terá?

— Os pianos não gastam combustível e são um investimento, Aline. Sabes que jurei não mais dedicar-me a esportes perigosos.

— Qual é o presente?

— Um novo poema ou poesia, escrevi para ti.

Sempre alegre, Aline aguardou.

— Dá-me o papel, Yuri.

— Desta vez declamarei, pois nem mesmo a lua poderá fazer-te sentir a entonação das palavras.

Respirando firme Yuri iniciou a declamação, ouvia-se a valsa "Saudades de Matão".

Antes do prenúncio...
De dias melhores,
Ouvi cativo,
Louvores tristes.
Fitei contido,
O âmago, os caminhos.

Como encanto,
Fez-se o dia.
Abrasou-me o sol...
Da clareza.
Aromas e cores,
Pairando no ar.
Corri por jardins,
Sem cair.
Só beleza,
A perfeição.
Flores exalando...
Perfumes de Renascer.

Fontes transbordantes,
Bálsamo das águas,
Pássaros a beber.
Frutos sadios...
Dos sentimentos,
Ainda verdes,
Jovens ainda.

Entre melodias,
Braços...
Da natureza.
Tu te fizeste...
De plenitude.
Tênue raio...
De amor.

Luzes ofuscantes,
Chamando-te;
Que vieste dançando,

Na brisa, no tempo.
Deu-me tuas mãos,
Caminhamos serenos.

Falou-me da vida,
Da paz, da eternidade.
Olhares e toques,
Radiantes, felizes
Conduziu-me,
Sem dor, sem temor...
Pela luz da manhã.

Qual o tom de inspirado artista, Yuri terminou e Aline beijou-o terna.

— Sinto-me imensamente feliz, agradeço-lhe de coração, meu amor.

— Farei muito mais pensando em ti. És agora a musa de um poeta que nasceu.

— Seremos felizes, Yuri, nada há de impedir-nos. Pode dizer-me o nome do poema?

— "Louvores de luz".

— Amo-te, Yuri!

Além da lua, dois espíritos de luz, igualmente vivendo de amor, rejubilavam-se naquele momento. Valério e Rosalva apreciavam o beijo daqueles filhos adoráveis, representando a sublimação de tão nobre sentimento.

— Como Yuri disse no poema, Rosalva, "Ainda verdes, Jovens ainda".

— Aproximam-se os dias da verdadeira provação, Valério, só a partir daí eles estarão aptos a provar se o amor vencerá os imprevistos das adversidades que os aguardam.

— Teremos de deixá-los evoluir sozinhos agora, que seus livres-arbítrios falem do comando de suas vidas.

Os meses seguintes foram repletos de constantes carícias e, estudando, o casal dignava-se a conhecer melhor certas leis do ambiente. Yuri foi cotado como ótimo professor e Aline conseguiu telas maravilhosas, que pintava no jardim borbulhante de flores, naquela primavera primeira no alto da colina. Nas dobras de cada dia, o relacionamento era constante, saindo cedo para o colégio, de lá chegando para almoçar, as criadas serviam o almoço, em seguida descansando numa rede armada na varanda. Do quarto secreto, onde Yuri corrigia suas provas, de hora em hora o marido atento chegava à janela, vislumbrando a mulher entre rosas a pintar à luz do sol.

Podiam contemplar pássaros diversos, deliciando-se com as frutas do pomar, subindo nas frutíferas árvores amigas e revigorando o físico com os fluidos de essências campestres. Cavalgavam em seus cavalos manga-larga, tordilho e castanho, muitas vezes delirando-se com as chuvas que tomavam sob as copas dos pinheiros, onde se beijavam com o ardor de sempre. Visitando a cascata das cores, o restaurante da serra, ou simplesmente fitando as colinas sem fim da grande pedra, namoravam durante dias seguidos.

Simplicidade na festa de formatura, quando Aline recebeu seu diploma e subiu ao palco, em frente aos professores e ao público, como oradora da turma. Todos emudeceram para ouvir a jovem mulher.

— "Meus caros colegas, amigos, professores e pais prestimosos, hoje nos reunimos para as solenidades tão esperadas de nossa formatura. Foram anos incansáveis de labuta e esgotamento, para não decepcionar nossos pais e todas as pessoas que confiam em nós. O estudo faz do homem o instrumento do progresso e o archote que ilumina a ignorância trazendo-nos a luz da sabedoria.

Fazemos parte de um conjunto de pessoas, um depende do outro e nos ajudamos. Pagamos o Colégio e este os professores; os alunos acreditam nos conhecimentos dos mestres responsáveis, um colega acredita na capacidade daquele que sempre foi o melhor da turma. No entanto, afirmo que a prática da vida é diferente e nossa luta apenas começou; chamado da responsabilidade da perseverança em vencer. Garanto que só vencerão aqueles que confiam em Deus e em si.

Ficará a saudade, esta palavra que tão bem relembra os melhores e marcantes momentos de nossas vidas. O futuro reserva-nos a separação e reencontros que demonstram a realidade da vida, nos caminhos que a humanidade conduz o homem.

Felicitações, meus companheiros, em nome de vós, agradeço àqueles responsáveis por esta etapa vencida; exalto a nossa vontade de erguer-nos nesta escalada de conhecimentos. Em meu nome tenho apenas poucas palavras: façamos todos um mundo melhor e uma sociedade mais humana, obrigada".

Aplaudiram-na todos de pé. Graciosa, Aline virou-se para a mesa dos professores e sorriu agradecida, recebendo um piscar de olhos do marido, que veio a seu lado tomar conta do microfone. Cessaram as palmas e Yuri falou:

— Todos para o ginásio, a tarde finda e a noite nos pertence também. A pedido dos orientadores só temos refrigerantes e batidas fracas, mas garanto que o *twist* vai nos alegrar muito mais. E nossos parabéns à nossa adorável oradora por tão sábias palavras.

Gritaram os jovens de contentamento, os parentes saíram de seus lugares para abraçar os formandos. Yuri apertou fortemente Aline entre os braços.

— Foste a melhor oradora que já vi, Aline, tua calma espantou-me.

— Resolvi não ler nada e falar apenas o que sentia.

Andresa subiu ao palco para abraçar a neta e todo o resto da família a seguiu entusiasmada, Vilma, Suzette, Contardo, Bianca e Levy.

No ginásio, as músicas com influência americana foram as mais tocadas. Elvis Presley, Connie Francis, Johnny Mathis, Victor Young, The Playins, Diamonds, Domenico Modugno (Italiano), Frank Sinatra, Paul Anka e Little Richard. E do Brasil, Maysa, Gilberto Alves, Agostinho Santos.

Yuri e Aline dançaram muito com os formandos e seus familiares numa noite inesquecível.

Nas primeiras horas no Rio de Janeiro, pensativa, Aline desfazia as malas e Yuri olhou-a após contemplar o mar ao longe. Estavam no Copacabana Palace e tinham todo o oceano Atlântico como testemunha.

— Em que pensas, querida? Sabia que o Copacabana Palace foi inaugurado em 13 de agosto de 1923 e se tornou o hotel mais famoso do Brasil nos dias de hoje? E já estamos no início dos anos sessenta!

— De repente pensei na festa do ginásio na formatura. Relembrando. Durante todo o tempo, dançamos o *twist* e tu me parecias um rapaz de vinte anos. Sorrisos a toda volta e a alegria no semblante de todos, falava de uma vitória e ao mesmo tempo da guerra da vida no dia seguinte. Abraços, toques e beijos, amigos, colegas e vivas. Ouço ainda aqueles sorrisos e vozes, o vibrante som de uma geração explodindo de vigor e esperança.

— É a saudade de que falaste!

— Saudade maior sinto da nossa casa e da Colina. Tudo parece um sonho, Yuri!

Aproximando-se do marido, Aline abraçou-o, fitando o mar.

— Após frequentar as reuniões do Centro Kardecista, sinto uma faísca incendiar-me o interior. Gostaria tanto de ver-te lá, juntinho de mim a compreender as causas de nossas existências.

— Acho que não chegou minha hora, não sinto necessidade de acompanhar-te e mamãe disse-me que ninguém pode abster-se dos problemas como eu.

— Quem sente e escreve tão sentimental terá algo de bom para doar aos sofredores que nos rodeiam.

— Esqueçamos os problemas alheios, cada um tem a vida que merece.

— Quando vejo o luxo de nossa casa e comparo às habitações pobres, eu...

— Por favor, Aline, estás refletindo-te nas palavras de minha mãe. Esqueceste de que aquela casa ficou fechada mais de vinte anos à nossa espera!

— Algo me diz que aquela casa necessita uma nova alma.

— Esta alma virá com nossos filhos, minha querida!

— Quero muito ter filhos.

— Confio em ti, Yuri, serei tua e só pensarei em ti. No entanto, sei das mudanças que nos revela situações de desdita e subjugação.

— Sejamos tal qual os miosótis no jardim, que, sem cuidados, perece, e estercado, perpetua florido.

— Mas não te esqueças de mim, meu amor!

E na praia de Copacabana, tendo o Copacabana Palace às suas costas e o mar radiante de azul naquela manhã ensolarada, o casal caminhou de mãos dadas seduzidos por ondas intermináveis e refrescantes como champanhe, que convidavam para uma vida repleta de aventuras para o jovem casal de amantes.

Sem camisa e com short de banho verde oliva, Yuri mostrou seu bronzeado e Aline, com seu maiô azul de bolinhas brancas, estava mais charmosa do que nunca. Incrível dia de sol escaldante caminharem descalços na areia e finalmente se jogarem ao mar arrebatador, engolidos por densas ondas espumantes.

O Rio de Janeiro, então era seguro e vivia o clima romântico da bossa nova.

18
INTERLÚDIO

Sinuosas, quase imperceptíveis fazendo rugas no mar azulado, as ondas de mansinho deixavam-se espumar na praia, onde caminhavam pouco mais, abraçando o casal com seu toque de vigor. Ali deitados na fina areia da praia deserta, ambos tinham os braços abertos e as pernas hirtas, recebendo toda luminescência do sol abrasador e as carícias do mar.

— Tiveste ótima ideia em alugar a pequenina casa nesta praia deserta.

— Só aqui teremos liberdade, poderemos ouvir de verdade o sussurro do mar, o canto das gaivotas e o murmúrio do vento nas árvores e palmeiras.

Erguendo o tronco, Yuri aproximou-se da amada.

— Assim, bronzeada, vejo melhor os teus olhos, Aline, que falam de uma eternidade de sonhos e descobertas. Poderia estudá-los incansavelmente.

— Talvez, consiga encontrar o reflexo de minha alma, já que os olhos são o reflexo desta.

— Quem dera pudéssemos passar todo o verão nesta praia e nos conhecermos como o mar conhece os corais, e a ostra conhece a pérola que se forma dentro de si. Seria eu o mar e a ostra, que procuram; tu, os corais e a pérola que fascinam sob o comando da natureza.

— Tuas confissões despertam-se, Yuri, aos poucos realmente nos encontraremos, pois que o amor transforma duas pessoas numa só.

Beijando-lhe os lábios macios, Yuri puxou-a para o seu abraço. Minutos depois jogaram-se ao mar, entre arrebentações e marolas extasiantes, sempre abraçadinhos a embebedar-se pela beleza do mar.

Na casinha pequenina, balançava-se na rede da varanda, enquanto Aline preparava o lanche. Com vestes de praia na maior liberdade, podiam sentir o despertar das ondas na praia. Ao redor, árvores nativas e areia que logo à frente mostravam a praia segura. Estavam na Praia Lopes Mendes na Ilha Grande, Angra dos Reis.

Lancharam e em seguida deitaram juntos na rede, onde adormeceram com o frescor da brisa e o silêncio amigo.

Quantos entardeceres andando pela praia, esperando a noite e o amanhecer no qual o mar deixava um rastro de luz ao encontro do sol, que tornara vermelhas as águas e a praia! O milagroso banho de chuva lavando as obras da natureza, enquanto o casal corria para o aconchego da casinha.

Naquela noite, sentaram-se na escadinha da varanda, vislumbrando as estrelas no limiar e a lua cheia com imensa aura radiante.

— A última noite; como sinto, Yuri.

— Pelo meio-dia, aquele senhor vem apanhar-nos e começaremos a longa viagem de retorno.

— A noite assim presenteia-nos. Sei que jamais esquecerei esses dias, sinto-me renovada.

— Tenho outro poema para ti.

— Não vejo-te escrever!

— Escrevo quando preparas as refeições.

— Declamarás?

Respondeu Yuri afirmativamente com o sinal da cabeça. Olhou a lua e refletiu-se nos olhos de Aline.

Confissão

Sou a brisa matutina,
Em manhã passageira,
Que vem te despertar.
Sou o manto negro...
Da lua e estrelas,
Que em silêncio...
Vem te ninar.

Quero deitar-te...

Na areia morna,
Ver bramir a solto...
O mar.

Na intimidade desfrutar teu corpo,
Matar o desgosto...
Desta vida limpa,
Crua realidade.
Toda uma verdade,
Que não mais habita.
São promessas vagas...
De felicidade.

Se meu querer...
Construísse o mundo,
E sem saber,
Julgasse tudo,
Certamente seria eu:
Cego dono; mudo, surdo.
Calaria sim, à sociedade,
Esta moldura,
Que desfaz o vulto...
De bem viver.

Quero deitar-te...
Na areia morna,
Ver bramir a solto...
O mar.

Após descansar uma semana na Colina do Alborecer, recebendo a visita de toda a família, o casal viajou para Belo Horizonte, levando os quadros de Lise e as recentes obras de Aline.

Na capital mineira foram recebidos na casa da rica senhora que fizera o convite e alegrou-se demais com a chegada do casal. A casa ficava na Av. João Pinheiro, próxima à Praça da Liberdade. Uma casa branca neoclássica de dois pavimentos.

— Meus queridos, vocês devem estar exaustos. Os criados levarão as bagagens. No andar de cima reservei-lhes um quarto com banheiro, onde poderão refrescar-se. E as telas onde estão?

— No aeroporto, Consuelo, amanhã nós as buscaremos.

— Não deves, Aline. Devemos trazê-las para cá e amanhã ficará fácil levá-las para o Palácio da Liberdade.

— Conseguiu o Palácio? — Indagou Aline admirada.

— Meu irmão Hugo é muito amigo do governador do estado, Dr. Juscelino Kubitschek.

— Vejo que a publicidade será muita!

— Sim, Yuri, tua mulher será um sucesso e desta vez eu consigo minha tela. Hoje é sexta, no domingo abriremos a exposição e o governador oferecerá uma bela recepção entre a sociedade belorizontina.

— Não tenho palavras para agradecer-te, Consuelo.

— Vinde, vou mostrar-vos-ei a suíte.

Começaram a subir a escada de mármore, animados com tamanha divulgação.

— Moras sozinha nesta casa enorme?

— Não, Aline, tenho uma filha; Dora é o seu nome. No momento, ela está em Salvador onde mora o pai, que se casou após nossa separação. Aqui estamos, no meu antigo quarto.

Consuelo e o casal adentraram-se no confortável quarto, muito bem decorado e atapetado de veludo azul; cama torneada com criado, guarda-roupa embutido, finíssima cortina branca cobrindo a janela, uma bela pintura de praia de coqueiros e uma penteadeira com enorme espelho, sobre a qual se dispunham alguns perfumes. Num canto, uma mesa redonda de mármore, onde grande jarra de cristal azul e alça de prata estava repleta de botões escarlates de rosas.

— Muito bom gosto, Consuelo!

— Obrigada, Aline, este quarto pertencia-me, quando Afonso morava aqui; depois não consegui mais apossar-me dele.

— Se mal pergunto, onde está o banheiro?

— Abra a última porta do guarda-roupa.

Assim fez Yuri, constatando que a porta dá entrada para um belo banheiro de azulejos decorados em tom de claro azul. Reparou que sobre a banheira pendiam dois vasos com samambaias.

— Aline, vem ver!

— É lindo, tudo aqui é muito confortável!

— Aprecio que tenham gostado. Vou descer e providenciar o jantar, as malas estão aí, fiquem à vontade!

Yuri abriu a janela, após descerrar a cortina e vislumbrou as enormes palmeiras da Praça da Liberdade. Aline segurou-lhe o braço.

— Vê o sol, ponte entre a serra!

— Belo Horizonte, São Paulo e Rio de Janeiro; estão entre as capitais mais culturais do Brasil. Somos privilegiados, Aline!

— Sim e estou grata por estar conquistando tantos admiradores e ainda levando a arte de nossa bisavó Lise Cristina!

— Agora chegou a vez de nosso banho — principiou Yuri a despir-se.

Aline apressou-se em desfazer as malas, após dar uma olhada pela janela e avistar as palmeiras da Praça da Liberdade.

Na manhã do domingo, passeavam de mãos dadas pela Praça da Liberdade, que, encantadora, dispunha-se na amenidade do dia ensolarado. As gigantescas palmeiras imperiais agitavam-se graciosas, árvores diversas, canteiros de folhagens, rosas e lírios, pequenos lagos em cujo centro esculturas deixavam refletir-se na água esverdeada. O coreto, os pipoqueiros, maçãs do amor e o barulho dos carros.

Com a noite todo o Palácio se iluminou. Yuri e Aline apreciavam a escultura de um casal se beijando com trajes antigos próximo à entrada. A grama parecia um tapete aveludado, as lanternas faziam clarões pelo jardim e o firmamento faiscava de estrelas.

— Parece-me nervosa, Aline!

— Impressão sua, estou apenas em expectativa.

Consuelo aproxima-se.

— Precisam entrar, os convidados logo começaram a chegar e Hugo quer apresentar-lhes o governador com a esposa, Dr. Juscelino e Sarah Kubitschek, sempre amável e encantadora.

Solene, o irmão de Consuelo fez as apresentações e a simpatia foi imediata.

— Estou honrada em desfrutar do Palácio, senhor governador, espero ser do agrado de todos.

— Modéstia tua, Aline, minha esposa e eu sabemos apreciar uma arte tão feita a primor e estamos muito honrados em recebê-la com o Sr. Yuri.

— Sempre tive vontade de conhecer Campos do Jordão, e as telas nos fazem imaginar lugares de belezas indescritíveis — acrescentou Sarah.

— Sei que gostarias, senhora, tudo por lá é muito bonito e aconchegante. A Serra da Mantiqueira é uma região entre as mais belas do Brasil e as araucárias remetem ao sul do país.

— Campos do Jordão tem clima de montanha, uma arquitetura que relembra a europeia, com grande potencial turístico — detalhou Yuri.

— São as influências dos imigrantes italianos e alemães divulgadas por todo o Brasil — acrescentou Aline encantadora.

Os convidados logo encheram as luxuosas acomodações do Palácio da Liberdade, porém, guardas vigiavam dentro e fora; não impedindo que os transeuntes tivessem seu momento. E a música vinha de um pianista e um violinista, que tocavam valsas brasileiras.

Todos se admiravam pela beleza e juventude de Aline, claramente vistas no esplendor das telas coloridas falando de sua terra e do mar. Fotógrafos, jornalistas, mulheres a escolher e a comprar por reserva. Consuelo sempre ao lado da jovem a divulgar-lhe com elogios intermináveis.

Segunda-feira as reportagens no *Jornal Estado de Minas*, que Consuelo trouxera após o café da manhã.

— Vamos para a sala onde poderão ler melhor o *Estado de Minas*, na coluna social.

Sentaram-se e Consuelo saiu a dar suas ordens no interior da casa.

— Devemos partir sexta-feira, Aline.

— Não vejo a hora de estar na Colina, descansando realmente. Apesar de toda aquela recepção, esforcei-me para despistar meu cansaço. Acho que não fui feita para tanta promoção.

— Acho que fizeste bem cancelando nossa viagem a Porto Alegre. Veja só o que dizem aqui no *Estado de Minas*.

— Lê, por favor, Yuri.

— "Belo Horizonte ontem viveu uma de suas grandes noites, abrindo as portas do Palácio da Liberdade para a desconhecida, mas excelente pintora de Campos do Jordão. Aline é jovem e bela, trouxe consigo seu marido, um renomado arqueólogo. Yuri acompanha a esposa, ajudando a divulgar as telas da matrona da família, Lise Cristina, que nunca chegou a expor seus quadros.

Só em São Paulo e no Rio de Janeiro há quase um ano, os quadros de Lise e Aline foram apreciados pelo público, fazendo enorme sucesso. A conhecida Consuelo Brandão fê-los vir para que vislumbrássemos a semelhança e perfeição das duas pintoras, a primeira e a quarta geração firmando o primor pela pintura. Infelizmente, os quadros de Lise são a relíquia da família e seu valor é fabuloso e por isto não estão à venda.

Para os amantes desta arte, os quadros ficarão expostos até quinta-feira e, para os que podem gastar, aproveitem a oportunidade, são onze quadros de Aline que estão à venda; exaltando as belezas de Campos do Jordão".

— Com tamanhos elogios, acho que venderemos todos.

— É claro que venderemos, o meu já está marcado.

— Consuelo, já disse que é um presente.

— Não posso aceitar, Aline, sei o trabalho que teve e dou muito valor.

— Sem tua intervenção, Consuelo, não estaria tão conhecida.

— Engana-te, Yuri, nada tenho a ver com o sucesso desta revelação; simplesmente contribuo na divulgação. As telas, sim, tornaram Aline conhecida, ainda que pouco conhecida.

Bateram à campainha e Consuelo atendeu imediatamente, ao que teve enorme surpresa.

— Para quem são, garotos?

— Senhora Aline e senhora Lise Cristina.

— Meu Deus, vem, Yuri! — Exclamou Aline ouvindo a resposta de um rapazinho.

Começaram a entrar arranjos de rosas de várias cores, orquídeas, palmas; toda a sala ficou repleta de flores.

— Obrigado, garotos, aqui está a gorjeta, distribuam entre si — pediu Yuri.

— Que exagero! Vinde ajudar-me.

— Estas rosas foram mandadas pelo governador Juscelino — considerou Consuelo.

— Congratulações, parabéns. Quanta amabilidade desses homens!

— Estou começando a sentir ciúmes.

— Estas orquídeas são do Dr. Hugo.

— Meu irmão tem mania de orquídea.

Assim ficaram a receber os pareceres durante toda a manhã. Aquela hospitalidade para sempre ficaria marcada na memória reconhecida de Aline.

— É a primeira vez que mandam flores de um sucesso recente para quem já morreu há tantos anos.

— Talvez, Lise esteja vendo-nos.

— Bata na boca, Yuri, tenho medo — aludiu Consuelo.

— Não há o que temer, gostaria que minha bisavó estivesse aqui.

— Receba por ela, querida!

Um perfeito dilema da espiritualidade que assim presenteava duas existências e uma única alma, Lise Cristina e Aline.

Retornando à Colina do Alborecer, as telas de Lise tomaram seus lugares na parede.

Às vésperas de iniciarem as aulas, os cônjuges receberam Bianca, Levy e a filha. Tomando a linda criança nos braços, Aline beijou-a ternamente.

— Ana Carolina, como cresceste, filhinha!

— Seis meses, Aline — respondeu a mãe sem que a interrogasse.

— Precisamos conversar; Levy, vamos até a biblioteca — Pediu Yuri.

— Quero saber de tudo, Aline. Conta-me logo.

— Vamos ao meu quarto, tenho lá os recortes dos jornais, falando de tudo.

— Tenho algumas novidades para ti.

Bianca leu os recortes satisfeita.

— É o preço da fama, prima!

— Apesar de ter gostado, não me agrada tanta badalação. Resolvi quietar-me aqui, não vou estudar mais, dedicar-me-ei ao meu lar e à pintura.

— Quer saber da novidade?

— Não faça suspense, Bianca!

— A prima Vilma terá um filho, que nascerá em julho.

— Tia Vilma, é maravilhoso!

— Dizem que não é seguro ter um filho aos trinta e seis anos.

— Um filho sempre é um filho, acho que a maternidade é presente divino, que devemos aceitar, seja o filho bonito ou feio.

— Ângela casou-se mudando para São Paulo.

— Ao chegar encontrei o convite, fiquei feliz por ela.

— Dona Hortência descobriu a história do aborto e separou-se do marido, que resolveu viajar pela Europa.

— Quem contou, Bianca?

— Kátia ficou revoltada e resolveu contar tudo. Agora a pobrezinha está inconsolada, achando-se culpada da separação.

— Nesta história é difícil falar quem é o culpado, fico triste de saber tanto.

— O tempo há de remediar a situação.

— Falemos de algo mais alegre, Bianca.

— Estão falando nas televisões, agora vai virar moda, como sempre os americanos estão à frente.

— E os filmes, tem filme bom anunciado?

— Por enquanto não, mas ouvi falar que em breve passarão *E o vento levou*.

— Ouvi falar que é ótimo! Sobre a Guerra de Secessão.

— Pode me dar Ana Carolina, chegou a hora dela mamar.

E Aline apreciou o belo ato da mãe, que tirando o seio amamentou a pequenina, num reflexo de terna carícia maternal.

Voltando-se realmente para os cuidados no lar, Aline podia sentir-se responsável, olhando toda a limpeza e conservação da mansão. Pela manhã Yuri despedia-se e ao meio-dia chegava faminto, após a refeição saíam a caminhar pelo jardim; sempre abraçados a desfrutarem os ares da Colina.

— E os novos alunos têm gostado de ti?

— Só dois não gostam muito, aqueles que não conseguiram formar-se por minha culpa.

— Tua culpa não, eles não quiseram aprender e não passaram, acho justo.

— Tenho algo importante para relatar-te.

— Estou ouvindo atenta, querido.

Caminharam em direção à grande pedra.

— Primeiro, fala-me da despesa.

— Com uma cozinheira, uma lavadeira e duas criadas, darei conta desta casa enorme.

— Pensando bem, é um exagero.

— Nós a ganhamos, Yuri, e conservá-la é nossa obrigação.

— É aí que eu quero chegar. Meu emprego de professor é irrisório e teus quadros vendemos uma vez por ano. Hoje recebi uma carta. Leia e decida — disse Yuri entregando o envelope.

— Meu amor, nada sei de inglês!

— Desculpe-me, Aline. Sentemo-nos.

Sentaram-se na grande pedra, donde podiam ver esplendorosa paisagem. Ao longe vales verdes de tons variados e a Serra da Mantiqueira com suas araucárias majestosas.

— A carta veio da universidade onde fiz meu curso de Arqueologia.

— Nos Estados Unidos!

— Os mesmos professores que me levaram ao Egito convidam-me para outra viagem; que segundo eles será muito rentável. Desta vez eles irão à África do Sul à procura de peças para o museu de Nova York. É uma espécie de convênio que os americanos fizeram, a região é repleta de diamantes e muito dinheiro será investido no estudo do subsolo.

— Tinham que escolher justamente tua pessoa?

— Fizeste jeito de criança, Aline; afinal, estudei cinco anos de Arqueologia e chegou a hora de ganhar muito dinheiro.

— Quanto tempo vai demorar?

— Vai de julho a janeiro de 1960.

— Seis meses! Yuri, é muito tempo, leva-me contigo, não suportaria tanto tempo.

— A África do Sul é um país colonizado pelos ingleses, há muitos conflitos entre negros e brancos, que segurança teria eu de trabalhar, sabendo das maldades que os nativos cometem?

— Já aconteceu antes?

— Um colega que se formou comigo perdeu a esposa bem nos arredores da cidade do Cabo, numa chacina a mulheres e crianças. Mas na verdade os negros são as maiores vítimas.

— Que horror, Yuri!

— Deixar-te é doloroso, Aline, mas sem este dinheiro não poderemos viver nesta mansão.

— Não esperava tua partida, quanto mais por tanto tempo e tão longe.

— O tempo voa e poderemos nos corresponder.

Fortemente Aline abraçou-o; tinha a garganta sufocada e o peito arfando.

— Não passas bem?

— Tenho raiva destes americanos intrometidos e vontade de chorar.

— Se tens vontade de chorar é melhor começar, pretendo aceitar o convite.

— Podes aceitar, mas tenho o direito de ser contra esta viagem e chorar.

Aline chorava e soluçava apertando o marido e afagando os cabelos dele, como a pedir súplice para que Yuri desistisse.

Pela noite, Aline agitava-se no leito, parecia sonhar com sombras e o tempo regredia. Via-se vestida com roupas antigas a cavalgar num lindo cavalo branco, ao lado de um homem conhecido, que cavalgava num cavalo negro. Em seguida, duas meninas e um cachorro brincando no seu jardim, uma mulher maltratada com vestes sujas e jeito de cigana. Visualizou aquela mulher sendo alvejada por uma rajada de fogo, que igualmente abateu o homem que a protegera; correu a levantar o homem, e reconheceu nele Yuri, deu forte grito e acordou suada.

Atônito, Yuri foi abraçado.

— Aline, que se passa?

— Tive um pesadelo, tudo ia bem até que mataram a cigana e tu.

— Não passou de um mal sonho, um pesadelo. Encoste-se em mim e sentir-te-ás mais tranquila.

— Deitaram novamente e Aline debruçou a cabeça no peito do marido, assustada e confusa, ao que se levantou de repente, estarrecida.

— Reconheci a mulher que o defendeu da arma caindo morta, mas que não te salvou a vida.

— Quem é, alguém que eu conheço?

— Sim, conheceste, era minha mãe, Magdala!

Um frio cortante penetrou-lhe o corpo, como se ele visualizasse a situação descrita.

— Impossível, Aline, estás vendo coisas demais, amanhã chamarei o Dr. Roscoe.

— Desculpa-me, Yuri, não queria irritar-te.

Yuri fixou a mente e ergueu-se, acendendo o abajur; mas, ao dirigir-se para a esposa, viu em seu lugar a expressão de Magdala; era ela! Perdeu a fala e ficou paralisado.

— Querido, não estás passando bem? Por favor, responda-me, pediu Aline balançando o marido.

Visualizando novamente sua mulher, Yuri sentiu enorme sentimento de culpa dominar-lhe.

— Desculpe-me, sinto forte dor de cabeça.

— Tenho comprimidos na gaveta da penteadeira.

— Deixa, eu mesmo pegarei.

— Não entendo por que ficas tão apreensivo quando falo de meus pais.

— Nem mesmo eu posso explicar-te — respondeu Yuri após colocar o comprimido na boca e tomar um copo d'água.

Roscoe recebeu na semana seguinte a visita de Yuri em seu consultório. Apertaram as mãos e o simpático velho iniciou o diálogo.

— Que surpresa me reserva o amigo, para pedir sigilo de nosso encontro?

— Venho procurar-te antes de tudo como analista, Dr. Roscoe; estou precisando de tua ajuda imediata.

— Deita-te no divã, Yuri.

— O doutor deve estranhar, porque é Aline que tem consulta marcada.

— Sim, Aline marcou para amanhã.

Yuri se esticou no divã de veludo azul marinho e a seu lado Roscoe sentou num banquinho com caneta e papel na mão.

— Pode começar a falar, Yuri.

— Infelizmente, Aline voltou a ter crises, relembrando em pesadelos uma história absurda e a morte da mãe. Não sei o que pode ter provocado tanto transtorno tão de repente.

— É verdade que pretendes viajar em quatro meses e passar seis meses fora?

— Sim, estamos com dificuldades financeiras, pois a mansão da colina é grande demais e muitos são os gastos.

— Compreendo. Agora, fala-me desta história absurda, preciso tomar conhecimento.

Roscoe ouviu atento o relato do paciente e parecia espantado, como se conhecesse a história.

— Realmente é complicado, Yuri, mas acredito piamente nas reminiscências do passado influenciando o presente.

— Referes-te ao trauma da infância?

— Não só o trauma, mas à vida passada. Esta história que me contaste eu já sabia por intermédio de Vilma. Tua bisavó Lise perdeu Wagner em tal situação, a cigana foi salvá-lo e foi abatida, teu bisavô foi tomar a arma e também caiu morto.

— Minha mãe nunca me falou dessa forma.

— E ninguém falou à Aline.

— Como pode ser?

— Ainda é cedo para saberes e nem mesmo eu tenho condições de falar. Precisamos de tempo e melhores provas. Agora falemos da morte de Magdala.

— Como assim, Dr. Roscoe! — Respondeu Yuri aflito e levantando-se do divã.

— Sei que tens algo a dizer-me, Yuri. Em seus últimos dias André confessou à Vilma que tu passaste toda a tarde daquele dia na casa deles. Acalma-te agora, estou aqui para livrar-te de todo mal, mas para isso preciso de verdades concretas. Como profissional consciente, sou obrigado a manter segredo.

— Acho que vou enlouquecer, Aline não merece sofrer e não sou o homem que ela merece.

— Mas é o homem que ela ama e, se tu a amas, confio numa solução.

— Estive durante toda tarde brincando com Aline, encantadora criança; como poderia imaginar que no futuro a menina transformar-se-ia na mulher que hoje eu amo e é minha esposa? Magdala convidou-me para lanchar e começou a acariciar-me, fazendo propostas que me dominaram. Ela dispensou todos os criados e ficamos juntos durante algumas horas, mas depois surgiu o ladrão, eu desci e, ao chegar na cozinha, desmaiei com a pancada. Quando acordei lá estava Magdala nos braços de André, morta. Disse-me ele que ela não havia aguentado como eu a forte pancada do ladrão e enxotou-me de lá declarando-se meu inimigo. Parece que tinha outro vulto na escada.

— Sim, no alto da escada estava Aline com sua boneca e logo ela se lembraria de ti. Reconheço que Magdala mais experiente seduziu-o, Yuri, mas há em tudo tua percentagem de culpa.

— O pior vem agora, Dr. Roscoe. Por duas vezes, ao olhar Aline, vi Magdala em seu lugar, estou com medo, temo em tocá-la. Ajuda-me, por favor.

Em tom súplice, Yuri agarrou o paletó do doutor, não conseguindo conter algumas lágrimas de remorso ou desespero.

Naquele momento, Roscoe se lembrou da cena impressionante que apenas ele pudera ver, quando dois espíritos de luz doutrinaram Magdala, levando-a para o reconforto de alguma colônia espiritual. No caso de Yuri, havia uma auto-obsessão, pois a consciência e as circunstâncias faziam-no sentir-se culpado.

— Não há o que temer, estás refletindo em Aline a tua consciência pesada; querendo repudiá-la, estaria praticando um mal maior. Tenta pensar firme no futuro feliz deste amor, nada há de impedir-te de ser um homem realizado. Aline ainda sofrerá novas crises do trauma, mas farei o possível para ampará-la. É mesmo lamentável que tu não te convenceste do bálsamo que é o Espiritismo; poderias compreender melhor o porquê de tudo isto. Há no compartimento secreto da mansão os livros de Anita, lá encontrarás as respostas de vários problemas

— Tentarei, Dr. Roscoe, mas será difícil!

— Nada é impossível aos olhos de Deus; uno-me a ti para esclarecer tudo e alcançar a felicidade tua e a de Aline.

— Sinto-me bem melhor, hei de conseguir transpor esta barreira.

— Mais alguma pergunta, Yuri?

— Por que será que André ficou louco? Pode um homem enlouquecer por amor?

— Não está mais preparado, Yuri, mas digo-te que entre os homens as paixões tudo consomem; a paixão é a ferrugem das existências, devagar nos consome e, quando damos por nós, estamos podres ou loucos.

Por demais estudioso do grande romance, que parecia entrar numa crise, convicto de sua capacidade, o analista dispensou o paciente atormentado e começou a ligar os fatos, anotando tudo para chegar a alguma conclusão palpável e satisfatória.

Ao chegar à mansão, Yuri reconheceu o carro de Vilma, guardou o conversível e dirigiu-se ao interior, onde foi encontrar as quatro mulheres no salão principal; repleto de luz e rosas de variados tons nas jarras de cristal dispersas em todo o ambiente inundado de aromas das flores e dos perfumes das mulheres fascinantes daquela família.

— Boa tarde a todas — anunciou-se Yuri ao que beijou a mãe que lhe sorriu contente.

— Estávamos te esperando, filho!

— Resolvi dar um passeio para refrescar a cabeça.

Assim falando, Yuri sentou-se ao lado de Aline, em frente à Andresa e Vilma.

— Aline falava-nos de tua viagem à África do Sul!

— Pois é, tia Andresa, necessito conseguir dinheiro para sustentar-nos na mansão da colina, e minha futura família.

— Quanta saudade sinto daqui, relembro direitinho minha infância. Como mamãe Lise nos criou tão bem!

— Sempre indaguei como vovó suportou ficar anos e anos sem sair da colina.

— Mamãe foi dominada, Suzette; o amor fez dela uma escrava da colina e das filhas, mas ela foi muito feliz e papai foi maravilhoso.

— Desculpa-me interromper, mas vós precisais contar à Aline o verdadeiro fim de vovô Wagner.

— Como assim, ele não morreu do coração? Vovó, a senhora mentiu esses anos todos?

— Compreenda, Aline, não devemos divulgar o mal.

— Podemos contar-te depois, Aline.

— Ficarei agradecida, Suzette.

— O jantar está servido — falou uma das criadas, chegando próxima à reunião.

Tomaram seus lugares à mesa, Vilma permanecia calada, seu ventre avolumava-se.

— Melhoraste, tia Vilma?

— Estou bem, Aline, não te preocupes, estava apenas voando no pensamento.

— Precisas ver, Aline, o enxoval do bebê está quase pronto.

— Qualquer hora aparecerei por lá, vovó.

Começaram a servir o jantar e os diálogos diminuíram. Yuri e Aline olhavam-se indiferentes, fazendo todos notarem a pequena crise do casal.

Pela noite, Aline se preparava para dormir e Yuri acomodado na cama apreciava a mulher de rara beleza. Frouxa luz iluminava o quarto.

— Não consigo compreender como pude sonhar com um fato real do passado. Dr. Roscoe há de ajudar-me na consulta de amanhã.

— Confio nele, Aline, tudo precisa melhorar.

— Onde foste à tarde?

— Como disse, estive a andar sem rumo, procurava refrescar a memória.

Levantando-se, Aline ajeitou-se no leito, pareceu pensar algo e fitando o marido falou.

— Quisera impedir tua partida.

— Basta que deixemos a colina.

— Poderia vender todas as joias da casa, não vou precisar mesmo delas.

— Não estamos em situação crítica, se podemos conseguir dinheiro de outra forma, por que nos dispormos do patrimônio da família?

— Acho que tens razão, estou sendo egoísta — respondeu Aline abraçando o marido.

Erguendo o tronco, Yuri segurou-a entre os braços, beijando-a ardentemente, ao que Aline correspondeu acariciando-lhe os cabelos.

Passado um mês de consultas semanais para ambos, Roscoe parecia cada vez mais perto de respostas concretas, estudando o caso com grande disposição. Vilma surgiu no consultório naquela tarde e beijou os cabelos grisalhos do marido, abraçando-lhe o pescoço.

— Como tens passado, meu analista?

— Estou otimamente bem, a um passo de grandes respostas que não posso contar-te.

— Deixa-me curiosa, Roscoe, não deves martirizar-me assim.

— Só quero certificar-me da verdade.

— Apressemo-nos, deixei mamãe sozinha.

— Pega meu paletó, por favor, querida.

Vilma tirou o paletó do cabide de parede e entregou-o ao marido.

— Podemos ir agora?

— E os movimentos, futura mamãe?

— O bebê parece inquieto Roscoe, mas mamãe disse que é assim mesmo.

Ao levantar-se o analista pousou a mão no ombro de Vilma e retiraram-se falando daquele filho que chegaria para alegrar-lhes os dias.

Yuri despediu-se de Aline com entusiástico beijo e saiu para lecionar. Contemplou a bela mulher naquela manhã de março; o início do outono. O conversível vermelho brilhava à luz do sol e logo Yuri fê-lo deixar a colina. Muita praga pelo jardim e a grama precisava ser podada. Adentrou-se Aline pela casa, parando sob o lustre de cristal, como sonhasse ao ver aquelas pedrinhas rutilantes mexer. Dirigiu-se então à bela harpa, esquecida num canto do salão e tocou-lhe suavemente as cordas. A nostalgia dominava-lhe e sentia-se Aline uma soberana em seu palácio. Resolveu então ir até à cozinha.

Na cozinha as duas criadas trafegavam a fazer limpezas e Aline acercou-se delas.

— Podeis iniciar a limpeza da casa. Será que podereis arrumar-me um pano bem limpo e algo para lustrar minha harpa?

— Aqui está, senhora.

— Obrigada, Tereza!

— Senhora, o que faremos para o almoço?

— Podemos fazer algo que acompanhe um lombo assado com batatas cozidas e fritas.

Cuidadosa, Aline deixou a harpa reluzindo. Em seguida, contemplando as telas de Lise, voltou à cozinha.

— Que cheirinho bom, Edite!

— É o molho, senhora!

— Vou cavalgar um pouco.

— O cocheiro deve estar tratando dos cavalos agora.

O jardineiro podou a grama, calmo e silencioso, virando-se ao notar a presença de alguém.

— Bom dia, senhor Mauro.

— Bom dia, senhora Aline. Estou aqui, porque hoje completam trinta dias da última poda.

— Estou gostando de ver! Como vai a família?

— Tudo bem, graças a Deus.

— Com licença, cavalgarei um pouco.

Logo Aline era vista a cavalgar num belo cavalo pampa, bordado de negras rosas num pelo branco. Qual criança a mulher exaltava-se ao sentir a manhã radiante do dia limpo. Todo o céu permanecia anilado, sem uma única nuvem. Entre os pinheiros a brisa trazia aromas renovados e os pássaros executavam lindíssimo hino à natureza; sabiás, canarinhos e melros. De contemplação a contemplação, Aline voltou a subir, indo parar próximo à grande pedra, donde sempre a vista alcançava paragens distantes. Reiniciou a cavalgada, a mulher distraiu-se com o encanto de um sangue-de-boi, que com sua plumagem escarlate pousou num galho de pequena árvore. Mas o cavalo arisco, que nunca vira um porco espinho, começou a pular assustado e disparou a correr, jogando Aline numa moita de capim.

O médico e Yuri esperavam que Aline acordasse do longo desmaio.

— Quatro horas, doutor, isto é um absurdo!

— Às vezes, acontece, Yuri, a pancada parece ter sido violenta; mas acalma-te que o estado dela é perfeito.

Aline parecia sonhar e, no decorrer do tempo, relembrou as modificações de sua vida após a volta de Yuri. O início do namoro, os passeios, o conhecer a colina que lhe parecia tão familiar, as pinturas e as amizades. As reuniões no Centro Espírita, os conselhos de Suzette, a amabilidade da avó, as crises de Vilma, a boa nova que Contardo traduzia, a familiaridade de Bianca e Levy, as interrogações de Roscoe. Vera aparecia-lhe triste e Hamilton mostrava-se no fogo da grande explosão. Suas viagens e as exposições, fotógrafos e jornalistas. O pedido de casamento, as aulas de Química, a grande noite de núpcias, na qual Yuri declamou lindo poema. Os maravilhosos dias na praia, beijos ardentes ao pôr do sol. A recepção de Consuelo. Tudo confuso misturava-se no passado.

Erguia Yuri, ferido e inerte, suas mãos estavam vermelhas de sangue e forte chuva arrebatava-lhe a dor. Criança, via-se com sua boneca, pedindo ao pai que acordasse a mãezinha, mas ela estava morta, morta e fria. Aquele homem, seu pai, mandava embora, ela precisava vê-lo e seus olhos brilharam, o rosto surgiu das sombras e Yuri mostrou-se tristonho, saindo desesperado a correr. Então forte sensação dominou-lhe e tudo se tornou trevas, ela podia caminhar pelo jardim e a chuva dominava-lhe voraz. Encostou-se na fria pedra querendo adormecer e despertar gritando.

— Yuri, onde estás, preciso ver-te!

— Aqui estou Aline.

— Onde? Por favor abraça-me, tive um pesadelo e estou com medo.

— Não te deixarei, acalma-te, meu amor!

Esforçando-se, Aline apenas via sombras e depois uma escuridão, trevas, trevas.

— Meu Deus, não posso enxergar!

— Não podes enxergar?

— Yuri, estou cega, nada vejo, só escuridão!

Chorando copiosamente, Aline apertou o amado, que se sentiu esmorecer de aflição, tal o impacto que presenciava.

Horas depois o médico abordou Yuri na biblioteca, e este veio ligeiro ao encontro dele, com uma taça de vinho na mão.

— Dr. Almada, o que se passa com Aline?

— Não posso explicar-te, pois nada vejo de anormal. Acredito que Aline esteja passando por uma cegueira psíquica, resultado de forte emoção, que pode durar alguns dias ou meses.

— O que pode curá-la?

— Talvez, uma outra emoção igualmente forte. Senhora Andresa está cuidando dela, não se amofine, pois não é um glaucoma que causa a cegueira incurável. Devo apressar-me, tenho um parto a fazer.

— Vou acompanhar-te até à porta.

Toda a família aguardava na sala e Yuri olhou-os desalentado, causando grande pena. Suzette sentou-se com o filho no banco da varanda.

— Dr. Almada e Roscoe chegaram à conclusão que tu sabes; agora, tenhamos paciência, filho, teu pai e eu viemos orar para aliviar-lhes este sofrimento.

— Sinto-me arrasado, mamãe, não tenho condições de trabalhar e deixar Aline neste estado.

— Poderei ficar aqui, Yuri, pedirei à tia Andresa que volte para sua casa, pois Vilma precisa dela; a coitada está próxima do parto difícil, pois com trinta e seis anos o primeiro parto pode acarretar problemas.

Suzette se dedicou a cuidar de Aline, ajudando a caminhar pela casa e conversando sobre o futuro promissor. Todas as manhãs caminhavam pelo jardim e aguardavam Yuri, sentadas num banco próximo à fonte.

— Em que pensas, minha filha?

— Tens o dom de fazer-me sentir tua maternidade, como seria bom tê-la como mãe.

— Posso ser tua mãe, já que és a mulher de meu filho!

— Dois meses de cegueira! Não posso entender que tal coisa seja psíquica.

— Longe estamos de compreender os desígnios do Altíssimo, mas esteja certa que tudo tem sua razão de ser, Aline. Quando te vejo assim lembro-me de vovó Lise e indago por duas vidas comuns.

— Comuns?!

— Comuns no amor, nas artes, no temperamento, na beleza e na cegueira; só que a tua visão logo voltará.

— Acreditas mesmo?

— Tenho certeza. A luz do amparo divino te fará renascer para a vida.

— Sinto que necessito de algo mais, Suzette, como se a visão não fosse o mais importante. Eu tento descobrir o que será.

— Talvez, esta condição de cega faça-te enxergar com os olhos espirituais a tua verdadeira missão na terra.

— Tens aí o teu Evangelho?

— Sim, está em minha bolsa.

— Gostaria de tirar uma mensagem de consolo.

— Aqui está ele, pode abri-lo.

Compenetrada, Aline descerrou as páginas e Suzette iniciou a leitura:

— "Missão do homem inteligente na Terra.

13. Não vos ensoberbais do que sabeis, porquanto esse saber tem limites muito estreitos no mundo em que habitais. Suponhamos sejais

sumidades em inteligência neste planeta, nenhum direito tendes de envaidecer-vos. Se Deus, em seus desígnios, vos fez nascer num meio onde pudestes desenvolver a vossa inteligência, é que quer a utilizeis para o bem de todo uma missão que vos dá, pondo-vos nas mãos o instrumento com que podeis desenvolver, em torno de vós, as inteligências retardatárias e conduzi-las a ele. A natureza do instrumento não está a indicar a que utilização deve prestar-se? A enxada que o jardineiro entrega a seu ajudante não mostra a este último que lhe cumpre cavar a terra? Que direis, se esse ajudante, em vez de trabalhar, erguesse a enxada para ferir o seu patrão? Direis que é horrível e que ele merece ser expulso. Pois bem: não se dá o mesmo com aquele que se serve da sua inteligência para destruir a ideia de Deus e da Providência entre seus irmãos? Não levanta ele contra o seu senhor a enxada que lhe foi confiada para arrotear o terreno? Tem ele direito ao salário prometido? Não merece, ao contrário, ser expulso do jardim? Sê-lo-á, não duvideis, e atravessará existências miseráveis e cheias de humilhações até que se curve diante daquele a quem tudo deve.

A inteligência rica de méritos para o futuro, mas, sob a condição de ser bem empregada. Se todos os homens que possuem dela se servissem de conformidade com a vontade de Deus, fácil seria para os Espíritos, a tarefa de fazer que a Humanidade avance. Infelizmente, muitos a tornam instrumento de orgulho e de perdição contra si mesmos. O homem abusa da inteligência como de todas as suas outras faculdades e, no entanto, não lhe faltam ensinamentos que o advirtam de que uma poderosa mão pode retirar o que lhe concedeu. Ferdinando, Espírito protetor. (Bordéus, 1862)".

— Acho que esta lição veio a calhar, Suzette; preciso encontrar-me na chance desta cegueira.

— Fico emocionada ao ver-te tão crente, Aline, conseguirás alcançar tua missão.

O conversível aproximou-se e Aline se ergueu do banco. Yuri vinha trazendo provas para corrigir; beijou rápido nos lábios da esposa e, em seguida, as faces da mãe; Aline parecia melhor e animada.

— Passaste bem a manhã, querida?

— Não te preocupes, há muito não me sinto tão bem, Yuri.

— Ótimo, vamos almoçar, estou com fome.

— Deixa-me levar essas provas, filho.

E Aline, segurando o braço do esposo, dirigiu-se confortada para o aconchego de seu lar.

No deleite da sala aconchegante, Yuri e Aline de mãos dadas apreciavam um comentário de Suzette, que levantou-se descerrando a cortina para contemplar a lua cheia derramando bênçãos de luz sobre a colina.

— Ao ler teus poemas, Yuri, lembrei-me de meus áureos tempos, quando teu pai declamava versos improvisados, mas nunca os passando para o papel.

— E a lua, prima Suzette?

— Está divinamente linda, Aline, devias ver... Oh! Desculpe-me.

— Não precisa mudar teus verbos, logo eu poderei ver a lua novamente.

Ao ouvir sua mulher, Yuri sentiu indescritível emoção e beijou-lhe os lábios rubros.

— Podemos ouvir algo leve como valsa, querida?

— Suzette, vovó Lise te ensinaste a tocar sua harpa, não é verdade?

— Sim, eu aprendi, mas há trinta anos separando-me de tal época.

— Podias tentar executar algo por mim? Sempre tive vontade de ouvir esta harpa magnífica.

Suzette aproximou-se do instrumento, que luzia limpo à luz do grande lustre de cristal, acariciou-lhe a armação pesada e hesitou em tocar-lhe as cordas. Fechando os olhos relembrou a figura de Lise Cristina e seu coração exortou-se de júbilo.

— Concentra-te, Suzette, e interprete; talvez, a música queira despertar em ti. Tu mesmo me disseste que para Deus nada é impossível.

Tomada de impulso, Suzette começou a deslizar os dedos nas finas cordas da harpa, fazendo nascer, do nada e do silêncio, aquela sublime melodia, a Sonata ao Luar, que parecia despertar o amor. Das trevas que se encontrava, Aline pareceu ver uma luz, uma estrela cadente e sorriu para alegrar Yuri; tinha no olhar enigmático o suplício de sua batalha interior.

Ergueu-se Aline, fazendo sinal para que Yuri aguardasse ali. A leves passos, a mulher alcançou a porta de entrada, abrindo-a sorrateira. Recebendo o frescor da noite nas faces juvenis, Aline chegou à varanda, onde o vento soprava revolto suas vestes e cabelos. Noite outonal de lua cheia, a melodia de Beethoven percorria toda a orla da colina, num sonho místico de sedutora paixão. A explosão íntima emocionava-lhe a mente exausta e ela precisava enxergar. Saiu Aline enfrentando a súbita ventania que invadia o tempo de seus domínios, como querendo levar as vibrações da sonata.

Preocupado, Yuri notou que as cortinas esvoaçavam às suas costas e retirou-se. Mas Suzette continuou a tocar no divino instrumento. Atônito, Yuri olhou todo o jardim clareado com o luar e o vento tocando fortemente as ramagens. Correu a gritar Aline, estava desesperado e a poeira levantada quase impedia-lhe a visão.

— Aline, Aline, onde estás? Para, eu te peço, para.

Naquele instante, Aline abordava a grande pedra e continuava a andar rumo ao precipício; parou, tentando ouvir aquela voz. O vento zunia tentando impedir. Intuitivamente, Yuri conseguiu avistá-la.

— Não anda, Aline, pare, por favor, olha o precipício!

— Precipício? Eu não posso cair — respondeu ela ao apelo do marido.

Mas o vento queria levar o frágil corpo, Yuri correu a abraçá-la e, quando a viu segura entre seus braços, estendeu os olhos ao teto iluminado do globo, agradecendo com todas as forças de seu pensamento.

— Perdoa-me, amor, não pude perceber o perigo que corria, apenas segui uma luz, preciso enxergar-te novamente, eu quero...

Desmaiou Aline nos braços de Yuri e ele carregou-a, enfrentando ainda o vento, para o abrigo da grande mansão. Cessou a sonata e Suzette socorreu o filho, assustada.

— Ela apenas desmaiou, mamãe, vou levá-la para o meu quarto.

Ficaram velando Aline por muitas horas; Yuri chegou a dormir e Suzette, que havia sentado numa banqueta à cabeceira da cama, cochilava. Os abajures fracamente iluminavam e as cortinas esvoaçavam com a brisa calma da madrugada. Aline começou a mexer e Suzette ergueu-se para acordar o filho, que despertou espantado.

— Aline está voltando, meu filho!

Imagens confusas, talvez dois rostos, Aline parecia enxergar.

— Por favor, acendam a luz.

Suzette obedeceu-lhe solícita e puderam ver a felicidade nos olhos da mulher.

— Yuri, meu amor, eu posso ver! Vejo tudo perfeito, vejo-te sorrindo.

Abraçaram-se fortemente e em seguida beijaram-se longamente.

— Preciso ver a lua, querido — pediu ela súplice.

— Trá-la à Janela, Yuri.

— Vem, Aline, a lua está lá.

E debruçando-se na janela puderam contemplar a lua cheia declinando-se sobre os pinheiros e as estrelas piscando nas vésperas da aurora vespertina. Aline sorriu delirante.

— Obrigada, Senhor, és a fonte de luz que me ampara a todo instante, ser-te-ei eternamente agradecida, pois posso ver mais que a lua e a natureza, posso ver Tua infinita bondade ao despertar-me a verdadeira razão de viver.

Liquefeitas pérolas rolaram-lhe nas faces rosadas e seus olhos fitaram o anonimato, qual duas preciosas pedras de amor. Yuri a envolveu ternamente em seus braços varonis!

Toda a colina encheu-se de vida naquele outono e o inverno prometia frio intenso. Yuri partira e Aline lembrava-se de seus tristes acenos de adeus, quando naquela manhã saiu em seu carro e ela se desmanchou a chorar no peito de Suzette, quando toda a família ali estava presente.

Manhã fria, princípio de agosto. Aline saiu pela madrugada e a neblina dominava tudo, carregava consigo apenas uma maleta. Caminhou até a estrada e virou-se tentando ver a mansão, seu coração batia compassivo e não conseguia voltar. Pareceu então escutar uma voz suave e cândida. "A estrada da vida tem curvas e atalhos, mas o caminho a seguir deve ser único; aquele que conduz ao amor de servir teu próximo e renascer para si. Vai e pratica tua missão, segue a luz de tua verdade".

Desceu Aline pela estrada sinuosa rumo ao desconhecido, o interlúdio incógnito de sua existência. Amanhecia e as brumas envolviam todo o vale no entorno da Colina do Alborecer.

19
POEMAS DE LOUCURA

Pela estrada deserta do descampado, uma mulher caminhava sem destino, carregando pequena maleta. Aline refletia-se naquelas duas semanas de incansável viagem. Sabia estar no sul de Minas Gerais, mas qual a cidade, que lugar era aquele? Sem saber que forças a levaram a abandonar seu lar e sua família, Aline meditava na grandiosidade da obra divina. Resolveu pegar estreita estrada, que não sabia onde daria ou quem encontraria.

Exausta, a bela mulher resolveu sentar na relva e tirou o Evangelho para ler, quando ouviu o latido de um cão e levantou-se. Andando um pouco mais, pôde ver um casebre de pau a pique e para lá se dirigiu. Com medo do cachorro, Aline começou a chamar.

— Há alguém em casa? Por favor, preciso de ajuda.

O cachorro apareceu rosnando, era um mestiço perdigueiro, não muito simpático.

— Passa, Valente — gritou uma velhinha da porta do casebre, recebendo a desconhecida com terno sorriso.

— Pode chegar, minha filha!

Aline estendeu-lhe a mão.

— Muito prazer, senhora, sou Aline!

— O prazer é todo meu, sou Joana, todos me conhecem por sinhá Joana.

— Tenho sede, a sinhá pode arranjar-me um copo d'água?

— Aqui na roça não é copo, é caneca. Entra logo, minha filha.

Nada podia ser tão simples e pobre! Uma salinha que dava para dois quartos e uma cozinha de fogão à lenha. Da porta da cozinha, Aline viu um velhinho também de cabeça branca, plantando couve na horta, abaixo de uma moita de bananeiras.

— Aquele é Antônio, meu marido, mas todos o conhecem por Totonho. Aqui tá o seu caneco d'água.

— Obrigada. Se não me engano, vós morais sozinhos. — Fez Aline virando o caneco.

— Deus não quis dar filhos para nós, mas sempre esteve ao nosso lado. Venha, aqui está meu velho companheiro.

Saíram ao sol e sinhá Joana gritava.

— Totonho, tem visita aqui. Totonho, acorda homem de Deus! Ele é meio surdo, sabe moça.

Aline teve vontade de rir.

Latiu Valente avisando seu dono.

— Calma, Valente. O que foi sinhá?

— Esta moça é Aline.

— Aline! Muito prazer moça — retrucou Totonho apertando forte as mãos frágeis.

— Muito prazer, seu Totonho.

— Desculpa, moça.

— Totonho, sujou as mãos dela!

— Não tem problema, sinhá Joana.

— Para onde vai, moça?

— Não sei, seu Totonho, estou procurando um lugar para morar.

— Precisa ser um lugar muito bom?

— Por que, seu Totonho?

— Se não precisar, a moça podia morar aqui. Ela pode ficar sinhá?

— É claro que pode!

— Poderei ajudá-los a plantar e a cozinhar.

Inesperadamente, Aline se viu num novo lar e a humildade e a simplicidade dos velhinhos tinham-na cativado. Separaram um quartinho para ela, como em todo o casebre o chão era de terra batida, havia uma cama com colchão de capim e uma cômoda sobre a qual estava um jarro acompanhado de gamela de metal para lavar o rosto. Aline fez uma limpeza completa, estendeu a cama com o lençol e virol que trouxera; pendurou acima da cômoda um pequeno espelho e acima da cama um crucifixo. Guardando poucas peças de roupa, ou melhor, duas mudas, Aline deixou a maleta debaixo do móvel e seu Evangelho em reservado, juntamente aos poemas de Yuri e algum dinheiro. Num copo deixou sua escova de dentes, guardou o sapato debaixo da cama onde jazia um penico e calçou sua chinela.

O forro era de taquaras de bambu e as paredes precisavam de caiação. Sinhá Joana providenciou a cal e Aline não só passou a brocha no seu quarto, mas em toda a casa e mandou vir do lugarejo uma bacia só para ela tomar banho.

A casinha estava branquinha e limpa, na salinha a velha cristaleira suportava uma linda avenca trazida do mato e, sobre a mesa redonda, violetas arrebentavam de vitalidade, num vasinho de barro, a um canto, o enorme antúrio vermelho numa lata de biscoitos velha.

Ajudando sinhá Joana a lavar a roupa ou fazer a comida, Aline sentia-se muito disposta e animada.

— Pode deixar, filha, falta força e jeito para mexer o angu com essa colher de pau.

— Precisa de mais alguma coisa, sinhá Joana?

— Pode arrumar a mesa, que Totonho não demora a chegar do mato.

— Será que ele traz alguma coisa?

— Um tatu eu garanto; Valente é bom de caça.

— Minha filha, posso fazer uma pergunta?

— Sim, é claro!

— Onde está seu marido?

Aline olhou a aliança e refletiu.

— Longe, muito longe, sinhá Joana, ele não está no Brasil.

— Pobrezinha, ele abandonou essa formosura para trás!

— Não, senhora, estamos apenas separados temporariamente.

Após preparar a mesa, Aline retirou da gaveta um dos poemas do marido e, sentada numa pequena pedra com os pés na límpida água do regato que passava em frente à casinha, principiou a ler:

Suave Encantamento

Não deixe amor,
Absterem-se das ondas...
Encantamento nosso,
Atrativo, suave;
Imaturo e doce.

Caminhemos livres...
De preconceitos.
Alheio às armadilhas.

Único ser.
Olhares, carícias.
Não deixa apagar,
Ingênua maneira...
De conquistar.
Palavras tuas,
Tua expressão,
Talvez canção...
De namorar.

Estações passadas,
Sonhos e tempo,
Frutos caem.
Mais saiba mulher,
Tua paixão é minha,
Teu semblante, sorriso,
Correrão fugazes...
A dominar...
Meu pensamento.

— Sinhá, corre, vem ver o bruto de tatu que nós pegamos lá na grota.

Era Totonho que chegara e Aline correu para ver o tatu, guardando primeiro o poema. A camisa do velho estava desabotoada, a calça remendada, o chapéu de palha quase caindo. Com o pito na boca a soltar baforadas e o tatu na mão. Totonho estava feliz da vida e Valente latia abanando o rabo. Sinhá Joana abraçou seu velho e suspendeu o tatu-galinha.

— Olha que bruto, Aline!

— É uma beleza, Sinhá Joana!

A primavera chegara com fortes mangas de chuva e Aline colhia flores do campo que levava para enfeitar seu quartinho. Com uma mula e esforço, Totonho ainda tinha forças para pegar no arado e remover a terra, arejando-a para o plantio. Aline ouvia gritos de aboio e um homem passando na estrada tocando o gado mestiço. Dois joões-de-barro festejavam a construção de sua moradia num galho de imensa paineira verdejantes.

Descalços no solo úmido, com enxada deitada no ombro e embornal de sementes no outro, caminharam os velhos e a jovem mulher. O sol da manhã fortalecia-os com sua intensa radiação. Aline tinha na cabeça um grande chapéu de palha e no semblante a serenidade das criaturas mansas. Cavaram a fofa terra, adubaram e semearam, parte do suor regou a grande sementeira permanente de milho e feijão. Voltaram às obrigações da casinha e Totonho plantou mandioca, cana e banana, enquanto as mulheres melhoravam a horta de couve, repleta de hortaliças orgânicas.

Dias depois, Aline correu ao campo e pulou como criança, que pela primeira vez via o solo estrelado de pequenas plantinhas que germinavam verdinhas e eram beijadas pelos raios do sol. Um anu cantou triste sua solidão, a brisa fez ondular os castanhos cabelos da mulher e seus olhos rejubilavam-se por ver tanto verde erguendo-se nos pastos altivos de capim gordura, às vezes salpicado por algumas árvores. Em seguida, admirava o bailar de gigantescas moitas de bambu. Sentia-se livre e, embora procurasse esconder, não se continha de saudade e começava a chorar.

Certo dia, vestiram a melhor roupa e saíram pela estradinha, não muito longe avistaram grande casa e Totonho comentou.

— Mora aí o dono dessas terras, ele é jovem e perdeu os pais, mas se casou com a moça de fora.

— Ele é bom vizinho? — Indagou Aline.

— Só me amolou uma vez, querendo comprar meu pedacinho de terra, mas disse a ele que não vendo.

— Totonho ficou nervoso.

— A gente é pobre e ele queria aproveitar.

— Ainda falta muito, sinhá Joana?

— Uns quatro quilômetros, Aline.

Avistaram a torre da capela, o sino chamava os fiéis. Havia além da capela uma venda e poucas casinhas; gente muito pobre. Via-se cachorros dormindo ou latindo, galinhas ciscando com seus pintinhos, levas de pessoas desnutridas e anêmicas a caminho da fé. No interior da capela, os bancos rústicos não eram todos ocupados e o padre, um senhor de meia idade, careca e de óculos, falava alto demais. Aline custou a suportar o calor e a prática cansativa, quando saíram lá fora, respiraram todos aliviados. Totonho foi à venda comprar sal, açúcar, farinha e fumo; comprou também caderno e lápis para Aline. Voltaram ao calor do abrasador sol da primavera. Nuvens escuras prometiam nova borrasca à tarde/.

À luz do lampião a querosene, ouvindo a chuva no telhado, Aline começou a escrever seu diário e quando se cansou pegou um dos poemas de Yuri. Começou novamente a saudade falando bem alto, mas ela sentia necessidade de permanecer ali.

Enigma

Sou a fagulha de luz,
Iluminando universo
Este mundo sem fim.
Matéria criativa,
Retrocesso,
Cantigas e mitos.
Mente furtiva.
Sustentáculo,
Abóbada do infinito.
Abismo,
Ruína do tempo.
Dito destino,
Guia e caminho.

Pelos sistemas,
Galáxias e cetros.
Poder, o comando...
Das leis naturais.
Átomos de água e fogo,

Movimentos de ares e terra.
Poesia germinada,
Sonhos de homem.
Passado.
Presente,
Futuro.
Progresso de DEUS.

    Refletindo-se na imensidão do oceano infindo, Yuri esmorecia de saudade; do porto movimentado daquela terra estranha, parecia perdido num mundo esquecido. Cansado, afinal, ligou o motor de seu novo carro e saiu pela cidade do Cabo, apreciando o movimento; alheio aos acontecimentos, logo adentrou-se no Instituto Britânico de Arqueologia, onde dois homens aguardavam-no em seu escritório.

    Yuri tirou seu paletó, colocando-o na cadeira, e aproximou-se dos dois homens que estudavam o mapa da África do Sul.

    — Posso saber o que estão planejando? — Perguntou Yuri com seu inglês impecável.

    — Estudamos mais uma vez a envergadura do rio Orange, como sabemos, é lá que encontraram vestígios de ossaturas de pigmeus e animais fósseis ao lado de uma mina de diamantes. Precisamos conhecer bem a região, e planejar.

    — Mister George, tem a estimativa da idade dos fósseis?

    — Esta missão é tua, meu caro Yuri, explica-lhe Dr. Henry.

    — Farás um completo relato das peças e idades estimadas, juntamente à idade dos fósseis animais e humanos, para fazermos a comparação com a idade geológica do subsolo e tomarmos algumas conclusões.

— Assim poderemos estimar parte da constituição e origem da região. O governo britânico está muito interessado nos resultados, por acreditar no domínio dos pigmeus ao longo do rio Orange; uma civilização antiga e na provável existência de novas minas — considerou George explicitamente.

— Quando partiremos? Estou muito ansioso!

— Em dois dias, Yuri — confirmou Mr. George.

— Escreverei outra carta para minha esposa, Aline.

— Ainda bem que minha fase de louca paixão já se foi, minha esposa já não se importa mais com esses detalhes.

— Sorte tua, Dr. Henry — retrucou Yuri, sentando-se em sua mesa e remexendo alguns papéis.

— Aqui está o relato completo do governo britânico, Yuri.

— Deixa-me ver, lerei com bastante atenção.

— Não são apenas meras formalidades, nossa expedição se completará amanhã, quando receberemos um casal inglês, estudiosos do museu de história natural de Londres, onde ficarão as peças que acharmos. Eles irão catalogar todo o material localizado.

— Com tantas autoridades nossa expedição será um sucesso. Darei tudo de mim para merecer as libras esterlinas de vossa majestade. Mais algum detalhe, Dr. Henry?

— Estamos com falta de piloto e, sabendo de tua reputação, gostaríamos de saber...

— Se aceito pilotar o avião?

— Receberás também, é uma boa quantia.

— Eu aceito, precisarei de muito dinheiro quando voltar ao Brasil.

Dias depois eram vistos no coração da África do Sul, nos domínios selvagens de uma natureza misteriosa. Fortes negros suportavam o serviço braçal das escavações, retirando diamantes, enquanto os outros procuravam peças de cerâmica e pedra, além de qualquer espécie de fóssil animal. George e Henry estudavam a formação geológica, tipos e origens das rochas. Yuri e o casal de naturalistas separavam peças e fósseis muito atentos e curiosos, fazendo suas anotações

— Passa-me o contador Geiger, doutora Henryhet.

— Aqui está, doutor Henry.

— Estes dois combinam até no nome.

— Ajuda-me, doutor Jackson — pediu Yuri.

— Vamos, força...

— Um fêmur, doutor Jackson!

— De uma criança ou de um pigmeu? — Indagou George.

— Parece-me que é de um pigmeu, mister George.

— Note os sinais, Henryhet, temos aqui outro fóssil, parece-me de um peixe.

— Provando que o rio já passou por este local, ou um lago.

— Pode ser, em breve saberemos.

Mais tarde, o geólogo encerrava os ossos com a ajuda de Henryhet para conservá-los.

— Pelo que vimos o fóssil do peixe supera a idade do fóssil humano, mas estava numa camada superior.

— Os movimentos do subsolo modificam as camadas da terra. O fêmur que Yuri e Jackson acharam pertencem igualmente ao período holoceno do fóssil deste peixe, talvez pouco mais de 10 mil anos para o peixe e pouco menos para o fêmur.

— Era Cenozoica ou Quaternária, período Holoceno, idade aproximada — concluiu Yuri.

— Se não fosse a proteção granítica não teríamos este fêmur tão conservado — opinou George, que chegara trazendo café quente.

— Tens toda a razão, George.

— Não sei o que mais me fascina, se é a Geologia ou a Arqueologia, Dr. Henry.

— Mais um pouco de café? — Perguntou George estendendo a garrafa.

Yuri e Jackson manuseavam pedaços de pedras com formatos de lança e vasilhames quebrados de barro.

— Peças rudimentares e simples, os pigmeus não tinham muita criatividade, Dr. Jackson.

— Concordo, Yuri, tua estimativa, no entanto, parece-me falha. Acredita mesmo que só eles, os pigmeus, habitaram esta vasta região?

— Nada podemos afirmar por enquanto, há muito trabalho pela frente; só espero chegarmos a uma conclusão válida.

— Aceitam café, senhores? — Indagou George novamente.

Sobre o imenso Orange, na vastidão incalculável, a lua derramou sua claridade. Nas sombras da noite, a natureza ainda não adormecera e Yuri fitava o rio, como a procurar novos sinais de vida, seguindo o rastro prateado nas águas tremulantes.

— Magnífica noite, Yuri. Estás triste?

— Apenas sinto falta de minha esposa. Sabe, Dr.ª, Aline é muito jovem e bela, deve esperar-me ansiosa. Mora com três criadas em uma casa imensa.

— A distância de fato inspira-nos desalento e dor, já o vi escrevendo algo diferente.

— São meus poemas, Dr.ª Henryhet, que falam de meu louco amor por Aline.

— Ela deve ser feliz por ter um amor tão forte, Yuri.

— Também sou feliz e passo horas a relembrar nossos melhores momentos.

— Toda a África mística e misteriosa às vezes causa-me arrepios, mas quando vejo já enfrentei perigos diversos do Nilo ao Orange. Vejo que amo a aventura e a sensação de descoberta, indago sempre a origem de tudo e principalmente o porquê dos sentimentos humanos.

— Dos sentimentos do homem, espero sempre o imprevisível e o incerto.

— Gostaria de ler seus poemas, caro amigo Yuri.

— Posso declamar o meu mais recente, resultado de um pesadelo que tive.

— Estou pronta, senhor poeta, em inglês, faço questão.

Fitavam ambos águas do Orange, ouvindo o som monótono de uma cantiga, que os nativos em sua língua cantavam ao som de roucos tambores.

Dispara de dor,
Coração à flor do peito,
Arrebenta de saudades...
Ondas em pedras de paixão,
Músicas de auges etéreos,
Gritos amorfos de fuga.
Seja qual for o motivo,

Existe de riscos fatais.
Apenas triunfa,
E queda em abismo infindo...
De falsas modificações.
Fúria de feras felinas,
Vulcão no regurgito,
Maremoto devastador,
Abalo explosivo,
Guerras fratricidas,
Íntimo esmagador.

No rastro dos répteis,
Corre a matar a sede...
Na mina que brota sangue.
Apenas acorda...
Água fresca bebe,
Da grama eleva-se...
Ao dia radiante,
À vida cantada de despertares.

    Espreguiçando-se no leito pobre, Aline trocou-se e lavou o rosto na bacia de louça sobre a cômoda rústica. Chegando à cozinha, fazendo acordar os velhos. Cantou o galo no terreiro e Aline resolveu sair após tomar seu cafezinho com bolo de fubá. As galinhas famintas, o galo e os patos saíram correndo atrás da mulher, que distribuiu pelo terreiro jogando de abarrotada peneira os grãos de ouro do milho, que as aves disputavam agradecidas. E, erguendo a vista, Aline vislumbrou bem no alto o voo de enorme gavião, que plainava fazendo lembrar aviões.
    Ouviu mugidos bem próximos e resolveu visitar o milharal que já chegara à sua cintura, mas, ao deparar-se com o gado do vizinho destruindo tudo, começou a gritar.
    — Seu Totonho, sinhá Joana, corram; o gado do vizinho está comendo nosso milho.

Saíram os três gritando e tocando o gado, demorando cansativos e longos minutos, para tirar os animais. Ao voltarem-se para a rocinha, viram-na destruída pela metade. Sinhá Joana chorou no ombro do marido.

— Novembro chega e agora temos que plantar tudo de novo.

— Calma, minha velha, a gente planta.

— Alguém vai responder pelo prejuízo, Sr. Totonho; estes arames foram cortados — disse Aline mostrando as pontas de arame.

— Quem será, Totonho?

— Como que a gente vai saber, sinhá?

— Vou visitar o dono deste gado agora e não tentem impedir-me.

Caminhou Aline apressada, rumo à grande casa da fazenda vizinha.

Uma criada atendeu a porta, assustou-se com a desconhecida que parecia nervosa e estava vermelha pelo esforço feito. Aline parecia a dona do milharal arrasado.

— Que pretende a moça?

— Quero falar com o dono da fazenda.

— Chamarei o patrão, espera um pouco.

A brisa que corria no alpendre fê-la acalmar-se um pouco, mas Aline não suportava a espera, chegou a sentar-se no banco de madeira, donde podia ver bela vista de toda a fazenda e seus currais de pedra.

— Em que posso servi-la?

Virou-se Aline deparando-se com jovem homem de boa aparência e um bigode ralo e negro.

— Sou Aline, sua vizinha e venho infelizmente fazer-te uma reclamação.

— Muito prazer, meu nome é Ênio — respondeu o fazendeiro apertando-lhe fortemente a mão.

— Tens uma mão forte!

— Desculpa-me, moça.

— Senhora, por favor, sou casada!

— Vejo que vens de fora, pois sua maneira de falar é diferente.

— Sim, sou de Campos do Jordão.

— Vamos entrar e conversar na sala.

Acomodaram-se no estofado da sala que tinha belas mobílias antigas, das quais uma cristaleira repleta de porcelana finíssima e de origem europeia.

— Nem sei como começar, senhor Ênio, moro na casinha do Sr. Totonho e...

— Já ouvi falar da senhora. És parente deles?

— Sou uma amiga e resolvi ajudá-los.

— Pelo que vejo a senhora tem bons modos e fina educação. O que deseja a senhora?

— Explicações! O que importa é que teu gado comeu a metade de nossa roça e alguém precisa pagar os prejuízos.

— Ênio, estou precisando de ti...

Ao ver aquela mulher adentrar-se, Aline não pode conter o espanto e as duas ficaram olhando-se boquiabertas, até que a visitante se levantou e exclamou.

— Vera, não é possível!

— Aline, que saudades!

Abraçaram-se longamente e Ênio ficou espantado com a coincidência.

— Meu Deus, que mundo pequeno! Que fazes aqui minha amiga?

— É uma complicada história.

— Onde está Yuri? Já se casaram?

— Sim, já nos casamos, mas ele não está no Brasil.

— Ênio, esta é minha melhor amiga!

— São casados?

— Há quatro meses, Aline!

— A senhora é de Campos do Jordão mesmo?

— Sim, Ênio, somos paulistas.

— Sua amiga mora com o Sr. Totonho e a sinhá Joana.

— Deixa de brincadeira, Ênio!

— É verdade, Vera, eu moro com eles.

— Aline, tu és rica e tens uma mansão! Que fazes aqui neste interior de Minas? Estamos num distrito de Itajubá, Minas Gerais.

— Tenho muito que contar-te, Vera, mas quero que saibas que jamais imaginei tal surpresa. Estou feliz por ti!

— Ênio, importa que conversemos sozinhas?

— De forma alguma, vou aos currais; quando precisarem de mim, é só gritar.

As amigas sentaram no almofadado de um salão e Vera silenciou-se para ouvir a história de Aline. Foram minutos de alegria e suspense, nos quais ambas emocionadas fitavam-se. Ao término, Vera fez difícil pergunta à amiga.

— Quando pretendes voltar, Aline?

— Quando a mesma luz que me fez partir avisar-me que preciso voltar.

— Yuri ficará arrasado ao chegar da África do Sul.

— Se ele realmente me ama, saberá esperar. E tua avó?

— Vovó morreu há dois meses, chegou a morar conosco.

— Que casamento rápido, Vera!

— Papai adorou meu casamento e agora partiu não sei para onde, bebendo como sempre. Tenho sofrido muito, Aline; apesar de gostar de Ênio, não consigo esquecer Hamilton.

— Tu o amas muito, não é?

— Ainda amo Hamilton e lamento tanta infâmia. Tens notícia dele, Aline?

— Nunca pensei que seria eu portadora de tão má noticia, Vera.

— Que aconteceu com ele? Casou-se por acaso?

— Hamilton morreu há mais de um ano — respondeu Aline abaixando a cabeça.

— Não pode ser, eu o sinto vivo, não posso esquecê-lo!

Vera ergueu-se aflita e Aline fez o mesmo, segurando-lhe os braços e olhando aqueles olhos cor de mel.

— Tem coragem e esqueça-o, Vera, tua vida é outra, não a estragues com as marcas do passado trágico.

Em pranto convulsivo, Vera apertou-se de encontro à amiga e qual irmã Aline afagou-lhe os cabeços claros e castanhos.

— Durante algum tempo seremos boas vizinhas e sempre que puder virei ver-te, para tentarmos novos rumos e estabelecermos novas modificações em nossas vidas. Quando voltar a Campos do Jordão, terá minha casa para frequentar, minha amiga. Acredito que não estou aqui por acaso, vamos nos ajudar até que chegue o momento certo de minha partida.

Tiveram os três companheiros de plantar outro milho, fornecido juntamente com o adubo pelo dono do gado. Incansavelmente trabalharam, só descansando no final do dia, mas, com os pés na terra, Aline sorria ao lado dos amáveis velhinhos. Outra noite e ouviu-se relâmpagos ao longe, que logo trouxeram as bênçãos da chuva.

À luz do lampião, Aline escrevia seu diário e em seguida fazia a costumeira leitura do Evangelho em voz alta.

Novamente, o solo ficou salpicado de plantinhas e Aline festejou correndo pela roça, nos ares refrescantes daquela úmida e ensolarada manhã primaveril. Vendo-a assim feliz, os velhinhos contemplaram-na.

— Deus demorou, mas mandou nossa filha, Totonho!

— Sinhá, estou para ver uma moça tão bonita! Parece que tudo fica mais bonito quando ela olha com aqueles olhos brilhantes da cor do céu.

— Deus seja louvado!

Na savana, os avestruzes em enormes bandos dançavam, os machos cortejando as fêmeas, um pouco distante das zebras e impalas que por ali pastavam. Ao lado da camionete, a naturalista fotografava juntamente a seu companheiro e Yuri só olhava fascinado perante aqueles adoráveis animais. As aves enormes continuavam impunes e dançavam ainda mais.

Yuri afastou-se para ver, ao longo da savana, outros animais, como gnus, antílopes, gazelas, muitas zebras e ao longe alguns leões espreguiçando-se à sombra de imensa árvore. Tirou o chapéu para mexer os cabelos com pontos grisalhos, de bermuda e sem camisa, tinha um permanente bronzeado que no rosto destacava seus olhos miúdos e de castanho ofuscante. Ali a natureza parecia agressiva e, no entanto, os animais viviam numa paz sem fim, predando apenas para saciar a fome como fizera de repente uma leoa, que capturou pequena gazela. Inexpressiva vontade de gritar sufocou-lhe a garganta e a distância fê-lo chamar sua saudade e seu olhar procurou formar, nas imperceptíveis ondas de calor, que da terra subiam ao céu, viu então, o rosto maravilhoso de Aline.

— Posso esperar Aline, esperar-te-ei quanto for preciso.

Parecia delirar quando estendeu os braços à miragem que o calor infligira ao seu interior. Pôde naquele momento inspirar-se e declamar:

Buscando a felicidade,
Encontrei mil nadas,

Sonhei grandiosos feitos,
Precipitei-me no abismo...
Da facilidade.

Esperei e a esperar...
Fitei o anonimato,
Refleti-me no espelho...
Da verdadeira vida.
A desconhecida harmonia.

Uma centelha animou-me,
Estendeu-me a mão sedenta,
Acariciou-me pesarosa,
Perdoou-me a indiferença.
Somos etéreos,

Libertos filhos de pesares,
Que a consciência livra,
Que o amor aconchega...
E a paixão aprisiona...
Nos braços da descoberta.

Em Aline a dor da saudade também trazia o insulamento aflitivo de doce loucura e paixão. Saindo ao luar daquela noite de verão, deixou-se beijar pela claridade da lua, que se refletia no pequeno regato e mostrava-se entre a copa de imensa árvore de óleo. Dos seus lábios pungentes as palavras de declame representaram sua esperança no porvir.

Lua cheia, companheira

Destas noites comuns,
Em que o sono...

Acomoda-se,
Nas desesperanças,
No agora, de sentir,
De solto livrar.
Aquela visão,
Noite cerrada,
Tão brancas as nuvens,
Do tempo de frio...
Sem ser.
O verão esconde.

Lua cheia, companheira,
A única estrela!
Sou eu.
Sem ter, sem saber,
Melódico iludido,
Saudoso de ti e si.
Vejo abstrato,
O tempo...
Correr nas visões.
As músicas...
Retratos de minha vivas,
Belas paixões,
Pois dei-lhes:
Aspectos e cores,
Sorrisos vagos,
No fundo — um adeus.
No super mundo,
Atmosfera dos ventos,
A lua amiga:
Conserva seu brio,
Alimenta esperanças...

Por uma eternidade,
Dessolui as façanhas,
A maldade.
Sou eu um ser,
Tão pouco, e só.
Chuva e estio.
Chamante,
Sensitivo,
Falante.

Nas dobras do outro lado.
Lado de lá,
Alguém...
Contempla a consoladora,
Irmã igualdade.
Lua cheia,
A claridade.
Sentindo o segredo,
Brisas cinzas, finas...
De pudor,
Talvez...
Aquele amor,
De ser feliz,
Sentir saudade.

Afinal, a colheita do feijão, que bateram com varas no terreiro pisoteado; depois, a quebra do milho. Aline ajudava sempre disposta e sobre as palhas recheadas deitou-se, enquanto Totonho guiava o carro de boi, que cantava fininho e alto. Os bois seguiam obedientes a vara de ferrão e sinhá Joana aguardava na frente do pequeno paiol toda satisfeita. Ali guardariam toda a colheita.

Na engenhoca, Aline ajudava Totonho a passar a cana, espumava a garapa verde musgo e sinhá Joana logo trazia os canecos, que enchiam com vontade pingando gotinhas de limão.

Após um ano, encontraremos Aline lecionando para as crianças pobres e subnutridas do lugarejo; com dedicação, alcança a amizade e confiança de todos, as crianças tinham por ela verdadeira adoração. Ao término das aulas, saía a pé carregando seus cadernos de apontamentos, seus cabelos tinham crescido e negros brilhavam ao sol da tarde de inverno, que logo traria a noite. Das casinhas as mulheres simples cumprimentavam-na sorrindo e às vezes faziam-na parar.

— Leva o doce de leite, professora!

— Não é preciso, Dona Geralda.

— Fiz só para a senhora.

— Está bem, amanhã devolvo a vasilha. Como vai o pequeno, melhorou da bronquite?

— Qual nada, o pobrezinho geme sem ar toda noite.

— Precisamos tratar dele.

— O médico fica longe daqui.

— Tenho que ir, obrigada, dona Geralda.

— Vai com Deus, minha filha.

Tomando café na casa de Vera, na companhia do vigário e de Ênio, Aline falava de suas pretensões.

— O padre não me leve a mal, pois deve estranhar que não mais compareça às tuas missas, sou de outra crença, pertenço a outra religião ou doutrina. No entanto, respeito a todos e sei que esta gente necessita do Senhor. Quando combinamos, há seis meses atrás, de construir a escolinha, já sabia que outras coisas são necessárias para melhorar a vida neste povoado. Falo de um médico, muitas crianças morrem por aqui, anêmicas e cheias de vermes.

— E a senhora sugere que busquemos um médico?

— Sim, padre, viria como o senhor, uma ou duas vezes por semana.

— E quem pagaria as consultas?

— Aí é que tu entras, Ênio, tenta conseguir ajuda do prefeito de Itajubá, ou de alguma sociedade beneficente; de alguma forma precisamos ajudar esta gente.

— Tens grande razão, Aline; quem vive bem como nós, pouca importância dá aos pesares dos outros.

— Farei o possível para atendê-la, Aline. Agora, tocando em outro assunto, amanhã é dia de São João e a nossa quadrilha será ótima.

— Posso fazer-te um pedido, Aline?

— É claro, Vera, podes falar.

— Como estou nos dias de ter a criança, não poderei dançar; gostaria que dançaste com meu Ênio.

— Não é preciso, querida — retrucou, Ênio vergonhoso.

— Faço questão, Ênio; eu dançarei. Vera, trarei meus pais adotivos.

— Será ótimo, Aline!

Noite estrelada, folia no terreiro, fogueira acesa, balões, bandeirinhas. Muita gente dançando, a sanfona e a viola cantando, os casais muito engraçados e animados. Quentão, pé de moleque e pipoca.

Sinhá Joana e Totonho não paravam um só minuto, colocando os jovens no bolso. Ênio e Aline dançavam bem na frente de Vera, que sorria com enorme barriga, sentada num banquinho a bater palmas. O fogo crepitava e a batata-doce assava, sendo puxada pelos moleques. A quadrilha continuava e só a alegria reinava no terreiro arrastado de pés.

Um imprevisto, no entanto; Vera começou a passar mal de parto e correram com ela. Sinhá Joana e Aline, as duas caipiras mais animadas, resolveram fazer o parto. A festa acabou e a casa ficou cheia. Ênio andava nervoso em frente à porta do quarto e o relógio de parede marcou uma da madrugada. Espera e nervosismo. Ouviram então aquele choro de vida e Aline saiu do quarto, cansada e suada.

— Nasceu um belo garoto, Ênio!

O pai feliz abraçou a amiga e correu para ver o filho. Estouraram muitos foguetes e a festa continuou animada, enquanto, em seu leito, Vera agradecia às parteiras, ao mesmo tempo que acariciava o bebê.

— Que boas amigas, como poderei agradecê-las.

— Agradece São João, filha — acrescentou Joana.

— Tua maternidade é um grande presente, Vera; podes afinal abraçar teu filho e esquecer os receios de teu passado. Serás boa mãe.

— Aqui está a bacia, sinhá Joana.

— Vamos dar o primeiro banho em seu filho, Ênio. Traz o menino, Aline.

Abobado, Ênio segurou o lampião que clareou a bacia e sorriu ao ver seu filho tomando banho. Lá fora o povo dançava. Totonho chegou ao quarto.

— Estou esperando lá fora, sinhá, depois do banho vem dançar comigo.

E Totonho saiu para fora.

— Está vendo só, Aline, que velho mais assanhado?

Entrementes, na Colina do Alborecer, um homem solitário buscava respostas naquela mesma noite e o silêncio trazia-lhe uma melodia de recordações. Os pinheiros falavam do tempo e a mansão na penumbra falava de rumores de passado não muito distante. Yuri relembrava suas noites passadas com Aline, quando abraçados buscavam, no infinito de noites estreladas, o milagre das existências e a sublime razão do amor; a união entre homem e mulher. Pareceu então ouvir-lhe a voz suave, qual canção de despertar. "Partirei sem destino e não sei quando voltarei, não fujo, apenas busco algo que perdi e lamento algo que não fiz. Desperta em mim a luz da razão, este sentimento que busco, para melhor compreender minha missão na Terra. Nosso amor é indelével e este sacrifício há de contribuir para o nosso aprimoramento. Deixo-te nosso lar cheio de encantos e idolatro nossa abençoada união. Amo-te, Yuri, e em teu nome buscarei a minha verdade". As últimas linhas da carta que Aline deixara, Yuri gravou na memória e renovava-lhe os ânimos lembrar-se delas.

Passando as estações seguintes ao lado daquela gente, ora ensinando-lhes a escrever e ler, ora auxiliando o médico no pequeno posto de saúde, Aline encontrava tempo para divulgar o Evangelho na simplicidade eloquente de suas palavras e gestos. Era a mais querida entre as crianças e sempre assistia os mais os velhos, doentes e aleijados, com sua nobre maneira de trazer a paz e alívio àquele que tocasse suas mãos. Em suas horas de reflexão perante o entardecer, agradecia sempre as graças divinas sobre elas derramadas e sua força em poder auxiliar os mais necessitados de carinho.

Totonho e Sinhá Joana tinham nela um anjo bom, que viera melhorar suas vidas, trazendo mais experiências de união e caridade. Naquela tarde, sentados no banquinho do pequenino jardim, onde jasmins enchiam de perfume os ares do mato, eles falavam de atos de caridade.

— Para ser caridoso não é preciso ter dinheiro, Sr. Totonho. Imagina que eu sou rica e dei cem contos para os órfãos e o senhor deu dez contos de seu dia de trabalho. Qual foi mais caridoso?

— A moça deu mais!

— Meu velho, ela deu mais e é rica, e você deu pouco, mas é pobre. Acaba que você deu mais.

— Isto, sinhá Joana. Cem contos nada valem para mim, mas dez contos fazem falta para ele. Quanto maior o sacrifício, melhor a caridade. Não devemos olhar a quantia e sim a boa vontade, se o gesto é feito de coração. Um caneco d'água para o detento, um pedaço de pão para a criança que chora faminta, o curativo na ferida de um doente, o beijo na testa do indigente, uma palavra de consolo ao amigo, o agradecimento ao cachorro que vigia a casa e ao boi que carrega a colheita; tudo é caridade e agradecimento ao bem de estar vivendo, trabalhando e sorrindo.

Os velhinhos paravam e nem piscavam; Aline enriquecia-os com seus conhecimentos e aprendizados.

Dois anos haviam passado e os cabelos de Aline haviam crescidos bastante, sua beleza aumentara e seu trabalho causava a admiração de todos, mas chegara o dia de partir e todos os olhos queriam chorar. A despedida foi em frente à capela e, abraçando-se com Vera, que tinha o filho grandinho nos braços, iniciou a chorar.

— Esperar-te-ei um dia, Vera; quero ver-te subindo a colina com Ênio e João Luiz.

— Minha amiga, minha irmã, vai e sê feliz.

Vera tinha os olhos rasos d'água.

— Boa sorte, Aline!

— Obrigada por toda a ajuda, Ênio; sei que serás bom pai, agora que vem outro na fila; já sei que és bom marido.

Totonho e sinhá Joana choravam qual duas crianças e Aline abraçou-os de uma só vez, longa e carinhosamente.

— Meus velhinhos adoráveis, jamais esquecerei o lar que deram para abrigar-me com tanto amor.

— Volta um dia, Aline — pediu Totonho.

— Vá com Deus, filha! — Rogou Joana.

O carro do médico conduziu-a e, voltando-se, Aline viu acenos e choros, crianças correram ao seu encontro, mas em vão, era o adeus decisivo, mas sua verdadeira missão apenas começava.

A cansativa viagem de volta fazia seu coração disparar a todo momento, como se o tempo não contribuísse para a sua chegada, qual o inverno que retarda a primavera.

Saindo ao sol naquela manhã de sábado no início de setembro, Yuri contemplou num relance toda a Colina; mostrava-se calmo e conservado, porém tristonho e virtuoso. Respirando o vigor do dia, chegou a sorrir vendo as cores da vida no prenúncio de nova estação. Sentou-se no banco do jardim e, olhando a fonte dos apaixonados, tirou do bolso papel e caneta, principiando a escrever.

Explosiva emoção e felicidade dominou Aline ao vislumbrar a colina gloriosa e bela. Queria correr e não podia, principiou a subir a estrada, que nunca lhe pareceu tão longa; chegava a ouvir as batidas de seu coração. Tudo parecia inquebrantável, intocável.

Após escrever, Yuri guardou a caneta e leu mais uma vez. Ergueu-se do banco e deixou no bolso da calça o escrito. Dirigindo-se a vista para frente, tomou-se de grande choque emocional, parecia uma miragem e lá estava aquela mulher, de longos cabelos castanhos ao vento. Ao disparar do coração, Yuri reconheceu sua eterna e inesquecível mulher, sua amada, seu amor e sua esposa. Aline deixava-lhe cair suas lágrimas contidas e Yuri igualmente chorava perante a maior de todas as surpresas. Não conseguiram falar ou gritar, apenas caminharam, um ao encontro do outro.

O reencontro, o abraço tão contido e sonhado, os olhares se encontrando num longo beijo ardente; toques e carícias, entre as lágrimas angustiosas.

— Aline, Aline, Aline, quero gritar seu nome ao mundo, para falar do nosso amor!

— Yuri, sou tua e não te deixarei nunca mais! Esqueçamos tudo e vivamos um pelo outro. Começaremos agora; levantemos nosso lar.

— Perdoa-me se fiz algo de errado!

— Cala-te, meu amor, não fizemos nada de errado. Que mal há em procurar a verdade da vida nos atos dos homens?

— Por onde andaste, Aline?

— No interior de Minas, aprendendo a viver com os humildes e conhecendo o milagre da terra. Na cidade de Itajubá, vizinha de minha amiga Vera e seu marido Ênio; uma longa história de aprendizado.

— Que milagre é este? Sofri tanto tua ausência quando retornei.

— Espera, a primavera semeia o solo; aí terás a resposta de uma dádiva divina, o milagre da terra. Perdoa-me, mas eu precisava desse tempo.

Beijaram-se novamente, longamente.

— Trabalhei e li todos os livros de minha avó Anita, descobrindo neles a força para esperar-te.

— A cegueira guiou-me para a luz da caridade e a solidão induziu-me ao encontro da fé, que adormecia em ti, e germinou em nome de nosso amor.

— Tenho para ti um novo poema, um dos muitos que fiz recordando nossos bons dias e sonhando em poder tocar-te como agora, e beijar-te como nunca.

Incansavelmente, acariciavam-se em longos beijos.

— Deixa-me ler, Yuri, teremos toda uma vida pela frente.

Sentaram-se calmos e de mãos dadas; Aline tomou o papel e iniciou a leitura, enquanto Yuri fitava-a amoroso, notando os rutilantes olhos azuis em contraste com os cabelos negros quase na cintura.

Ilusão

Invade adultera culpa,
Em meu gentio...
Coração dilacerado,
Tal qual a pungente trova,
Que no embalo...
De graciosa vida,
Reconforta a solidão mesquinha,
Anima a dor,
Vivifica em lirismo,
Cantos audazes...
Às glórias do amor.
Se na campina,
Fez-se um manto...
De vertiginosas flores,
Que de beleza...

A vista inebriada sonha,
Imagino a leveza da alma...
De mulher vestida em seda,
Arrebatando meu peito...
Circundando minhas forças,
Amordaçando meus gestos...
Na longa espera.
Muito além, alarido infindo.
Alcanço ecos fugazes,
Imito a voz das coisas,
Anátema de copiosa rivalidade,
Sensato momento contínuo.
Meu ardor de luz,
Clamor audaz de minha ilusão;
Pobre filha açoitada...
Pela ira da paixão tomada,
Não mais companheira,
Apenas fuga,
Fuga dispersa no infinito.

Enxugando novas lágrimas, Aline liberou grande sorriso de contagiante felicidade e beijaram-se novamente perante o silêncio da mansão, até então esquecida. Fazendo o amor reinante, um só gesto no despertar da loucura que conduzira à verdade. Finalmente duas almas haviam descoberto a paz interior, caminho para a felicidade.

E Yuri se perguntou intimamente se Aline havia se lembrado que, passados quinze anos, ele era o homem a ser expulso por seu pai André, após a morte de Magdala ao cair da escadaria naquela noite trágica.

Estaria ele perdoado de todos seus pecados?

Mas o amor tudo espera, suporta e perdoa.

Seus pensamentos eram como o vento, varrendo a vastidão da Serra da Mantiqueira e parando para sonhar com seu amor à sombra dos galhos floridos de uma cerejeira.

20
MÃOS CONSOLADORAS

Dias ditosos de harmonia viriam para Yuri e Aline, que, nos domínios da Colina do Alborecer, desfrutavam a primavera em toda sua plenitude. Horas sem conta o casal mantinha constante laço de carinho e extrema convivência, como se tudo fosse novo entre eles e os imprevistos ocorridos não passassem de um pesadelo. Animados pelos ares balsamizantes das manhãs ensolaradas e completas de essências renováveis das flores do jardim, cavalgavam lado a lado na contemplação da natureza. Desceram a colina e passaram pela serraria abandonada.

— Hoje as madeiras escassearam e repara, Aline, como a serraria parece descansar.

— Aos poucos ela há de desaparecer com o lento trabalho dos cupins e o lugar novamente será natural, a serragem decomposta atrairá a vegetação e a natureza encarregar-se-á de voltar às origens.

— Foi o que fizeste ao resolver voltar para casa. Após ler teu diário, posso compreender com clareza o porquê de tua desdita e afronta.

— As experiências nos conduzem à supremacia dos conhecimentos intermináveis que nos rodeiam, a escola da vida calca-nos os degraus de cada existência, a fim de que possamos distinguir o certo do errado, o bem do mal.

— Esta nova filosofia de vida, espero equilibrar-nos para os momentos futuros.

Continuaram a cavalgar, dando as mãos e olhando-se ternamente ao toque da brisa amena, entre sorrisos de alucinante contentamento. Na estrada as árvores sombreavam pela ação do radiante sol: o chão batido, que representava desenhos da exteriorização refletida dos galhos abertos em copas irregulares e compactas.

O conversível vermelho parou defronte à casa de campo e Andresa levantou-se sorridente do banco onde bordava. Aline deixou o carro e foi abraçar a avó tão querida, osculando-lhe a testa enrugada.

— Como tens passado, vovó Andresa?

— Ainda um pouco chateada com a situação de Vilma.

— Onde titia está?

— Brincando com Francisco no balanço.

— Bom dia, tia Andresa — aproximou-se Yuri beijando-a.

— Vejo que me parece outro homem, após um mês da chegada de Aline.

— Sou o mais feliz dos homens, tia!

— Preciso de ti, Yuri, para olhar o inventário de Roscoe; teu pai orientar-me-á depois.

— Vai com ela, Yuri, preciso conversar com tia Vilma.

Ao lado da casa, entre canteiros de azaleias e miosótis, Vilma e o filho de dois anos brincavam no balanço de banquinhos, um de cada lado. A mãe jeitosa segurava o único braço da criança, que totalmente cega nada podia observar; não podia contemplar os encantos daquele jardim tão cheio de cores. Após observar, Aline resolveu aproximar-se mais.

— Bom dia, tia Vilma, bom dia, Francisco — apresentou-se Aline, beijando ambos.

— Querida, que bom ver-te novamente aqui!

— Estou gostando de ver tua disposição, tia.

— Roscoe sempre me dizia: "desanimar, às vezes; desistir, nunca".

— Tia, a senhora recebeu muitos ensinamentos e devia saber que, continuando assim, não estará deixando tio Roscoe em paz.

— Todos se vão, é verdade, mas, apesar de compreender, às vezes temo pela falta de confiança.

— Tem frequentado o Centro?

— Depois da morte de Roscoe, ainda não fui.

— Amanhã é dia, quero a companhia da senhora, isto sim deixará tio Roscoe satisfeito.

— Acho que tens razão, não é, Francisco?

— Francisco, eu estou aqui e gosto muito de ti — disse a jovem mulher, sentando-se ao lado do menino e abraçando-o fortemente. Francisco igualmente abraçou a prima.

— Francisco sente a falta de Roscoe que brincava longas horas com ele, tentando fazê-lo esquecer a escuridão.

— É algo difícil, tia; apesar daquela experiência que tive, posso saber da aflição, mas há outra visão além desta.

— Sim, Roscoe disse-me que, no mundo dos cegos, o espírito visualiza a vida tridimensional e recorda vidas passadas. Francisco tem tido pesadelos, amanhã pretendo levá-lo ao médico.

— Não, tia Vilma, vamos ao Centro, para o tratamento. Com fé nós iluminaremos as trevas que atormentam nosso Francisco.

Reconfortada, Vilma, que muito envelhecera pela triste condição do filho e a morte de Roscoe, fitou com os olhos em lágrimas o carinho velado de Aline por Francisco.

Foi uma noite inesquecível aquela em que o Centro Espírita recebeu toda a família de Aline. Ao chegar enlaçada no ombro pelo braço do marido, Aline pôde perceber quanta luz irradiava-se dali. Eram os espíritos protetores e iluminados que ali compartilhavam dos trabalhos da casa. Suzette e Contardo estavam em êxtase por conseguir arrebanhar as ovelhas perdidas e doentes. Bianca e Levy traziam a filha, renovando grande sensação de bem-estar. Vilma carregava o filho com novo brilho no olhar tomado de louvor.

Sentaram-se todos e Andresa constrangida olhava à sua volta a simplicidade do local, sem imagens, sem pompas e sem o funesto luxo dos templos erguidos em nome do Cristianismo, sufocado pelos excessos de futilidades de certos ramos que usurpam da doutrina verdadeira de Jesus. "Onde dois estiverem reunidos em meu nome, lá eu estarei".

Aproximava-se o momento e Contardo foi à frente iniciar os estudos da noite, olhou todo o salão e pôde ver a enorme assistência dos mensageiros espirituais que colaboravam para o benefício de todos. O clarividente pôde ver, entre os espíritos iluminados, a presença notável do Barão Valério e Rosalva, que em prece fervorosa já pediam proteção para a casa e principalmente aos membros daquela família, envoltos em um só campo magnético.

— Meus irmãos e companheiros; esta noite apresenta-se magnânima e jubilosos devemos agradecer as graças divinas que nos protegem e as mãos consoladoras, que nos amparam no sofrimento, perante a escalada de nossas vidas. Antes de iniciar o estudo da noite, peço ao Yuri que faça a prece inicial.

Tomado de inspiração no sublime momento e sentindo a respiração mansa de sua amada, concentrada e bela, Yuri iniciou a prece.

— Mestre Jesus, ampara-nos na tua fonte fecunda de luz, pois quem nela tocar para sempre alcançará a felicidade. Jubilosos agradecemos a Deus por permitir que Teu filho e nosso irmão nos iluminasse o caminho a seguir, trazendo-nos palavras magnânimas de um amor colossal e cheio de verdades. São chegados os tempos, disseste um dia e nós Te louvamos agradecidos por enviar-nos esta doutrina consoladora, que tão bem encaminha-nos à luz de Tua sabedoria, poder e bondade. Agradecemos, Divino Mestre, pela volta daqueles que partiram, pelo presente da reencarnação que nos fez renascer, pelo sofrimento que nos burila o espírito e liquida nossos débitos passados; pois que sabemos: a felicidade inexiste totalmente na Terra e perdura em tua morada esplendorosa, no limiar da grandeza celestial. Humildemente agradecemos e, com a felicidade que foge da carne, pedimos bom senso nos dias decisivos. Assim seja feita tua doutrina de amor!

Enorme comoção abrasou as mais íntimas fibras dos encarnados e desencarnados presentes, atraindo gigantesco archote e intensa luz violácea, para extirpar pensamentos negativos do local.

— "Falaremos hoje sobre a missão do Espiritismo. Acho que todos sabem que nossa doutrina nasceu no século passado, tendo 1857 como ano decisivo com lançamento das primeiras obras da doutrina consoladora. No início, Hippolyte Léon Denizard Rivail, pseudônimo Allan Kardec, foi atraído pelo fenômeno físico das mesas girantes e iniciou as pesquisas, que o conduziu à codificação da doutrina, que os espíritos chamam de terceira revelação. Moisés nos trouxe a justiça, Cristo nos trouxe o amor e o Espiritismo nos traz a reencarnação e a caridade como suporte para a evolução da humanidade. O esclarecimento do verdadeiro mundo, que rege os princípios vitais de nossa existência. Que há muitas moradas na casa do Pai, ou seja, além dos planetas habitados; temos centenas de colônias espirituais acima das nuvens e distribuídas por todo orbe terrestre. É para as colônias espirituais que nós passaremos a viver em espírito temporariamente entre uma encarnação e outra.

Não estamos aqui para destruir as escolas religiosas de fé, por mais arbitrárias que sejam. Se Cristo acolheu a revelação de Moisés, a doutrina acolhe os princípios de cada sistema religioso.

Jesus não criticou os antigos profetas e o Consolador não critica os pioneiros da crença em Deus, apenas quer reconciliar a todos e esclarecer as fatalidades da vida.

Nossas mentes por milênios vagaram ou vagam num dilema sem fim, lutando por uma libertação que nosso instinto de egoísmo aprisiona. Estamos algemados pelas fraquezas da carne viciosa e efêmera; quando a morte nos visita, ficamos apavorados pela incerteza do oculto, que já presenciamos tantas vezes.

A dor, por meio de guerras, problemas sociais e paixões, tem nos dilacerado o espírito; qual o suplício de enfermais situações que nós conquistamos com ações indevidas. Como se o homem procurasse o sofrimento, e nele estando, roga por salvação. O Espiritismo ensina-nos a combater os males da alma e ainda egoístas demoramos a conquistar nosso lugar ao sol; este sol da divina revelação, que ilumina o pobre e o rico, o feliz e o infeliz".

Yuri respirou profundamente, olhou a enorme plateia de mais de cem pessoas e continuou a falar determinado.

— "Evolução tem razão de ser e sua chave conduz a várias portas, na senda dominante da expiação, que nos presenteia as provas de contínua renovação espiritual. E a chave é o Evangelho, que é nosso guia e companheiro fiel. Nele não encontramos regras para sermos felizes, mas normas para nos tornarmos humanamente suportáveis e sinceros para com nosso próximo. Tudo se resume no amor que Cristo conduziu na luz inquebrantável de suas sábias palavras. O amor é a verdade que nos libera o caminho da felicidade; é a fechadura que nos abre a porta que conduz a Deus.

Trouxe Jesus a glória do bem viver. Pediu Ele que amássemos as criancinhas confortadas pelo renascer, que a boa vontade nos transformasse em mãos de constante caridade e juízos de compreensão.

O Espiritismo quer fazer renascer o Cristianismo de seus áureos tempos humildes, quando os pescadores do mar da Galileia e seus seguidores eram os "Homens do Caminho", os companheiros do carpinteiro de Nazaré. Só o verdadeiro Cristianismo de fé e humildade poderá reerguer a humanidade, sublimando as nossas vidas no desabrochar de cada primavera.

A natureza não é só árvores, rios, mares e animais; é o homem, o planeta Terra, as constelações espalhadas no espaço infinito, um eterno clamor às glórias da criação.

Nosso trabalho, aqui, prepara-nos o verdadeiro caminho na pátria espiritual e só a fé renovar-nos-á a confiança na dádiva do bem, para que possamos ser os homens da boa vontade, companheiros de Jesus".

Muitos se emocionaram entre lágrimas de comoção. Dando tudo de si, para demonstrar sua imensa comoção, Contardo encerrou sua palavra e começou a fazer perguntas que melhores esclarecimentos dariam ao estudo. Francisco adormecera nos braços da mãe atenciosa. Andresa notou que também Aline e Suzette haviam chorado; pensando bem, todos enxugavam olhos naquele momento de extrema comoção.

Apertando as mãos do amado, Aline sorriu-lhe docemente, demonstrando grande vibração emotiva.

Sucedeu-se logo após o estudo a aplicação de passe magnético e a compensação da água fluidificada. A casa modesta continuava irradiando intensa luz, que iluminava grande extensão. Os mensageiros espirituais transitavam a toda necessidade de amparo, protegendo as pessoas presentes de toda má influência de espíritos sofredores.

Os astros da noite fascinavam o casal, que da colina podia vislumbrar melhor os encantos dos céus. Respiravam as essências vindas das matas de pinheiros e o frescor da brisa noturna.

— Somos felizes. Aline, eu me sinto feliz como jamais imaginei!

— Momentos felizes, que nos gratificam por merecimento, Yuri, estou orgulhosa de ti. Afinal, encontramos nosso caminho.

— Quando penso em minhas noites solitárias às margens do Orange, num místico sonho de contemplação, indagando pelo futuro, sinto-me embriagar de comoção. Consegui iniciar novos passos e confio na tua sincera ajuda.

— Amo-te, Yuri, e jamais te deixarei entregue ao léu.

Acariciando-lhe as faces, Yuri beijou a quentura dos lábios salientes. Em seguida, caminharam para o aconchego do lar.

No leito, enlaçados em extrema vibração de amor, adormeceram em grande paz reinante. Envoltos nas ondas de sintonia da espiritualidade, deixaram-se levar por Valério e Rosalva, nos recônditos da Colônia Espiritual.

Estando lá, despertaram da viagem e normalmente seguiram o casal amigo. Entraram numa sala toda branca, onde encontraram uma jovem mulher de costas, que esperou que acabassem de entrar. Magdala virou-se e fitou a filha; estava bela e trazia a candura no olhar. Aline relutou em conhecer e Yuri sentiu-se esmorecer.

— Vem, minha filha! Sou eu, tua mãe.

Aline abraçou-a comovida e ambas choraram baixinho.

— Mamãe, como tem passado a senhora?

— Hoje sou outra, Aline, e contigo necessito ficar para reparar meus erros. Aceitar-me-ás como tua filha?

— Sim, é claro, nós a aceitaremos com todo nosso amor.

— Aproxima-te, Yuri — pediu Magdala súplice.

Não compreendendo as forças que o conduziam, Yuri resolveu aproximar-se. Valério e Rosalva sorriam delicadamente, envoltos em grandes auras azuis.

Humildemente, Magdala ajoelhou-se e olhou bem nos olhos do antigo amante.

— O mal não merece divulgação e nada pode vencer o amor abençoado por Deus. Perdoa-me, Yuri.

Erguendo as mãos sobre os ombros de Magdala, Yuri ergueu-a com os olhos marejados de lágrimas.

— Se perdoar for aceitar, eu te aceito como filha, Magdala.

Abraçaram-se por curto momento e Aline juntou-se a eles com simplicidade nas palavras.

— O erro que praticaste não cabe a mim saber, seja qual for, eu os amo e aceito no amparo de meu lar.

Assim, Aline abraçou os dois fabricantes de seu trauma inconsciente, que, graças ao seu elevado padrão alcançado, divulgava o verdadeiro amor. Do peito de Aline, porfirina luminescência atingiu Magdala e Yuri, num laço venturoso de grande união espiritual, que os preparava a nova reencarnação, a nova chance de renascer.

Naquela noite de inverno, julho de 1961, nasceu a filha de Aline e Yuri. Na presença dos familiares, Aline liberou o seio para amamentar a criança, porém uma dúvida. Por que não escutaram o choro da menina? Yuri chegou um pouco abatido no quarto e todos interrogaram-no com um olhar.

— Por favor, peço a todos que nos deixem a sós.

Obedeceram-lhe sem nada falar. Vilma e Bianca buscaram os filhos que brincavam na sala. Ana Carolina ajudava o primo a falar e acariciava-lhe o rostinho. A babá entregou à Bianca sua outra filha, que constava poucos meses e delirou ao ver a mãe.

— Julieta já te conhece de longe, Bianca.

— Sim, ela é muito esperta.

— Algo te preocupa mamãe?

— Tenho uma forte intuição sobre a menina de Aline.

— Como assim, mamãe?

— Não posso explicar-te, Vilma.

— Onde estão papai e Levy? — Perguntou Bianca.

— Na biblioteca — respondeu Vilma aproximando-se do filho apreciando a atenção da priminha.

Após passar levemente a mão sobre a cabecinha da recém-nascida, Yuri beijou a esposa agradecido.

— És a mais bela de todas as mães. Já escolheste o nome para nossa filha?

— Se não gostares, pode falar, nós mudamos.

— Sei que irei gostar.

— Michele, minha pequena Michele.

— Lindo nome, querida, não poderia ser melhor!

— Não me esconda, Yuri, sei que tem algo de errado com nossa filha, apesar de parecer tão saudável.

— Ela é saudável e bela!

— Por favor, diz-me por que Michele não chorou?

— Nossa filhinha tem as cordas vocais destruídas e também parece não reagir a estímulos.

— Quer dizer então...

— Michele é surda e muda.

— Meu Deus, pobrezinha!

— Não te tortures, Aline, e agradeçamos por não ser pior. Francisco é mutilado e cego.

— Tens razão, se é assim, nós a aceitamos de coração. Vê, ela é realmente esperta, vai acabar com meu leite.

E as lágrimas pendiam dos olhos de Aline, qual uma cascata de lamentos, alegria e dor. Yuri igualmente chorou emocionado.

Apesar da triste condição de não poder ouvir o cantar dos pássaros e nem chamar pelos pais, Michele crescia esperta e tinha ótima vista naqueles olhos cor de mel. Durante dois anos, Yuri e Aline desfrutaram bons momentos, pois Michele sorria, corria e brincava. Aquelas mãozinhas pediam sempre e as perninhas podiam correr pela grama do jardim repleto de rosas, palmas e um grande e novo canteiro de miosótis azuis e lilases.

Aline trazia no ventre outro filho e juntamente a Yuri pediam uma criança perfeita. Sentados no tapete da grama, apreciavam a linda menina beijar as flores, qual um beija-flor perdido no silêncio, mas não esquecido de palavras amorosas.

No início de dezembro de 1963, nasceu um lindo e perfeito menino, para a imensa alegria do casal. Com o passar de um ano, Michele não mais brincava sozinha pelo jardim; seu irmãozinho a acompanhava cambaleando, caindo e imitando, com gritinhos de animação. Aline e Yuri amparava-os atenciosos, expressando a felicidade sem conta da maternidade e da paternidade. A Colina do Alborecer vivia momentos de sublime contentamento e júbilo. O Barão Valério voltara no corpo do pequeno Ivan para continuar sua missão na Terra, livre das moléstias do corpo e de sua alma em processo de purificação. Ivan poderia ajudar Michele e toda a família no futuro.

"Deixai vir a mim as criancinhas, e não as impeçais, porque o reino dos céus é para aqueles que se lhes assemelham. Eu vos digo na verdade, todo aquele que não receber o reino de Deus como uma criança, nele não entrará".

21
RENASCER

Jogando o jornal sobre a mesinha da sala, Yuri estava irritado e nervoso; Aline olhou-o a indagar o porquê daquela atitude, enquanto as crianças brincavam no tapete com carrinhos de plástico.

— Chamam-na revolução e não passa de um golpe militar, ficaremos ainda mais oprimidos, o povo necessita de maior liberdade e direito de escolha. Esse ano de 1964 ficará para sempre marcado na história da democracia brasileira; pressinto uma década sofrida para toda a população.

— Senta-te ao meu lado, amor. Não gosto de ver-te nervoso. A política é sempre ingrata entre os homens, não podemos nos intimidar assim. Já foi feito e os militares tomaram o poder, bem ou mal tudo conduzirá a novas lições para todos. Somos uma família agora e um país não passa de uma grande família, irmãos contra e irmãos a favor. Sempre houve contradições nos menores atos humanos. Nosso país tenta conservar uma tradição de paz, já que a revolução de 1930 trouxe sangue e a terrível era de Getúlio Vargas. Veja os assassinatos a presidentes, as guerras mundiais e os conflitos sociais do mundo moderno; já pensou se nos deixássemos envolver por tantos conflitos?

— Alguém precisa combater a injustiça social e as diferenças entre ricos e pobres.

— Cada homem tem sua parcela de contribuição, um só não poderá gritar por justiça ou será morto como subversivo em qualquer canto da terra. Não existe justiça entre os homens e só o tempo irá modificar a situação crítica. E sabemos que tudo tende a piorar. O povo brasileiro assim como os povos de tantos outros países das Américas ou de outros cantos do mundo ainda são reféns dos poderosos e das circunstâncias.

— Bem sei ser verdade o que me aconselhas; não posso modificar o mundo, estou agindo como adolescente. Empolguei-me com uma discussão no colégio.

— Tem aí uma carta de Londres.

— Londres! Deve ser a Dr.ª Henryhet.

— Aquela naturalista?

Ergueu-se Aline e tirou sobre a lareira o envelope, entregando-o ao marido.

— Aqui está, parece-me importante.

Yuri puxou-a e Aline sentou-se bem ao seu lado. Puderam ler juntos a carta.

— Pelo que vejo, eles precisam de mim. Acha que devo ir?

— Tens todo o direito de fazer o que gostas, Yuri, fico sempre feliz em ver-te realizando uma grande pesquisa.

— Só que desta vez eu não irei, Aline, não deixarei meu doce lar por dinheiro nenhum. Eles que contratem outro arqueólogo, tem mais de seis anos que cheguei e só agora eles firmam novo convite. Não, eu não irei desta vez. Vou te ajudar a criar nossos filhos Michele e Ivan.

— Podemos viver sem o dinheiro deles, Yuri, acho que voltarei a pintar novamente. Consuelo telefonou-me há poucas horas e disse-me: "não torture teus admiradores, Aline, o mundo precisa conhecer tuas telas". Mas tenho receio do sucesso, eles parecem querer dominar-me a vida. Penso mais nas minhas criancinhas do orfanato e nos loucos do manicômio.

— Ouvi dizer que a situação financeira anda de mal a pior.

— Hei de achar uma solução, Yuri. Combinei com Bianca, durante duas vezes por semana, ela deixa as meninas comigo e outras duas vezes eu deixo Michele e Ivan com ela. Assim poderemos acompanhar tua mãe pelos lugares mais pobres de nossa cidade, levando ajuda material e espiritual. Que achas?

— Vai em frente, eu também te acompanharei sempre que possível. Agora deixa-me responder esta carta.

Beijaram-se e Aline ficou a contemplar os filhos brincando no tapete do grande salão.

Na parede principal, um belo quadro do casamento de Yuri e Aline, que haviam encomendado a um pintor famoso. Parecia até que eles tinham vida e estavam prestes a descer e dançar no salão.

Tendo a companhia de Suzette durante as visitas que fizeram ao orfanato e ao manicômio, Aline sentia-se a renovar de forças e disposição; procuravam ambas transmitir toda aquela paz interior. Sorrindo, conquistavam as crianças, os loucos e desvalidos.

Continuavam a campanha do Natal, angariando fundos, visitando lojas e casas, sorrindo sempre e sempre recebendo ajuda. Ao bater na grande e reconhecida casa, Aline foi atendida por Hortência, que, comovida, estendeu as mãos trêmulas.

— Quantos anos, Aline!

— Confesso ter sentido a falta da senhora.

— Entra, querida, vamos até a sala.

Lá, encontravam Rogério que atingira a idade quase adulta, em companhia da namorada.

— Filho, lembras-te de Aline?

— É claro, mamãe, como esqueceria — respondeu o rapaz cumprimentando educadamente.

— Vejo que sabes escolher, Rogério!

— Esta é Luciana, minha namorada.

— Muito prazer, Aline; papai tem em casa uma de suas telas, uma bela pintura.

— É de São Paulo?

— Sim, sou de lá, estou passando uns dias aqui e estou adorando. Pretendes continuar a pintar?

— Acho que tentarei novamente.

— Bem, Aline, queira dar-nos licença, vamos nadar um pouco.

O jovem casal se afastou.

— Adolescência, que bela fase!

— Senta-te, Aline. Tens novidades para mim?

— Primeiramente, queiras aceitar meus sentimentos, estava tão desligada que não falei com Rogério.

— Desde nossa separação, Armando começou a beber demais e as estradas são cheias de curvas. Tenho sofrido muito, Aline, sonho com gritos de Hamilton entre chamas e Armando pedindo socorro. Rogério, tão novo, vive falando em deixar-me; estou desorientada.

— Podemos ajudar-te, dona Hortência, venha ao Centro, que tudo faremos para libertar-te.

— Tenho medo, Aline, estou segura em constantes alucinações. Acha que tenho chances de melhorar?

— Basta querer. Sei que tens viajado, enquanto Rogério estuda e só nas férias vem para Campos do Jordão.

— Tento fugir, esta que é a verdade.

— Não fujas mais, tenho a tua cura. Basta ter fé e confiança, não pretendo mudar-te, apenas conduzir-te a outro caminho. Suzette e Bianca, outras mulheres, homens, crianças e eu, estamos fazendo a campanha do Natal, para presentearmos aqueles pobrezinhos sem lar.

— Tentarei, Aline, mas não prometo nada.

Apertando as mãos da amiga, Aline sorriu-lhe.

— Sorria sempre e não deixe que eles descubram tuas amarguras. Quem semeia sorrisos, colherá a paz.

Poucos dias antes do Natal, toda a família de Aline e demais componentes do Centro festejavam com as famílias assistidas o aniversário de Jesus. Cantaram, sorriram, brincaram. Em cada criança que sorria, ou nos velhos que batiam palmas, todo e cada olhar era uma benção de agradecimento. Tendo Yuri os filhos e o resto da família consanguínea e não, Aline assistia calada, mas compreendia o porquê de tudo; ao lado de Andresa, a pequena Michele também sorria. No final, após abraçarem cada pessoa carente, distribuíram o fardo de alimentos, para amenizar-lhes a noite de natal. Hortência ajudava-os esperançosa.

Na véspera do Natal, Yuri acompanhou os pais, a irmã e a esposa ao orfanato, onde passaram toda a manhã, juntamente a todo o pessoal, companheiros de doutrina. Levaram bolas e bonecas, balas e doces, frutas e roupas, carinho e amor. Michele e Ivan brincavam com os pobrezinhos sem lar, talvez agradecidos por terem tanto; a menina tentava comunicar-se por meio de sinais, e assim a visita foi passando entre gritinhos de contentamento.

Pela tarde Yuri, Aline, Andresa e Vilma visitaram o manicômio, tentando dialogar com aquelas pessoas ignoradas pelo mundo e presas no labirinto da ignomínia de atos funestos do pretérito.

Estendida a grande mesa da ceia de Natal na mansão da Colina, na sala toda a família aguardava. Dialogavam entre si numa grande amizade familiar, a exemplo de poucas famílias. As cinco crianças brincavam alheias aos acontecimentos em derredor; Vilma tristemente fitava seu único filho; Aline acercou-se dela deixando Suzette e Andresa.

— Não te sentes bem, tia Vilma? Aceitas mais um refrigerante?

— Obrigada, Aline, estou ótima! Apenas olhava meu Francisco e lembrei-me de Roscoe.

— A saudade aperta, os anos correm e a senhora precisa ser forte para criar Francisco.

— Que futuro reservaram para meu filho? Sinto-me cansada, Aline, uma apatia imensa derrama-se sobre mim e tenho lembrado de Roscoe.

— Ele deve estar bem amparado.

— Queria pedir-te algo, mas não sei se devo.

— Seja sincera, tia Vilma, pode pedir.

— Esta casa é muito grande e teu coração também, mamãe está velha e Francisco...

— Podes falar sem medo.

— Se eu falhar algum dia, tomarias conta de mamãe e Francisco?

— É claro, tia Vilma, eu os amo como a senhora e deles tomarei conta caso aconteça algo.

— Fico-te imensamente grata, Aline.

Deixou Vilma escapar-lhe sincero e triste sorriso de conforto, à sua volta, a família na segurança de um lar, e sua mãe era a anciã da casa.

A um canto os homens conversam animados e Levy recebia as críticas na esportiva.

— Estando a arrancar dentes esqueceste de tudo.

— Não é verdade, Yuri, estive estudando toda a obra de Allan Kardec. Pergunta ao meu sogro.

— Bianca contou-me, Levy.

— Já posso tirar uma conclusão.

— E a que conclusão chegaste?

— Yuri, agora eu realmente acredito na reencarnação.

— Vejo que estás atrasado, meu caro amigo.

— Atrasado sim, desprevenido não.

— Vinde todos, a mesa da ceia está pronta, ocupemos os nossos lugares.

Era Aline, a anfitriã da casa que convidava a todos, chegando ao lado do marido, para deixar-se conduzir ao salão. Foi um Natal inesquecível e a família reunida e amparada representava longos anos de trabalho e dedicação. Aline olhava orgulhosa para os filhos e Yuri contemplava seu êxtase da realização.

Voltando à rotina da vida, Aline dividia-se entre os cuidados com os filhos; as horas de pintura ao ar livre, perante o esplendor da colina; os momentos sublimes nas reuniões do Centro Espírita; e o amor cada vez mais forte de Yuri.

Dando aulas sempre sorridente, Yuri conquistava a todos; a cabeleireira grisalha caía-lhe bem e, nos jogos dos torneios de vôlei, era o escolhido como treinador. Marido complacente e notável amante, continuava a escrever seus poemas e brincava constantemente com os filhos, carregando-os de cavalinho pelo jardim.

Certa manhã, Yuri contava suas histórias rodeado pelos filhos, pelas sobrinhas e por Francisco. Ouviam atentos e nem piscavam, enquanto as mulheres tomavam chá numa mesa redonda com deliciosos petiscos e biscoitos caseiros. Contardo cavalgava com Levy entre os pinheiros.

— Nós quatro não devemos nos intimidar, tenho certeza de que a senhora, tia Andresa, saberá muito bem como lidar com Francisco.

— Não tenhas tanta certeza; sabes, Suzette, que a morte de Vilma foi um choque muito grande. A escolhida a partir deveria ser eu, não ela.

— Vovó, a senhora está ótima, o médico ficou espantado com tua saúde, apenas pediu que trocássemos os óculos. Sei como lidar com Francisco, tudo há de correr bem.

— Levy e papai estão demorando, mamãe!

— Deixa-os imaginar negócios, Bianca, não existe melhor lugar para se fazer algumas coisas como na colina.

— Falaste bem prima; vê teu filho, meu marido, pratica agora a arte de conquistar as crianças.

Abrindo os braços e agachando-se, Yuri parecia dançar.

— O avestruz dança assim e namora as avestruzes. A savana ficava cheia delas e todos os animais eram convidados. Ana Carolina, quais são eles?

— Elefante..., girafa..., zebra..., leão..., popótamo...

— Hipopótamo. Qual o outro Francisco?

— O leopardo, o tucano.

— Não senhor, tucano é no Brasil. Enfim, eram todos os animais e eu bem no meio fotografando as poses, quando de repente um dançarino chegou dançando assim. Vem, Monique eu serei o avestruz e tu serás eu. Que tal?

— Está bem, titio — respondeu a menina de cinco anos, colocando-se de pé.

— Finja que está fotografando. Isso mesmo! Que pretendes fazer com estas fotos, senhorita?

— Levar para o Brasil, senhor avestruz.

— Tem muita gente por lá?

— Um punhado assim — respondeu a menina erguendo as mãos. Vou ficar famosa!

— Não quer levar-me para desfilar no Carnaval?

— Fica caro, senhor avestruz.

— Unha de fome. Ela é unha de fome?

E as crianças gritaram "sim, unha de fome!".

— Titio não é avestruz, vamos pegar ele — gritou Ana Carolina.

Todas correram atrás do avestruz e Francisco saiu da brincadeira, chamando por sua protetora.

— Aline, preciso da tua ajuda.

Atenciosa, Aline correu ao encontro dele, abraçando-o e beijando-o.

— Queres ficar juntinho de mim?

— É ruim não ver com quem brincamos, acabei cansado.

— Michele nada ouviu e nada pode falar, que achas dela?

— Acho que só ela pode entender a minha situação.

— Nós todos entendemos e te amamos, Francisco.

— Sinto muitas saudades de mamãe, queria estar junto dela, acho que não conseguirei viver sem ela.

— Não fales assim, Francisco, tia Vilma confiou em mim para ser tua nova mãe.

— É diferente, mãe é mãe e eu preciso dela.

Dos olhos mortos, as lágrimas escorriam e Aline abraçou-o fortemente como prova de seu afeto. Francisco soluçava forte e alto, ao que Aline afagava seus cabelos.

— Tua mãe está num bom lugar.

— Por isto mesmo tenho vontade de partir.

Ficaram ali parados. Aline resolveu ajoelhar e ouvir naquele abraço de desabafo do pobre infeliz. As mulheres na mesa fitavam-nos caladas; Yuri conteve as crianças, fazendo-as quietarem-se na grama. Só aqueles soluços eram ouvidos e levados pelo vento que agitava os pinheiros.

Pintando mais uma de suas telas, em frente à grande pedra, Aline descuidou-se de Michele e Francisco, que saíram entre as árvores enquanto Ivan continuava brincando com bichinhos ao lado da mãe.

— Mamãe, olha aqui.

— Achou alguma coisa, filhinho? — Indagou a mãe curiosa, agachando-se para atender a criança.

— Não sei o que é.

— Uma concha de caramujo, Ivan, com ela podemos ouvir o barulho do mar. Coloca no ouvido, isto mesmo.

— Estou ouvindo um barulhinho.

— É o mar, filho, o barulho das ondas do mar!

— Não sei, não conheço o mar.

Olhando ao redor, Aline não viu as crianças.

— Para onde foram Michele e Francisco?

— Passear na floresta.

— Verdade, Ivan?

— Eu vi, mamãe.

— Meu Deus, e agora?! Tenho que correr atrás deles, vai e chama uma das criadas, vovó não chama; ela fica nervosa.

Michele conduzia o primo pelo único braço, ela podia ver os pinheiros e os pássaros, mas ele podia ouvir os diversos cantos de passarinhos diferentes e o farfalhar das ramagens ao vento refrescante. Resolveram sentar-se na massa seca de folhas, quando ouviram trovoadas ao longe e sentiram o vento mais forte e úmido.

— Vai chover, Michele.

A menina tocou-lhe o ombro, tentando lembrar o primo que ela não podia ouvir.

— Esqueci-me que não podes ouvir-me.

Assim Francisco fez gestos com a mão, de cima para baixo e Michele pôde compreender.

O dia tornara-se turvo e a ventania a tudo agitava. Em seu carro, Yuri chegou e tratou de correr para dentro da casa, onde Andresa preparava a mesa do almoço.

— Vem uma destas fortes chuvas de verão.

— Estou preocupado com Aline e as crianças.

— Onde estão elas?

— Eu estou aqui, papai — disse Ivan correndo para os braços do pai.

— Tive de contar para a vovó que mamãe está procurando Michele e Francisco.

— Onde, quem está lá?

— Nos pinheiros, mamãe e uma criada.

A chuva começara a lavar a terra e Yuri projetou-se no tempo, correndo até alcançar os pinheiros; começou a gritar. Próxima à grande pedra, reparou que a tela de Aline se desmanchava com a chuva e a tinta escorria. Dando voltas, Aline não conseguia ver nada além de sombras; estava toda molhada e quase em estado de desesperação.

Encolhidos e abraçadinhos, Francisco e Michele encontram-se num tronco enorme e ali ficaram quietinhos a receber a chuva, tremendo de frio e medo. Pouco podiam ouvir e ver o que se passava nos arredores.

Os minutos corriam e Aline resolveu sentar, chorando a pensar melhor no que fazer; olhou as copas agitadas, as nuvens escuras, a chuva caindo ininterrupta e a natureza silenciosa no banho da renovação. Vasculhou com os olhos cada ponto à sua volta e com imensa surpresa pode ver pedaços de sapatinhos. Levantou-se e correu, correndo, caiu, sujando o rosto e a roupa, mas pôde ver suas crianças e abraçou-as com enorme instinto protetor. Aline resolveu ficar e deixar a chuva passar.

De repente a divina luz solar brilhou novamente no imenso teto azul sobre a colina e Aline conduziu as crianças ao local onde pintava para recolher seu material. Ali o sol aquecia os corpos e a grande pedra, os pássaros já planavam no alto. Yuri desanimado, sentado, aguardava, até que aquela voz soou qual cântico de despertar.

— Estamos aqui, meu amor!

Delirante a sorrir, o homem virou-se e correu a abraçar e beijar os três.

— Que susto vós me passastes!

— Encontrei-os encolhidos e encostados num tronco de pinheiro, resolvi deixar a chuva parar.

— Vamos embora, tia Andresa espera-nos para o almoço; mas pelo que vejo precisamos todos de um banho.

— Aline, por que Michele está mexendo comigo? O que ela está vendo?

Puderam notar Yuri e Aline que Michele apontava belíssimo arco-íris entre as colinas distantes.

— É um arco-íris, Francisco, quando chove e o vapor d'água do ar recebe a luz do sol, forma-se um arco imenso de sete cores luminosas.

— Sim, eu posso ver entre sombras, um lindo arco de sete cores vivas e luminosas.

Grande emoção contagiou o casal, Yuri recolheu o material de pintura e mostrou a tela encharcada.

— Que pintura estranha, querida!

— Guardaremos como recordação deste susto.

Caminharam calados ao beijo do sol e na contemplação do jardim florido. Na varanda, Andresa e Ivan os acolheram satisfeitos e todos buscaram o doce invólucro do lar.

Dois anos de quietude e felicidade reinaram na Colina do Alborecer. Encontraremos Aline cantarolando, passava a encantadora mulher um pano de limpeza no piano de cauda, fazendo-o refletir como espelho.

— Está ficando ótimo, Ivan vai adorar.

Andresa descia a escada trazendo Michele, que embalava sua boneca, as duas adentraram-se silenciosas na sala. Aline abrira o piano, limpando-o cada vez mais.

— O senhor tem que brilhar e funcionar.

— Com quem conversas, minha filha?

— Com o piano, vovó. Talvez assim ele melhore.

— Mas não é ele que precisa melhorar e sim Ivan.

— O professor me disse que, para um ano e meio, Ivan está ótimo!

Ouviram a buzina de um carro lá fora.

— Quem será, Aline?

— Deve ser Ivan com o professor Eurico.

— Yuri não vem almoçar?

— Vovó, a senhora está muito esquecida, Yuri levou Francisco para o colégio, de lá eles iam passear.

— Francisco está precisando mesmo.

— Mamãe, mamãe, chegamos!

Jogando o material no chão, Ivan correu a beijar a mãe.

— Vê só como a mamãe limpou teu piano!

— Está brilhando como nunca! Parece um espelho.

— Bom dia, senhora Aline!

— Bom dia, professor Eurico. Como tem passado a família?

— Todos estão ótimos, obrigado. E Michele, como tem passado?

Fez o professor acariciando o rostinho da menina, que lhe correspondeu com sincero sorriso e mostrou-lhe a sua boneca. Eurico acariciou igualmente a boneca.

— Michele gosta que tratemos a boneca como gente.

Ivan sentou-se no banquinho ao lado da mãe.

— Vou tocar o "Tico-tico no fubá", mamãe.

E assim fez o garoto esperto, ao que Aline sorria orgulhosa e feliz. Os finos e negros cabelos do menino ofuscavam com seu brilho e seus grandes olhos azuis transmitiam a pureza no olhar. Ao terminar, Aline beijou-o novamente e reparou que Michele sentia ciúmes, fez sinal e a menina correu a abraçar a mãe, que igualmente a beijou.

— Pobrezinha, esqueci-me dela.

— Vi hoje na rua muitos meninos pobres, mamãe e dei-lhes toda a minha merenda.

— Por que fizeste isto, Ivan? — Indagou Andresa.

— Para almoçar melhor, vovó.

— O almoço está servido, senhora Aline.

— Vamos, crianças, professor e vovó, vamos almoçar.

Entre os dois filhos que seguravam suas mãos, Aline seguiu para a sala de jantar.

Pela estrada de curvas da serra, Yuri corria; logo chegaram num lugar bem alto, onde o carro parou para conversarem.

— Gostaste do almoço?

— Foi um dos melhores que já provei. Vou contar para todos sobre este grande passeio, Yuri. És muito bom!

— Vamos sair um pouco?

— Sim, vamos, o ar aqui é bom.

Sentaram-se e Yuri fitou bem longe.

— Daqui pode-se ver longe.

— Para mim tanto faz, não posso imaginar nada.

— Tentarei descrever e farás de conta que estás vendo.

— Vou me esforçar e cooperar.

— Daqui do alto da serra vejo um vale profundo que se estende cortando montes, marcando o sulco de pequeno riacho. Árvores e capins formam tapetes compactos de tons variados de verde, tudo é luz no céu anilado e a vista perde-se na vastidão sem fim, entre a terra e os movimentos dela.

— Posso ver, Yuri, como se enxergasse e depois ficasse cego de repente.

— Lembro-me de certa vez em que Aline pensou estar cega e ficávamos horas tentando fazê-la ver.

— Vovó Andresa me disse que ela ficou cega de verdade.

— Às vezes, é possível que não vejamos o que nos é impróprio ao momento de viver.

— Vejo algo mais, Yuri.

— O que, por exemplo?

— Papai e mamãe chamando por mim. Estendem as mãos a sorrir.

— Não falas assim, Francisco!

— O carro teu tem quantos anos?

— Uns catorze anos.

— Não trocarás?

— Sim, eu pretendo trocá-lo em breve.

— Podemos ir agora?

— Por que agora, Francisco?

— Gostaria de ouvir Ivan ao piano. Adoro o som.

Eurico e Ivan manuseavam o piano, enquanto Aline os observava atenta e confiante, sentada numa cadeira almofadada a apertar as mãos; mas o menino precisava de muitos anos de estudo. Na sala, Andresa brincava com Michele, fazendo roupinhas para a boneca e trazendo pedaços de algodão no ouvido. Aline resolveu sair e chamou pela avó, que nada escutava; foi aí que tirou o algodão.

— Vovó, que faz a senhora com este algodão?

— Quando Eurico falou em nova música, resolvi prevenir-me contra a poluição sonora.

— Hoje Ivan não está em seus melhores dias. Chegarei ao jardim e esperarei Yuri.

Entre o perfume das rosas, Aline aguardava seu amado e ouvia o barulho da água caindo na fonte e o som perdido do piano sofredor. Estava apreensiva e tristonha.

Nas curvas da estrada o conversível vermelho luzia a correr, os dois amigos tinham pressa de chegar. No entanto, talvez como vítimas da fatalidade desconhecida, o carro capotou numa das curvas; Yuri foi atirado fora, mas Francisco ficou preso e foi levado ao holocausto da dor, caindo num precipício que levou o menino para o outro lado da vida.

No exato momento do acidente, Aline sentiu forte pressão no peito e suas vistas puderam ver um carro rolando na ribanceira. Traumatizada em seu eterno clamor de lembranças, visualizou o sofrimento do marido e de Francisco.

Horas mais tarde, estavam reunidos na sala de espera do Hospital Municipal de Campos do Jordão. Suzette tentava consolar Aline.

— Nada ocorre em vão, Aline, a cada dia novas provações nos batem à porta das subjugações; confia e tem fé, minha filha. Não basta que choremos, há muito que agir e poucos são aqueles merecedores de habitar o oásis das virtudes no deserto da ilusão.

— Francisco parecia saber; falou-me várias vezes que os pais o chamavam.

— Tudo é possível, nosso irmãozinho será bem amparado.

Perto dali outros dialogavam.

— Não suporto mais esperar, papai.

— Acalma-te, Bianca, de nada adiantará tua aflição, tenta concentrar-se na figura de teu irmão e peça pela volta dele.

— Estou cansada de tragédias, Levy; cada ano que passa eu continuo como velha árvore, enquanto as novas são cortadas e levadas.

— Cada qual com seu dia, dona Andresa.

— Por favor, a esposa do senhor Yuri.

— Sou eu — respondeu Aline levantando-se e dirigindo-se ao médico.

— Teu marido quer falar-te.

— Como está ele, doutor?

— Quebrou um braço e uma perna, tem também uma dúvida na coluna vertebral, vamos tirar novas radiografias; ele está sob o controle de calmantes e chama pela senhora.

Abraçando-se ao marido imóvel e coberto de gesso e faixas, Aline beijou-o derramando novas lágrimas.

— Deixa de lamúrias, mulher, estou bem, estou vivo. Agora mais do que nunca preciso de ti.

— Farei tudo para livrar-te, Yuri, desse sofrimento.

— Estou arrasado pela perda de Francisco.

— Não te culpes, querido, tal martírio pode liquidar-nos os dias futuros.

— Será difícil suportar. Incrível, Francisco sabia!

— Oremos para que Roscoe e tia Vilma o amparem lá em cima e novo lar se complete.

Acordando do doloroso enlace, Francisco gemia de dor, mas duas mãos o acariciavam e aquela voz tudo fez modificar.

— Meu filhinho, meu amado filhinho, estou aqui.

— Mamãe, mamãe, onde estou? Eu consigo te ver! És linda!

— Estás na segurança de Nosso Lar.

— Francisco, sou eu, teu pai.

— Papai, não estava aguentando de saudades. Sonhei que tu chamavas por mim e estou feliz. Agora consigo enxergar vocês e tudo à minha volta.

— Tu sentes dores fortes?

— Parece que diminuem, quando a senhora toca minha cabeça. Mamãe, a morte já passou? Somos mesmo imortais?

— Teu corpo de carne está na terra, morto e feio, no entanto, estás aqui e damos graças a Deus por permitir tua vinda. E veja a bondade de Deus, já podes ver todas as belezas de nossa nova existência!

— Que Deus seja louvado! Ficareis comigo?

— Durante alguns anos sim, depois seguiremos novos caminhos e tu saberás o porquê sofremos.

— No momento, somos uma família, Francisco, e continuaremos juntos, para ensinar-te boas coisas da verdadeira vida. Tua mãe e eu temos uma bela casinha onde iremos ficar juntinhos.

— Onde está Yuri, mamãe?

— Ele ficou, Francisco.

— Ele precisava ficar, mas eu precisava era de vós.

Em breve Roscoe e Vilma conduziam o filho entre as alamedas verdejantes e floridas da colônia espiritual, a caminho de grandes revelações e descobertas, que conduziriam Marconi e Loreta ao pedestal de novas oportunidades já que possuíam o amor de Roscoe a iluminar-lhes a figura amiga da nova existência.

Meses passavam e, na claridade daquela manhã outonal, Aline empurrava a cadeira de rodas, levando o marido a passear pelo jardim. Pararam ao lado da fonte e Aline sentou se no banco a olhar Yuri, mexendo na cabeleira grisalha.

— Juro, Yuri, acompanhar-te-ei a todos os médicos e faremos uma fisioterapia intensiva.

— Ficará muito caro, querida!

— Com a venda da nossa casa de campo, poderemos fazer todo o tratamento e ainda sobrará algum dinheiro.

— Cinco meses nesta cadeira, agora sim encontrei o suplício e a vez de provar minha confiança em Deus. Tenho fé de recuperar-me, Aline.

— Tenho certeza de sua recuperação, meu amor. Lembrei-me das sábias palavras de André Luiz no livro *Nosso Lar*.

"Uma existência é um ato.

Um corpo – uma veste,

Um século – um dia.

Um serviço – uma experiência.

Um triunfo – uma aquisição.

Uma morte – um sopro renovador".

— Estou lembrado: "Quantas existências, quantos corpos, quantos séculos, quantos serviços, quantos triunfos, quantas mortes necessitamos ainda?".

— Tenho uma grande decisão, preciso apenas de tua autorização.

— Estou ouvindo como a mansuetude de um cordeiro.

— O manicômio, o orfanato e muitos pobres continuam na miséria e nós continuamos no luxo. Sofrer no luxo é mais reconfortante. Quero fazer o insignificante gesto de renunciar a alguns bens materiais pois já foi dito: "Não acumuleis tesouros na terra, onde a ferrugem e os vermes os comem e onde os ladrões os desterram e roubam".

— Que pretendes fazer, Aline?

— Dispor das minhas joias e de todas as telas de Lise; com o dinheiro, poderemos ajudar todos aqueles lugares. De nada adiantar-nos-á estes bens acumulados se no futuro não houver salvação. Seria capaz de livrar-me até mesmo da colina para ver-te caminhando ao meu lado, Yuri.

— Mais uma vez o sofrimento abre-nos a mente e então podemos enxergar melhor nossos irmãos. Vendamos tudo que nos é futilidade. Aline; será prazer dividir e dar nossos bens que lá do alto nada valem.

— Eu te amo e não me canso de declarar.

— És a melhor de todas as mulheres, Aline.

Descendo o tronco entre os braços do marido, Aline beijou-o e assim ficaram a demonstrar toda a potência daquele amor, que vivia dias ditosos apesar da provação.

Venderam as telas, as joias, porcelanas finíssimas, candelabros de prata e converteram em dinheiro para as obras assistenciais.

Cuidando dos filhos, de suas visitas aos desvalidos e da saúde do marido, Aline não mais podia pintar suas telas tão apreciadas. Na constante labuta para recuperar com massagens e fisioterapia a saúde do marido, Aline entregava-se de corpo e alma.

Suzette e Contardo visitavam sempre o filho, trazendo-lhe reconforto e novas esperanças.

— Todos comentam abismados ainda o que vos fizestes, parecem nunca ter ouvido algumas palavras do Cristo.

— Nestes dois anos de invalidez, mamãe, tenho aprendido muitas conotações da razão de estarmos passando por estes sublimes momentos de provação.

— Nunca vi alguém sofrer tão resignado, meu filho!

— Não é assim, vovó Andresa, nós não sofremos tanto quanto a senhora pinta.

— Vós estais abobados, isto sim — considerou Andresa, deixando de lado seu tricô.

— Podemos começar o culto?

— Pode sim, vovó, estou exausto.

— Exausto de que, Ivan?

— Meus dedos estão doloridos de tocar o piano, mamãe inventou uma sonata de Beethoven, que graças a Deus eu só tocarei daqui uns cinco anos.

— Nem tanto, Ivan, basta treinar — considerou Aline.

— E a velha harpa, querida? — Indagou Contardo.

— Que pretendes fazer, Aline?

— Podes ficar com ela, Suzette.

— Não tenho condições de tocar, apenas vontade.

— Então venda para um museu e dê o dinheiro ao manicômio. Vamos iniciar nosso culto; Michele está quase dormindo; Ivan, faz a oração.

Compenetrados e confiantes, formavam um esplêndido grupo de meditação, o pequeno Ivan fez então a prece.

— Senhor Jesus, proteja este lar e todas as pessoas aqui presentes, nossos amigos encarnados e desencarnados. Queremos aprender e progredir, por isso rogamos tua proteção e pedimos paz para nossos irmãos que sofrem. Obrigado, Senhor, assim seja.

— Abre o Evangelho, Yuri — pediu Aline.

Concentrando-se um pouco, Yuri descerrou as páginas.

— "Olhai os pássaros no céu...

— Não acumules tesouros na terra, onde a ferrugem e os vermes os comem e os ladrões os desenterram e roubam; acumulai tesouros no céu, onde nem a ferrugem, nem os vermes os comem; porquanto, onde está o vosso tesouro aí está também o vosso coração.

Eis por que vos digo: não vos inquietais em saber onde achareis o que comer para sustento da vossa vida, nem de onde tirareis vestes para cobrir vosso corpo. A vida não é mais do que o alimento e o corpo mais do que as vestes?

Observai os pássaros no céu: não semeiam, não ceifam, nada guardam em celeiros; mas, vosso Pai Celestial os alimenta. Não sois muito mais do que eles? E qual dentre vós, o que pode, com todos os seus esforços, aumentar de um côvado e sua estrutura?

Por que, também vos inquietais pelo vestuário? Observai como crescem os lírios dos campos: não trabalham, nem fiam; entretanto, eu vos declaro que nem Salomão, em toda sua glória, jamais se vestiu como um deles. Ora, se Deus tem o cuidado de vestir dessa maneira a erva dos campos, que existe hoje e amanhã será lançada na fornalha, quanto maior cuidado não terá em vos vestir, ó homens de pouca fé!

Não vos inquieteis, pois, dizendo: Que comeremos? Ou: que beberemos? Ou: de que nos vestiremos? Como fazem os pagãos, que andam à procura de todas essas coisas, porque vosso Pai sabe que tendes necessidade delas.

Buscai primeiramente o reino de Deus e a sua justiça, que todas as coisas vos serão dadas de acréscimo. Assim, pois, não vos ponhais inquietos pelo dia de amanhã, porquanto o amanhã cuidará de si. A cada dia basta o seu mal. (S. Mateus, cap. VI, vv.19 a 21 e 25 a 34)".

Rutilante dia ensolarado dominou toda Campos do Jordão, e na Colina do Alborecer a natureza exuberante mostrava-se ao suave vislumbre dos pinheiros. Gritos extasiados partiam constantes da piscina muito azul, cheia de áureas tremulantes. Yuri e Andresa apreciavam a festa das crianças e dos adultos; logo Aline, Bianca e Levy juntaram-se a eles com seus trajes de banho. Acomodaram-se à sombra do guarda-sol colorido.

— Estava reparando, Bianca, como Ana Carolina cresceu e está bonita!
— Treze anos, tia Andresa, ela é uma mocinha.

— Estive pensando, Aline, nunca tivemos uma ideia tão boa quanto esta de fazer a piscina. Ver as crianças brincando na água é uma grande gratificação.

— Já estás com vontade, Yuri?

— Sim, eu quero entrar.

— Ajuda-me, Levy.

Yuri deixou-se levar pela esposa e pelo amigo, que o colocaram na piscina. Cheio de contentamento, Yuri recebeu os sorrisos dos filhos e dos sobrinhos, que vieram fazê-lo flutuar. Aline com doce olhar namorava-o de pertinho, despertando-lhe a cura.

— Vamos conseguir, amor, vamos conseguir! — Falava a mulher confiante.

— Saberei esperar, querida. Meu dia de redenção chegará.

— Vê só, papai, eu já sei mergulhar.

Ivan desaparecia na água e aparecia sorrindo do outro lado; Michele imitava-o com perfeição.

— Que maravilha, gostei muito! — Exclamou Yuri piscando para Aline.

De fora, Bianca e Levy estavam admirados com a compreensão e a harmonia entre o casal, para completar resolveram pular novamente.

— Vovó Andresa, só falta a senhora.

— Uma velha de setenta e quatro anos como eu só serviria para afogar-se, não entro de jeito nenhum nesta piscina, tenho fãs demais nesta casa, por isso prefiro ficar esticadinha no sol, como lagarto.

Todos riram e brincaram, aproveitando o radiante verão.

Yuri já estava deitado ao sol em sua espreguiçadeira forrada com macia toalha quando Aline colocou na vitrola um disco de vinil lançado anos atrás:

— Yuri, meu amor, essa canção do Elvis e todas as outras desse disco; eu te dedico nesse dia tão especial para toda nossa família. *Love me tender*, nossa música!

Durante os jogos da copa de 1970, pela conquista da Taça Jules Rimet, podia-se ouvir um mosquito na sala. A família concentrada espalhou-se nas poltronas e no tapete. Yuri estava abraçado à esposa e à filha, enquanto Ivan permanecia esticado com os cotovelos no chão e as mãos sustentando a cabeça. Suzette e Contardo nem piscavam, mas mesmo assim ele lhe roubou um beijo. Bianca e Levy não sabiam se assistiam ou vigiavam as filhas quase em pé de guerra, discutindo ao lado. Andresa cochilava com a lã de tricô. De repente a criada chegou com um cesto de pipoca.

— Aqui está a pipoca, dona Aline.

Não ouviram, pareciam imóveis.

— Trouxe a pipoca — falou bem alto.

E recebeu sinais de silêncio e psiu.

— Vamos lá, Pelé, só mais um! — Gritou Yuri agitando a bandeira brasileira, que estava atrás do sofá.

— Acaba com a raça dos italianos, Tostão!

— Calma lá, Ivan — pediu Suzette.

— Mais um tiro de canhão — fez Contardo exaltado.

— Silêncio, papai!

— Deixa-o, Bianca, gritar é bom ou morre-se de colapso. Um pontapé nesse italiano — considerou Levy antes de gritar.

Andresa ainda cochilava.

— Não me belisca, Monique.

— Meninas, acabarão apanhando! — Retrucou a mãe nervosa.

Finalmente o gol da vitória arrasadora; folia, abraços, beijos e gritos. Brasil quatro, Itália um.

Andresa acordou assustada.

— Gol de quem? — Perguntou a velha.

— Do Brasil, vovó. Brasil tricampeão! — Respondeu Ivan.

Agitando a bandeira brasileira, Yuri sorria como todos a vibrar, bom brasileiro a gritar vivas à seleção canarinho. Envoltos nos corriqueiros momentos de diversões, esqueciam os problemas e as angústias do dia a dia.

No apogeu da primavera, Andresa e Michele colhiam rosas escarlates no jardim e Ivan namorava a fonte cristalina. Aline conduzia Yuri em sua cadeira de rodas, envoltos no esplendor da manhã jubilosa de encantos. Pararam para ouvir a festa do casal de joão-de-barro anunciando chuvas vindouras, respirando a longos haustos as essências vindas dos pinheiros solenes e intocáveis. Magnânima e sóbria, a Colina do Alborecer resistia ao tempo e aos amores.

Cinco anos haviam passado desde o acidente, e Aline perdera grande parte de suas esperanças em ver Yuri caminhando novamente.

— Tenho novo poema para ti, Aline.

— Gostaria de recompensar-te, amor, e livrar-te desta cadeira, não posso mais ficar impune. Continuo orando e esforçando-me.

— Nada há que impossibilite nossa felicidade, Aline, sou o mais feliz dos homens por ter teu amor e dedicação.

— És mesmo um poeta, Yuri, e não posso exprimir todo o meu amor o suficiente.

— Basta um sorriso teu e um brilho de teus olhos para abrasar meu coração de amor.

Sorrindo lindamente, Aline fitou-o com intenso brilho no olhar azul e beijou-lhe os lábios quentes.

— Agradeço a Deus pela dádiva do nosso amor.

Correu Ivan às teclas de seu piano, fazendo nascer uma melodia, uma Sonata ao Luar, daqueles que se amam eternamente. A brisa conduzia as sublimes notas de virtuosa expressão até os ouvidos sensíveis do casal.

A alguns passos, Aline distanciou-se para ler o poema e deixar liquefeitas pérolas rolar no rosto simplório e conformado. Yuri silencioso namorava os arredores e sorriu ao ver a filha ostentando rosas e graciosa juventude, lá estavam a segunda e a quinta geração a partir de Lise Cristina e Wagner.

Maneiras

Sentir.
Esta arma do sentimento.
Uma vontade...
De rever-te,
Assim tristonha não,
Olhando-me, sim.

Sorrir.
Revelação de êxtase.
Uma saudade...
Correspondente...

De querer-me,
Como eu a ti.

Olhar...
Exame da alma.
Um flerte gostoso...
De chamar-me.
Indecisa,
Chorando as faces,
Aperto de mãos.
Chamar...
Comunica a voz.
Atenção ao tempo.
Pois a noite...
Chama aos sonhos,
Conduz eterna,
Seduz o amor.

Amar...
Recordar-te única,
Vagando solitária,
Esperando o alcance...
De minhas forças,
Meu abraço,
Beijo e silêncio.

 Os cabelos castanhos ainda se agitavam e Aline virou-se extremamente agradecida.
 — Yuri, desculpa-me...
 O homem havia se erguido da cadeira e mais forte a sonata irradiava seus sons encantados, qual hino de louvor ao amor.
 — Aquieta-te e espera, Aline, hei de conseguir.

Paralisada, Aline suportou que Yuri lentamente começasse a caminhar ao seu encontro, como fazem as crianças ao iniciar suas andanças.

— Enxuga tuas lágrimas e acredita, Aline — assim falando, Yuri caiu ao chão e a esposa chegou a mover-se.

— Não acreditas que posso?

— Eu acredito, Yuri, vem depressa, eu te amo e confio.

Sentindo dores nas pernas abaladas, Yuri levantou-se com esforço sobrenatural. Andresa segurara Michele, e não conseguiam conter a enorme emoção. Tomado de gênio musical, sob a proteção de Rosalva, o menino tocava divinamente a Sonata ao Luar.

— Sei que renascemos para conquistar a cada dia o nosso porvir da felicidade; não importa o lugar, a condição ou o motivo, somos um só corpo. Se sentes dor, eu sinto, se choras, eu choro, se caminho, tu caminhas. Vem, Yuri, vem.

Estendendo os braços, Yuri tocou as mãos da amada, que igualmente estavam estendidas para abraçá-lo. Naquele momento entre o clamor de sofrer e ser feliz, cuja vitória inabalável da fé revigorada como graças dos céus àquela união, após tantas vidas passadas, vividas, sofridas e sonhadas, ali estavam Yuri e Aline, Lise Cristina e Wagner, Betsaida e Wagner — contando a história de tantos outros grandes amores, que renascem para encontrar a fonte cristalina e pura do mais nobre dos sentimentos, o amor que governa as existências e conquista os homens perante o archote que ilumina os caminhos da humanidade às graças de Deus

Enlaçados a fitar o lar jubiloso, Aline e Yuri perdiam-se nas carícias virtuosas e sinceras, enquanto a brisa da manhã agitava seus cabelos e secava suas lágrimas. E por testemunha, o sol radiante de luz imperecível.

A morada do Pai estende-se aos planaltos, montanhas, desertos, mares e ao infinito das nebulosas. Os pinheiros permaneciam impunes e mesmo assim a natureza os alimentava com a chuva e os pássaros os animavam com seus cânticos, tudo era reclames da vida na Colina do Alborecer.

Depois do clamor, o renascer...